성령을 받으라

성령을 받으라

Receive the Holy Spirit

류영모

가장 좋은 것, 내 인생의 운행자

규장

추천사

희년의 문턱에서, 성령의 외투를 입다

  책 한 권이 하나님의 숨결을 머금은 바람막이 재킷이 될 수 있다면, 이 책은 찬바람 속에 떨고 있는 '축소 시대'의 교회와 성도들에게 가장 따뜻하고 정확하게 맞는 성령의 외투가 될 것입니다. 동화(冬花) 류영모 목사님은 그 외투의 안감을 성경으로, 겉감을 교회의 오늘로, 그리고 주머니마다 기도의 잔열과 목회의 눈물로 꾹꾹 채워 넣습니다. 이 책을 펼치는 순간, 독자는 세파에 움츠린 자신의 가슴 안으로 불현듯 스며드는 주님의 숨결을 느끼게 될 것입니다.

  이 책은 단순한 설교집이 아닙니다. 성령을 주제로 한 통전적 목회 신학의 결정체이자 반세기를 살아낸 목회자가 실존의 자리에서 성찰하고, 검증하며, 몸으로 살아낸 성령론적 고백입니다. 류영모 목사님은 "성령은 예수의 영이자 하나님의 생명"이라 선언하며, 그 문장에서 시작해 창조의 흑암을 운행하시던 하나님의 숨결, 마가 다락방의 불꽃, 그리고 오늘 이 땅의 목회 현장까지를 하나의 호흡으로 꿰어냅니다.

  특히 이 책은 '복음의 중심에 서는 신학'이라는 저자의 일관된 지향이, 성령 이해에도 어떻게 실천적 균형을 이루는지를 보여주는 보기 드문 모델입니다. 저자는 경험의 불꽃과 말씀의 등불 사이에서, 치우침 없는 성령의 길을 걸어갑니다. 그는 말씀과 성령이라는 두 기둥 위에 다시 교회의 집을 정성껏 세웁니다. '성경이냐, 성령이냐'가 아닌, '성경 안의 성령, 성령을 따르는 성경 읽기'라는 균형 잡힌 시선을 통해, 한국 교회의 다음세대를 향한 신학적 설득력을 담보합니다.

또한 이 책은 사도행전의 능력 이전에 회복되어야 할 사도행전의 마음, 곧 공동체성과 고백의 영성을 조명합니다. 성령을 논하면서 흔히 빠지기 쉬운 신비화나 감정의 과잉을 지혜롭게 넘어서고, 교회와 가정과 세상 속에서 어떻게 성령의 사람으로 살아갈 것인가를 치열하게 묻습니다.

성령의 음정에 맞춰 조정하는 은혜

그의 설교는 문장이 아니라 기도의 호흡입니다. 단어가 아니라 공동체의 숨결입니다. 삶의 문을 여는 영적 열쇠와 같습니다. 그의 신학은 실존의 언어로 독자의 심장을 두드립니다. 저 역시 그 울림 속에서, 잃어버린 음을 다시 조율하는 연주자처럼 제 마음의 중심을 성령의 음정에 맞춰 조정하는 은혜를 경험했습니다.

저자가 풀어내는 성령의 언어는 바람처럼 상쾌하고, 호흡처럼 친밀하며, 불길처럼 타오릅니다. 때로는 등불처럼 어둠을 가르고, 때로는 향유처럼 상처 입은 영혼을 치유합니다. 그 떨림과 울림은 마음 깊은 곳에서 오래도록 메아리칩니다. 저자의 문장은 시이고, 비유이며, 고백이고, 찬양입니다. 때로 신학자도 숨을 멈추게 할 만큼 담대하지만, 동시에 놀라울 정도로 명징합니다.

무엇보다 이 책은 성령에 대해 말하는 것이 아니라 성령으로 말하며, 성령 안에서 써 내려갑니다. 더불어 류영모 목사님 특유의 유머와 해학은 성령의 기쁨이 일상의 틈새마다 스며들게 하며, 그 향기를 나드처럼 은근히 흘려보냅니다.

저자는 누구보다 성경에 나오는 바로 그 교회를 압니다. 동시에 한국 교회 부흥의 절정과 쇠퇴의 그림자, 복음의 영광과 제도화의 고통을 함께 짊어져 온 거목입니다. 그렇기에 이 책에는 단지 이론이 아니라, 교회를 품고 살아온 종의 눈물 섞인 기도가 담겨 있습니다. 저자의 시선을 따라가다 보면, 성령은 어느덧 교회의 좁은 골목길을 지나는 주님의 옷자락 같으십니다. 아무도 주목하지 않던 모퉁이에 들꽃 하나 피우시고, 고장 난 가로등에 불을 켜시고, 울던 아이의 손을 잡아 일으키십니다.

조직 신학자로서, 그리고 신앙의 벗으로서 저는 이 책을 여러분의 어깨에 조심스레 걸쳐드리고 싶습니다. 찬바람 속에서도 꺼지지 않는 온기. 잃어버린 음을 다시 찾는 회복. 무너진 교회를 다시 걷게 하는 성령의 이끌림. 오십 번째 책, 희년의 문턱에서 류영모 목사님이 내어놓은 이 성령의 외투는, 오늘의 교회가 다시금 깊고 단단하게 숨을 쉬게 할 것입니다.

볼지어다 내가 내 아버지께서 약속하신 것을 너희에게 보내리니 너희는 위로부터 능력으로 입혀질 때까지 이 성에 머물라 하시니라 눅 24:49

송용원 교수 | 장로회신학대학교 조직신학, 동화 류영모 석좌교수

서문

중심에 서는 신학

　오랫동안 필자는 교회가 세상에 전하는 목소리가 서로 달라 아쉬움을 느껴왔다. 왜 우리는 타 종교처럼 한목소리를 내지 못하는가 고민한 적도 있었다. 그러나 교회의 중심에서, 가장 앞선 자리에 서서 한국 교회와 세상을 섬기며 복음이 무엇이며 교회의 본질이 무엇인가를 선포하는 사명을 감당하며 깨닫는 점이 있었다.

　다양한 교파와 교단, 다양한 주장과 목소리 속에 담긴 고유한 가치는 오히려 복음의 풍성함을 드러내는 귀한 자산이었다. 성경의 진리와 예수 그리스도의 가르침은 어느 한 교리나 입장에 담기에는 너무나도 크고 넓다는 사실을 새롭게 인식하는 시간이었다.

　신학뿐 아니라 정치, 경제, 사회, 교육, 문화 모든 영역에는 보수와 진보, 전통과 개혁이 존재한다. 필자는 장로회신학대학교 재학 시절 고(故) 이종성 학장님에게서 '통전적 신학'을, 고(故) 김이태 교수님에게서 '중심에 서는 신학'을 배웠다. 그 가르침은 내 신학의 뼛속 깊이 새겨져 있다.

　기독교 신학은 하루아침에 하늘에서 떨어진 선물이 아니다. 오랜 시간 논의되고 다듬어져 형성된 진리의 결정체다. 신학은 변두리에서 단편적으로 보는 것이 아니라 중심에 서야 전체를 볼 수 있고, 전체를 품을 수 있어야 한다. 중심에 서는 신학은 좌나 우 어느 한 편에 치우치지 않는다. 중심을 붙들고 중심을 꿰뚫으며, 중심을 향해 나아간다.

이 중심은 결코 중도주의, 중용, 양비론이 아니다. 성경과 하나님나라의 가치를 굳건히 붙들고 좌우로 흔들리지 않는 균형의 신학이다. 오랜 진리의 전통 위에 뿌리내리고, 새 시대의 흐름을 품으며, "개혁된 교회는 늘 개혁되어야 한다"라는 신앙고백을 삶으로 이어간다.

중심에 서는 신학은 때로는 진보와 보수 양편으로부터 칭찬을 받기도 하지만, 때로는 양쪽 모두로부터 비판을 받기도 한다. 그러나 그 길을 가는 이유는 성경 자체가 본질적으로 개혁적이며, 동시에 보수적이고 진보적인 요소를 함께 지니고 있기 때문이다. 예수께서 구약과 신약, 율법과 복음의 중심에 굳건히 서셨던 것처럼, 우리 역시 그 중심에 서야 한다.

성경과 성령, 복음주의와 은사주의 사이에서도 중심에 서는 신학이 필요하다고 믿는다. '성경이냐 성령이냐'라는 선택의 문제가 아니다. 기차가 두 레일 위를 달리듯, 교회는 성경과 성령이라는 두 기둥 위에 균형 있게 서야 한다.

성령의 감동으로 기록된 성경은 성령의 인도하심으로 해석되고 선포된다. 은사주의의 체험도 성경 안에서 질서 있게 검증될 때 비로소 교회 안에 건강하게 받아들여질 수 있다.

"오직 성경"이라는 개혁신앙의 표어는 결코 성령의 능력과 역사를 부정하라는 의미가 아니다. 감사하게도 오늘날 은사주의 진영에서도 방언을 성령세례의 유일한 표징으로 보지 않는 흐름이 자리를 잡고 있고, 복음주의 개혁신학자들 또한 성령세례가 은사와 능력 체험을 동반할 수 있음을 인정하고 있다.

목회자의 실천적 고백을 담은 성령론

필자는 교육전도사로 교회를 섬기기 시작한 지 꼭 50년 되는 해에 은퇴하며, 50번째 책으로 오랫동안 가장 깊이 다루고 싶었던 주제인 성령론을 집필하게 되었다. 필자는 성서 신학자도, 조직 신학자도 아니다. 말씀을 설교하고 맡겨주신 성도들을 가르치고 양육하는 목회자요 교사일 뿐이다.

전도의 현장에서 성령의 임재를 경험할 때마다 성경적, 신학적으로 점검하고 묵상해야 할 필요를 느꼈고, 그 결과 자연스럽게 성령론에 관심을 갖게 되었는데 이러한 50년의 목회 여정이 이 한 권의 책, 《성령을 받으라》로 결실을 맺게 되었다.

　이 책은 신학자의 이론서가 아니라, 설교자요 목회자로서의 실천적 고백이 담긴 성령론이다. 이 책을 읽는 모든 목회자와 성도들에게 오늘도 주님은 말씀하시리라 믿는다.

　　예수께서 … 숨을 내쉬며 이르시되 성령을 받으라 요 20:21,22

　이 책이 성경의 가르침 위에서 성령의 임재를 사모하는 목회자와 성도들에게 작은 안내서가 되기를 바란다.

오직 삼위일체 하나님께 영광을!
Soli Deo Gloria!

류영모

추천사
서문

1부 성령님은 누구신가

01 보혜사 성령님 … 16
02 바람같이 불같이 … 31
03 운행하시는 성령님 … 46
04 성령으로 잉태되어 … 58

2부 성령님이 하시는 일

05 거듭나게 하심 … 76
06 인치시고 보증하심 … 91
07 성령의 법으로 살게 하심 … 105
08 말씀의 검을 주심 … 119
09 기도를 도우심 … 133
10 치유하심 … 147

차례

3부 성령으로 충만한 삶

11 상처 입은 자가 치유자로   164
12 상처 입은 치유자의 사명   176
13 상처 입은 치유자   192
14 성령의 은사   207
15 성령의 열매   225
16 성령과 전도   240
17 성령충만과 순교   253
18 성령세례, 성령충만   267
19 성령님이 세우신 그 교회   279
20 성령충만은 감사 충만   291
21 어떻게 성령충만을 받는가   305

1
성령님은 누구신가

01
보혜사 성령님

요한복음 14장 12-18절

12 내가 진실로 진실로 너희에게 이르노니 나를 믿는 자는 내가 하는 일을 그도 할 것이요 또한 그보다 큰 일도 하리니 이는 내가 아버지께로 감이라 13 너희가 내 이름으로 무엇을 구하든지 내가 행하리니 이는 아버지로 하여금 아들로 말미암아 영광을 받으시게 하려 함이라 14 내 이름으로 무엇이든지 내게 구하면 내가 행하리라 15 너희가 나를 사랑하면 나의 계명을 지키리라 16 내가 아버지께 구하겠으니 그가 또 다른 보혜사를 너희에게 주사 영원토록 너희와 함께 있게 하리니 17 그는 진리의 영이라 세상은 능히 그를 받지 못하나니 이는 그를 보지도 못하고 알지도 못함이라 그러나 너희는 그를 아나니 그는 너희와 함께 거하심이요 또 너희 속에 계시겠음이라 18 내가 너희를 고아와 같이 버려두지 아니하고 너희에게로 오리라

우리를 변호해주시는 지혜의 영

설교가로 평생을 살아오면서 어떤 설교 주제는 못내 자신감이 없을 때도 있지만 어떤 설교의 주제는 설교할수록 자신감이 넘친다. 가령 피 묻은 십자가의 복음을 전할 때, 그리고 성령께서 우리를 얼마나 따뜻하게 돕고 함께하시는가를 이야기하며 살아계신 성령님을 증거할 때는 마냥 행복하기만 하다.

장로회신학대학에 입학한 지 약 50년이 되었다. 학부와 대학원을 졸업하고 신학대학원을 마친 후 박사 과정까지 15년여를 장신대에 적을 두고 공부했다. 내 머리나 심장을 짜보면 신학이라는 물줄기가 "장신대 장신대 장신대"라는 소리를 내며 흘러가지 않을까 싶다. 이는 말씀에 터 잡아 복음적인 신앙에 굳건히 서 있다는 것을 의미한다.

그런데 성령론이나 성령의 사역에 관해서는 한두 학기 온전히 공부해본 적이 없어서 혼자 공부를 해왔다. 내 서재에 성령론으로 분

류된 책은 100권이 족히 넘는다. 그만큼 내 목회는 하나님의 말씀과 성령, 두 기둥의 균형을 잡으려고 몸부림을 쳤던 여정이었다고 생각된다.

이 책을 통하여 성령님은 누구신가, 성령님은 어떤 일을 하시는가, 어떻게 성령으로 충만할 수 있는가, 그리고 성령충만한 삶은 어떤 것인가에 답하며 성령론을 정리해보려고 한다.

'성령님은 누구신가'라는 큰 주제의 첫 주제는 "보혜사 성령님"이다. 성령님에 관한 요한복음 14장 12-18절 본문 가운데서 한 절만 남기라고 한다면 나는 이 구절이라고 대답하겠다.

> 내가 아버지께 구하겠으니 그가 또 다른 보혜사를 너희에게 주사 영원토록 너희와 함께 있게 하리니 요 14:16

여기에 "보혜사"라는 말이 나온다. 요한복음 14장은 1절부터 24절까지 성령님의 동행과 위로를 말씀하는데 그 스물네 절 안에 성령이라는 단어가 한 번도 나오지 않다가 26절에 가서야 그 보혜사가 곧 성령님이라는 사실을 가르쳐준다.

> 보혜사 곧 아버지께서 내 이름으로 보내실 성령 그가 너희에게 모든 것을 가르치고 내가 너희에게 말한 모든 것을 생각나게 하리라 요 14:26

"보혜사"(保惠師)라는 말은 흔히 들을 수 있는 말이 아니다. 신문에 등장하는 말도 아니고 문학작품이나 연속극 등에서 사용되는 말은 더더구나 아니다. 일상생활에서 한 번도 들어본 적이 없고 교회에 와야 들어볼 수 있지만 사실 대단히 중요한 말이다.

고대 중동에 어떤 큰 부자가 있었다. 그에게는 좀 모자란 아들이 하나 있었는데 부부가 죽은 후 그 많은 재산을 아들이 물려받았다. 그런데 청지기가 그 집 재산을 자기 이름으로 야금야금 다 빼돌려서 이 일로 바보 아들과 나쁜 청지기가 법정에 서게 되었다.

청지기가 문서를 하나씩 들이대며 모든 재산이 자기 것임을 증명해 나가는데 정작 바보 아들은 판사의 질문마다 우물쭈물하면서 제대로 대답하지 못했다. 그러자 재판장이 이 답답한 아들에게 묻는다.

"너의 보혜사가 없느냐?"

이 말은 "너를 변호해줄 사람이 없느냐, 네 부모를 대신해서 너를 지켜줄 사람이 없느냐, 네가 할 수 없는 이 위기 상황을 대신 맡아서 해결해줄 지혜자가 없느냐"라는 뜻이다. 그런 사람이 '보혜사'인 '파라클레토스'(Παράκλητος)다.

그리고 바보 같은 이 아들이 바로 우리 자신이다. 영적인 문제에 무지한 우리를 보호하고 하나님 앞에서, 세상에서, 그리고 사탄으로부터 우리를 변호해줄 지혜의 영이 파라클레토스, 즉 보혜사다.

그보다 큰일도 하게 하시는 분

요한복음 14장 12-18절 말씀의 배경을 살펴보자. 성서학자들은 이 말씀이 예수께서 최후의 만찬 전후쯤 하신 생애 마지막 설교라고 말한다.

예수께서 제자들에게 "내가 조금 있으면 십자가에 달려 죽을 거야"라고 말씀하셨다. 제자들이 얼마나 놀라고 걱정이 되었겠는가. 그러자 예수께서 "너희는 마음에 근심하지 마라. 하나님을 믿으니 또 나를 믿어라. 내 아버지 집에 거할 곳이 많다. 그리고 너희를 위하여 처소를 예비하면 내가 다시 올 거야. 내가 아버지께로 가지만 보혜사 성령이 너희에게 와서 세상 끝날까지 너희들이 어떤 일을 하든지 거룩한 일, 선한 일에 동행해 주시고 지켜주시고 능력으로 함께하실 거야"라고 말씀하셨다.

12절에 참 귀한 말씀이 기록되어 있다.

> 내가 진실로 진실로 너희에게 이르노니 나를 믿는 자는 내가 하는 일을 그도 할 것이요 또한 그보다 큰일도 하리니 요 14:12

내게는 신구약성경 말씀을 안 믿으려고 해도 저절로 믿어지는 참 감사한 믿음의 은사가 있다. 그래서 못 믿을 말씀이 없는데 딱 한 절, 이 요한복음 14장 12절만큼은 믿어지지 않았다. 아니, 도대체 내가 누구라고 예수님이 하셨던 일을 하고, 그보다 더 큰 일을 한단 말인가. 이건 말도 안 되는 일이다 싶어서 가장 마지막에 믿은 것이 바로 이 말씀이다.

이 말씀은 우리가 누군가의 죄를 사하고 구원하여 하나님의 자녀가 되게 하고 그를 천국으로 인도하는 구속의 사역을 하게 된다는 뜻이 아니다. 구세주는 예수님 한 분이시다.

혹 이 말씀을 두고 "예수님은 고작 오천 명 앞에서 설교했는데, 나는 매 주일 수만 명 앞에서 설교하니 이보다 더 큰 일이 아니겠느냐"라고 자랑하는 자가 있을지 모르겠다.

혹은 '예수님은 한 사람 한 사람, 기껏해야 열 명의 나병 환자를 한 번에 고쳤는데 나는 병원을 세워서 수백 명, 수천 명을 고치고 있으니 더 큰 일이 아니겠느냐'라고 생각하는 자가 있을지도 모른다.

또는 '예수님은 팔레스타인 지역에 한정되어 말씀을 증거했는데 나는 온 세계를 다니면서 부흥회를 인도하고 복음을 전하고 있으니 이것이 예수님보다 큰일을 하는 것 아니냐'라는 자도 있을지 모른다.

이 12절 말씀은 그런 교만한 마음을 품으라고 주신 것이 아니다. 앞으로 제자들을 통해, 그리고 성도들을 통해 기독교의 선교 역사, 교회를 통한 복음 사역, 또한 세상 한복판에서 말씀 사역이 얼마나 엄청나게 이루어질 것인가를 바라보며 격려하시는 말씀이다.

그 일 또한 우리의 능력, 우리의 재주로 이루어지는 역사가 아니다. 어떻게 그 일이 가능할 수 있을까? 본문을 잘 읽어보면 두 가지 약속을 하고 있다. 첫 번째는 예수 이름의 능력이요 두 번째는 성령의 능력이다. 이 두 가지는 우리 그리스도인들에게 최고의 자산이요 능력이다.

예수님은 "내 이름으로 무엇이든지 내게 구하면 내가 행하리라"(요 14:14)라고 말씀하셨다! 성도의 능력은 곧 예수 그리스도의 이름의 능력이다. 예수님의 이름으로 기도하면 하늘의 문이 열린다. 하나님께서 귀를 기울이신다. 예수님의 이름으로 기도하면 병든 자가 낫는다. 마귀가 두려워 떨며 떠나가고, 택한 백성들이 주님 앞으로 돌아오게 된다.

> 너희가 내 이름으로 무엇을 구하든지 내가 행하리니 … 내 이름으로 무엇이든지 내게 구하면 내가 행하리라 요 14:13,14

그러면 어떻게 이 일들이 가능할 수 있을까? 성령의 능력으로 이 일들이 우리를 통하여 일어나게 된다. 이 땅의 모든 선한 역사는 나를 통하여 일하시는 성령님의 능력이다.

또 다른 보혜사가 오시면

"…또 다른 보혜사를 너희에게 주사…"(요 14:16)

예수께서 십자가를 지시기 전 슬픔에 잠긴 제자들을 위로하신 말씀이 요한복음 14-16장의 말씀이다. 이 말씀을 이어가면서 성령에 관한 주제 말씀이 네 번씩이나 반복적으로 등장한다.

교회 시대는 성령 시대다. 교회에 일어나는 모든 복음의 역사는 성령의 능력으로 이루어지는 역사다. 구약에 수많은 예언이 기록되어 있는데 그 모든 예언을 두 가지로 요약하면 마지막 때에 성령님이 오신다는 것과 메시아이신 예수님이 오신다는 약속이다.

《하늘이 땅을 침노할 때》라는 책에서 빌 존슨(Bill Johnson)은 현대 교회와 성도의 가장 큰 위기는 성령의 도움이 없어도 종교인으로 종교생활을 하는 데는 아무 문제가 없어서 성령님을 사모하지 않는 것에 있다고 지적했다. 물질문명과 과학이 발달해서 성령의 도움 없이도 사는 데 별 어려움이 없어진 것은 잘된 일이 아니고 신앙생활의 위기라 말한다.

하나님의 자녀가 종교인이 되어 살아가며 자기 자신에게 속고 있다. 영어권의 욕설 중에 성령 받지 말고 예수 믿고, 성령 없이 목회하라는 말이 있다고 하지 않는가?

내가 생각하기에 보혜사로 번역된 '파라클레토스'의 가장 정확한 번역은 '영원히 우리와 함께하는 천국의 동행자'다. 본문 16절은 성령님을 "또 다른 보혜사"라고 칭하며 "영원토록 너희와 함께하는 분"으로 설명하고 있다. 영원히 우리와 함께하는 오리지널 동행자는 예수님이시다. 그것이 임마누엘(Immanuel)! 즉, 하나님이 우리와 함께하신다는 뜻이다. 예수님이 승천하셔서 하나님 보좌 우편에 계시는데 이 땅의 우리에게 "또 다른 보혜사"가 오신다고 한다. 바로 그 보혜사가 성령님이시다.

헬라어에서 '다르다'에는 두 가지 단어가 있다. 하늘과 땅이 다르고, 마이크와 책상이 다른 것과 같이 완전히 다른 종류라는 뜻의 '다른'은 '헤테로스'(ἕτερος)다. 그런데 '이 스피커와 저 스피커가 다르다', 즉 같은 종류지만 다른 둘이란 뜻의 '다른'은 '알로스'(ἄλλος)다.

본문에서 사용된 '다른'은 알로스다. 예수님이 우리를 구원하시고 지키시는 보혜사이신데, 각 사람에게 임하는 또 다른 보혜사를 보내주시겠다는 것이다.

'또 다른 보혜사', 천국 가는 동행자가 왜 우리에게 필요할까?

첫째, 인간은 혼자의 힘으로 하나님께로 가는 길을 찾을 수가 없기 때문이다. 인간은 너도나도 죄를 범하여서 영적 까막눈이 되었다. 성령이 아니고서는 예수를 주님이라 구세주라 부를 수가 없다.

자동차를 운전하다 보면 내비게이션이 참 신통방통해서 개발자에게 노벨상을 주어야 한다고 생각한 적도 있다. 목회할 때도, 신앙생활을 할 때도 길을 잃을 때가 있다. 어디로 가야 하는지, 이걸 해야 하는지 말아야 하는지 막막할 그때 천국 가는 내비게이션, 바로 성령님이 세상 끝날까지 너희와 함께하리라고 약속하신다.

둘째, 인간은 혼자 왔다 혼자 가는 단독자다. 이 세상에 가족이 있고 친구가 있고 교인들이 있어도 영원한 영적 동행자가 없으면 외롭다. 우리에게 친구도 있고 교우도 있고 부부도 있고 부모도 있고 자식도 있지만, 하나님 앞에 설 때 구원받는 일은 단독으로 선다. 아내 치맛자락 붙들고 남편이 천국 갈 수 있는 게 아니며, 부모님이 천국 가는 불병거를 자녀가 같이 타고 천국 갈 수도 없다.

죽음의 자리에 설 때 그 자리에 같이 올 수 있는 사람은 아무도 없다. 그러나 내 손을 잡고 천국까지 인도하시는 분, 죽음의 블랙홀을 지나 천국으로 인도할 때 나와 함께하는 분이 계시니 그분이 바로 성령님이다.

셋째, 나 혼자 감당할 수 없는 일이 너무 많기 때문이다. 신앙생활을 하다 보면 내 힘으로 안 되는 일과 무거운 짐이 너무 많고, 울어야 할 때 나와 함께 울어줄 사람이 많지 않으며, 나를 있는 그대로 사랑해줄 사람이 많지 않다. 그때 나와 함께하시는 그분이 바로 파라클레토스, 성령님이다. 이 세상에서 가장 귀한 선물이 있다면 성령충만한 신앙생활이다. 그 안에 다 있기 때문이다.

보혜사 성령님이 임하시기 전 초대 교회 지도자들을 보라. 예수님이 잡히시던 날 제자들은 모두 도망쳤다. 죽는 자리까지 따라가겠다고 장담하던 수제자도 예수님을 모른다고 세 번씩이나 부인했다. 총칼 앞에서가 아니라 심부름하는 여자아이 앞에서 예수님을 모른다고 부인했다. 그게 인간이다.

그러나 오순절 다락방에서 각 사람 머리 위에 불의 혀같이 갈라지는 성령, 바람 같은 강력한 성령이 임하자 모든 것이 달라졌다. 흩어졌던 제자들이 돌아왔고, 죽음을 두려워하지 않았다. 초대 교회를 뒤집어 놓았을 뿐 아니라 로마 제국을 이겨냈다.

교육을 다시 받았기 때문이 아니다. 누군가 수백억의 헌금을 했기 때문이 아니다. 오직 성령이 임하자 이런 엄청난 일이 일어났다.

지금 우리는 보혜사 성령의 시대를 살고 있다. 하나님은 마지막 때에 모든 그리스도인에게 성령을 부어주겠노라 약속하셨다. 너희가 회개하고 성령의 충만을 받을지어다!

성령 하나님, 임하소서!

당신은 진심으로 하나님의 임재를 정말 갈망하고 사모하는가? 성령이 오실 때 당신 마음의 중심에 있는 왕좌를 내어드리고 그분에게 헌신할 준비가 되어 있는가? 하나님께서 당신을 쓰고 축복하기를 원하실 때 성령을 제한하지 않는 신앙의 고백이 있는가?

예전에 있었던 일이다. 젊은 집사님 한 분이 가정에 심방 한번 해 달라고 청하셨다. 남편이 교회에 나오지 않는데 인생에 중차대한 문제를 만나 너무 걱정되니까 아내에게 "당신 혼자 신앙생활 열심히 하는데 교회 목사님이 와서 기도 한번 해주시면 안 될까?" 했다는 것이다. 그리하여 불신자 남편을 만나기 위해 가정 방문을 했다.

집사님이 붉어진 눈으로 예배 전에 간증을 하셨다. 남편이 줄담배를 피우고 하루 종일 술에 찌들어 있을 때가 많았는데 목사님 오신다고 벽지를 새로 바르고 커튼을 바꾸고 거실에 진열되어 있던 양주병을 모두 치웠다는 것이다. 나는 그때까지 많은 가정을 심방해 봤지만 목사가 온다고 벽지를 새로 바르거나 커튼을 바꾸는 사람은 장로님, 권사님 중에서도 못 봤다. 집 안에 하나님이 기뻐하지 않는 것들이 있다고 갖다 버리는 사람을 처음 봤다.

당신은 지금 이 시간에 성령이 당신 가운데 오시길 기도하며, 성령의 임재를 위해 양주병을 갖다 버릴 용기가 있는가? 내 심령에 우글거리는 냄새나는 탐욕과 음욕과 분노와 미움과 용서치 않음과 더러운 것들을 십자가 밑에 쏟아놓고 성령 하나님을 모실 용기가 있는가? 냄새나는 쓰레기 더미 위에 성령님을 모시고 살 수는 없지 않겠는가!

성령님은 단순한 능력이 아니다. 요술 방망이나 내 욕심을 채우는 수단은 더더욱 아니다. 그분은 삼위일체 하나님 가운데 한 분이시다. 천지와 우주 만물을 창조하신 창조주 가운데 한 분이시다. 땅이 어둠 속에 있고 혼돈과 공허 가운데 있을 때 그분의 품 안에서 우주가 만들어졌다.

> 태초에 하나님이 천지를 창조하시니라 … 하나님의 영은 수면 위에 운행하시니라 창 1:1,2

이 시간에 고백하자.

"성령님은 나의 왕이십니다. 성령님은 나의 주인이십니다. 나의 주권자이십니다. 나에게 인(印) 치셔서 하늘나라 백성으로 삼아주신 분입니다."

내가 성령님을 붙들어 큰일을 하는 게 아니다. 성령이 내게 임하여 나를 붙드시면, 티끌 같은 나일지라도 이것도 하고 저것도 하는 것이다. 죄를 이기고 질병을 물리치고 사탄의 권세를 부수고 기적을 행하고 은혜의 역사를 이 땅에 펼쳐가는 것이다. 하나님의 자녀로 승리하며 살아가는 것이다.

성령님은 인격자이시다. 모든 것을 통달하고 아시는 그분은 내게 가장 선한 길이 무엇인지, 내가 무엇 때문에 울고 있는지, 내가 해결해야 할 과제가 무엇인지, 지금 가야 할 길이 어디인지, 무겁기만 하고 엄중하기만 한 태산 같은 문제를 어떻게 해결할 수 있는지, 그 모든 것을 아신다.

성령님은 나 때문에 기뻐하기를 원하신다. 성령님은 나 때문에 슬퍼도 하시고 눈물도 흘리시고 고통을 겪기도 하신다. 성령님은 친히 말씀하시는 분이다. 선한 일을 계획하고 나를 위하여 선을 행하시는 분이다. 생각지도 못했던 넘치는 일을 하시는 분이다.

인류 역사 가운데 가장 힘이 센 사람이 사사기에 나오는 삼손이 아닌가 한다. 길바닥에 굴러다니는 나귀 턱뼈 하나로 훈련된 군사 천 명을 죽인 장수 중의 장수다.

그런데 성령이 떠났다. 성령의 능력인 줄 모르고 자기 힘으로 되는 줄 알았다가 여자의 품에서 머리카락이 잘리고 성령이 떠나자 눈이 빠지고 노예가 되었다. 하나님의 사사가 맷돌을 돌리며 이방인의 조롱거리가 되었다. 이 비극적인 상황을 기록한 말씀이다.

> … 여호와께서 이미 자기를 떠나신 줄을 깨닫지 못하였더라 삿 16:20

아무리 위대한 사람도 성령이 떠나시면 그런 비참한 신세가 되는 것이다. 힘이 사라지고 보이지 않게 된다. 직분 가졌다고 성령이 함께하시겠는가? 어제 잘 믿었다고 성령이 충만하겠는가? 성령으로 다시 한번 충만해져야 한다.

우리가 부족하고 약해서 오신다

오래전 경기도 이천의 한 교도소에서 무기수, 장기수들을 대상으로 우리 교회가 성령수양회를 진행할 때 그곳에서 듣지도 보지도 못했던, 성경이 말하는 이적과 기사와 표적과 성령의 임재와 권능과 은혜의 역사가 일어났다.

사람을 하도 많이 죽여서 사람 죽인 간증하는 게 감옥 안에서 직업(?)이 된 한 죄수는 사람 죽인 게 죄라는 것을 성령이 가르쳐주시자 하나님 앞에서 자기 죄를 깨달으면서 가슴이 찢기는 듯한 고통을 느꼈다. 죽은 영혼들과 가족들을 향하여 미안한 마음이 일어나 땅바닥에서 뒹굴고 뒹굴며 통회 자복을 했다.

온갖 죄라는 죄는 다 지은 무기수가 그곳에 들어왔는데 그가 기도하다가 방언이 터졌다. 땅바닥에 드러누워서 두 다리를 버둥대며 두 손을 휘휘 저으며 방언으로 기도하기 시작했다. 강력하고 뜨거운 역사였다.

성령이 역사하기에 적합한 장소가 아니고, 은혜받기에 적합한 사람들도 아니며, 성령이 임재하여 역사할 분위기도 아니었다. 그러나 성령님은 어떤 상황에도 방해받지 않으시고 인간의 약점에도 제한을 받지 않으신다. 그분은 우리가 약하기 때문에 강하게 역사하시는 분이다. 내가 문제가 많기 때문에 강력한 성령의 임재가 우리 가운데 나타나게 되는 것이다.

가끔 "저는 이제 교회 나오기 시작했고 신앙이 너무 어린데 저 같은 사람도 성령충만한 삶을 살 수 있을까요?"라고 질문하는 사람이 있다. 그럴 때면 나는 "그럼요. 당신의 신앙이 어리기 때문에 성령이 도와주시기 위해서 오시는 거예요. 더 강력하게 오시는 거예요. 더 충만히 오시는 거예요"라고 대답한다.

"저는 아직 죄의 문제를 해결하지 못했고 회개하지 못했어요. 사람들은 속일 수 있지만 하나님 앞에서는 속일 수 없는데 어떻게 해요? 저 같은 사람도 성령 받을 수 있을까요?"

"그럼요. 당신 혼자 그 죄의 문제를 해결할 수 없겠기에 성령이 오시는 거예요. 회개하고 성령의 충만을 주시기 위하여 오시는 겁니다."

"목사님, 나는 지금 살아야 할지 죽어야 할지 고민할 정도로 내가 겪고 있는 이 문제가 너무 크기만 해요. 세상 누구도 도와줄 사람이 없어요. 나 같은 사람에게도 하나님이 임재하실까요?"

"그럼요. 그 문제를 해결하실 분이 하나님밖에 없어서 하나님이 오시는 것입니다. 당신 혼자 감당할 수 없어서 오시는 것입니다. 그 문제가 너무 크기 때문에 강력하게 임재하시는 겁니다."

예수 이름의 권능으로 기도하면, 성령의 능력으로 믿으면, "진실로 진실로 너희에게 이르노니 나를 믿는 자는 내가 하는 일을 그도 할 것이요 또한 그보다 큰일도 하리라!" 하신 예수님의 약속대로 될 것이다. 이 세상 살아갈 때 외롭고 힘들고 어렵지만 예수님은 "내가 너희를 고아와 같이 버려두지 아니하리라!" 하셨으니 회개하고 성령으로 충만해지자.

02

바람같이 불같이

사도행전 2장 1-4절

1 오순절 날이 이미 이르매 그들이 다같이 한 곳에 모였더니 2 홀연히 하늘로부터 급하고 강한 바람 같은 소리가 있어 그들이 앉은 온 집에 가득하며 3 마치 불의 혀처럼 갈라지는 것들이 그들에게 보여 각 사람 위에 하나씩 임하여 있더니 4 그들이 다 성령의 충만함을 받고 성령이 말하게 하심을 따라 다른 언어들로 말하기를 시작하니라

성령님을 얼마나 갈망하십니까?

목회를 해온 지 50년이 되었다. 긴 시간 동안 신앙생활하고 성도들을 섬기며 살아오는 동안 아직도 내 마음에 해결되지 않은 과제가 몇 가지 있다.

'10년, 20년, 40년, 50년 동안 예배를 드리고 하나님의 말씀을 들었는데 왜 아직도 변화가 보이지 않는 사람이 있을까?'

'교회 안에서도 누구보다도 많은 복을 받았고 은혜를 입은 사람인데, 그만하면 많이 가졌고, 이제는 나누고 섬기며 헌신하며 살 것 같은데 왜 점점 욕심만 더 커져 있을까?'

'교회에서 신앙생활하는 동안 시간이 흐르면서 중직이 된다. 왜 중직이 될수록 감사는 적어지고 불평만 많아졌을까?'

'주님은 차지도 않고 덥지도 않고 미지근한 신앙생활을 토하여 내치겠다고 말씀하셨는데 그때 왜 내 머릿속에 어린 신자들이 아니라 오래 신앙생활을 한 사람들이 떠오를까?'

이 문제의 해답을 성령론에서 찾아보고자 한다. 당신은 정말 성령님에 대한 뜨거운 갈망과 목마름이 있는가?

나는 나름대로 평생 성령님과 동행하고자 애썼다고 생각하는데, 정말 내 마음속에 성령님을 갈망했던 때가 언제인가 돌이켜 보면 신대원을 졸업하고 섬겼던 첫 목회지였다. 갓 신대원을 졸업한 30대 초반 애송이가 전임전도사, 부목사 경험도 없이 '담임전도사'라는 이름으로 마포구 망원동에 있는 한 중견교회를 맡아 섬겼다.

주일, 수요일, 금요 철야, 새벽예배까지 1주일이면 10번 이상 설교를 해야 했고, 당회도 심방도 해본 적 없으며 장례 예식을 집행해 본 경험도 없는데 부임하자마자 하루에 열 가정씩 심방하고 장례식, 신앙상담, 성경 교육, 구역장 교육, 결혼주례까지 도맡아야 했다. 나의 첫 주례는 나보다 열 살이나 많은 분의 결혼식이었다.

월요일이면 다 타버린 초처럼 녹초가 되어 쓰러졌다. 어쩌면 그리 병든 사람도 많고 문제 많은 가정이 많은지. 철야 기도회 시간이면 귀신 들린 사람도 곧잘 나타났다. 이때 내가 할 수 있는 일이라고는 "아이구, 하나님 살려주세요. 성령님, 도와주세요" 하며 무릎 꿇는 것밖에 없었다.

"하나님, 보세요. 저는 한국 교회의 많은 목회자 가운데 막내둥이 아닙니까? 말째 목회자입니다. 성령님이 안 도와주시면 살길이 없습니다. 저 좀 도와주세요."

저절로 무릎이 꿇어지고 성령님에게 매달려졌다. 성령님을 목마르게 갈망할 수밖에 없었다.

사도행전 2장에 나타난 오순절 성령강림은 예수께서 부활, 승천하신 후 약속하신 대로 초대 교회 제자들에게 임한 첫 번째 성령강림 사건으로, 신구약성경에서 가장 유명한 사건 중 하나다.

때는 유월절 이후 50일이 되는 날, 즉 오순절이었다. 부활하신 예수께서 제자들 곁에 40일 동안 이 땅에 계셨고, 승천하신 후 열흘이 지나고 오순절이 되었다. 부활절이 주일이다. 성령님이 강림하신 오순절이 주일이다(요한이 밧모섬에서 성령의 계시를 받은 날이 요한계시록 1장 10절에 의하면 "주의 날", 즉 주일이다).

예수님이 승천하시며 제자들에게 "너희는 예루살렘을 떠나지 말고 약속하신 성령을 기다리라"라고 하셨기에 제자들은 순종하여 기다리고 있었다. 늘 모이던 다락방에 모여 마음을 같이하여 전심으로 기도했다. "오순절 날이 이미 이르매"(행 2:1)는 정확하게 '오순절 그날 주일에'라는 뜻이다.

우리는 주일에 예배를 드린다. 그날은 부활의 날이다. 교회에 와서도 내 영혼이 부활을 경험하지 못하면 주일을 잘못 보낸 것이다. 교회에 와서도 성령의 임재 안에서 예배하지 못하고 성령님을 향한 갈망이 없다면 예배를 잘못 드리는 것이다. 요한이 하나님의 말씀을 받았던 것처럼 교회에서 내게 주시는 하나님의 말씀을 받아야 한다. 그러지 않고 예배당을 나선다면 예배를 잘못 드린 것이다.

"홀연히 하늘로부터"라는 말씀은 대단히 중요하다. 이 사건은 하늘로부터 임한 하늘의 사건, 즉 하나님이 주도적으로 행하신 하나님의 사건이다. 어느 한 사람이 산 기도하다가 받았거나 성경을 읽다가 혼자 깨달은 사건이 아니다. 교회 공동체의 모든 구성원이 한 자리에서 동시에 집단적으로 경험한 공동체의 사건이며 대단히 공개적인 사건이다.

성령의 나타나심은 반드시 성경적 근거를 확실하게 가지고 있어야 한다. 공개적이고 교회 공동체로부터 인정받는 사건이어야 한다. 우리 교회에는 없지만, 다른 목회자들 얘기를 듣다 보면 간혹 혼자 골방에서 기도하다가 계시를 받는 사람이 있는데 그 사람은 직통 계시를 받아서 하나님과 직통 전화를 놓고 살아가는 사람이라도 되는 양 당회도, 교역자도, 장로님도 무시한다고 한다.

어떤 경험을 했다 할지라도, 교회 공동체에서 검증되지 않고 교회 리더십이 "하나님이 당신을 사랑하여 임한 사건"이라고 보증해주지 않으면 그것은 가짜다. 교회 안에 무당이 참 많다. 가짜 계시를 받고 살아가는 사람들, 귀신에 홀린 사람들이 있을 수 있다.

신비한 바람처럼

오순절 날 마가의 다락방에 모여 약속하신 성령님을 기다리며 전심으로 기도하던 신약의 처음 교회는 이상한 모습으로 임하는 성령의 임재를 경험한다. 첫째는 "홀연히 하늘로부터 급하고 강한 바람 같은 소리"를 들었다. 둘째는 "마치 불의 혀처럼" 각 사람 머리 위에 임하는 불꽃 모양을 보았다. 한마디로 '바람같이 불같이'다. 성령의 상징에 관한 이 장의 제목을 '바람같이 불같이'로 정한 까닭이다.

거기 모인 모든 사람이 '바람같이 불같이' 임하는 성령을 충만히 받고 오직 예수 그리스도의 십자가와 부활을 증거하기 위하여 다른 언어, 이상한 언어로 말하기 시작한다. 여러 나라에서 모인 사람들에게 각기 자기 나라말로 통역도 없이 들린 사건이다. 출신 지역이 다르고 언어가 다른데 사도들의 설교를 알아들었다.

요즘 우리가 방언한다고 하면 혀가 꼬이면서 내 영이 하나님의 영과 대화하는 방언을 하는데 오순절 날의 방언은 그런 방언이 아니다. 사도들의 입이 열려서 하나님의 말씀을 전하자 거기 모인 각 나라에서 온 사람들의 귀가 열려 사도들의 설교를 각자 자기 나라의 말로 알아들었다.

왜 그랬을까? 이 시간에는 예수님의 십자가 죽음의 사건, 부활의 사건, 승천하셔서 하나님 보좌 우편에서 우주를 다스리는 케리그마 ($\kappa\tilde{\eta}\rho\upsilon\gamma\mu\alpha$, 복음의 핵심 메시지 또는 선포를 가리킴) 복음의 사건이 급박하고 급속하게 전파될 필요가 있었기에 긴급한 성령의 임재 사건이 일어나게 된 것이다.

사도행전을 기록한 사람은 당시 유명한 의사요 과학자인 '누가'로 알려져 있다. 누가복음을 살펴보면 그는 의사다운 통찰력으로 관찰하고, 대단히 섬세하고도 실제적인 언어로 성경을 기록했다. 그런데 이 신비한 성령의 임재 앞에서는 실제적인 언어로 표현할 길이 없어서 상징적 언어로 기록했는데 그것이 '~같이', '~처럼'이다. '바람같이, 불처럼'이다.

한국 교회는 성령님을 말할 때 가장 먼저 '불같은 성령'을 떠올린다. 기도원이나 부흥회에서 많이 부른 곡의 하나가 "불길 같은 주 성령 간구하는 우리게 지금 강림하셔서 영광 보여주소서"로 시작하는 '불길 같은 주 성령'이다. 기도 인도자들은 "불로 불로"였다. 손으로 탁자를 치며, 통성기도를 시켜놓고 한결같이 "불로 불로 불로!"라고 외쳤다.

사실 이 성령강림 사건의 성경 기록에는 "불로 불로"보다 "바람같이"가 먼저 등장한다. 그런데 누가의 설명은 바람도 아니고 불도 아니다. 다락방에 모인 사람들의 머리카락이 휘날리고 옷이 벗겨져 날아가는 바람이 아니었다. 불이 임하여 머리카락과 옷에 불이 붙어 탄 게 아니다. '바람같이, 불처럼'이다.

그러나 성경은 성령님이 바람과 같다고 말씀한다. 히브리인들은 성령, 영, 숨결, 바람을 같은 단어로 사용한다. 히브리어로 루아흐(חור), 헬라어로 프뉴마(πνεῦμα)이며 하나님이 주시는 생명을 의미한다. 이것은 신비요 이 세상이 줄 수 없는 영적인 능력이다.

우리나라 문화에서 영은 때로 혼령, 귀신을 의미하므로 성령을 이런 개념과 구별하기 위해 성신, 성령으로만 사용한다. 또한 우리 문화에서 바람이라는 단어는 변덕, 배신 등 대개 부정적인 의미로 사용된다. 바람기가 있다는 말은 좋지 않은 말이다. 아무개 목사, 아무개 장로에게 바람기가 있다는 이야기는 성령충만하다는 말이 아니다.

그러나 히브리 문화에서는 영, 바람, 숨결, 성령을 동일한 단어로 사용하며, 루아흐(히)와 프뉴마(헬)는 신성을 의미한다. 눈에 보이지는 않지만, 역사가 있고 능력이 있다. 바람이 불면 나무가 흔들리고 파도가 몰아친다. 태풍이 일어나고 토네이도가 된다.

성령이 내 안에 역사하면 내 마음이 거룩한 곳으로 움직이기 시작한다. 성령의 바람이 나를 십자가와 부활을 믿고 증거하는 곳으로 몰아간다. 하나님을 사랑하도록, 주님의 몸 된 교회를 뜨겁게 사랑하도록 내 마음을 몰아간다. 이전에 경험하지 못한 신비한 영적 경험과 거룩한 곳으로 내 마음을 몰아가는 것을 의미한다.

동남풍이든 서북풍이든 땅의 바람은 한쪽에서 불어 다른 쪽으로 흐른다. 그러나 성령의 바람은 위로부터 온다. 하늘에서 내려온다. 땅의 바람은 불어 지나가고 또 다른 바람이 다가오지만 성령의 바람은 모인 곳을 가득 채우되 그 방을 파괴하지 않는다. 모인 그 방을 가득 채우고 거기 머문다.

급한 바람 같은 것이 하늘에서 내려와, 불어 지나가는 것이 아니라 방안을 가득 채워 머물렀다. 모인 무리가 일상에서 경험할 수 없는 신비하고 희한한 경험이었다.

에스겔서 37장에서 하나님은 에스겔 선지자를 마른 뼈가 가득한 골짜기로 데리고 가셨다. 하나님의 명령을 따라 에스겔이 대언하니 뼈들이 서로 연결되고, 그 뼈에 힘줄이 생기고 살이 오르며 가죽이 덮였다.

그런 후 에스겔이 다시 "생기야 사방에서부터 와서 이 죽음을 당한 자에게 불어서 살아나게 하라"(겔 37:9,10 참조)라고 외치자 사방에서 생기가 불어와 그들에게 들어갔고 그들이 살아나 거대한 군대가 되었다.

이 모습은 부활의 날, 육체가 어떻게 모여질 것을 보여주는 사건과도 같았다. 또한 오순절 다락방에서 바람과 같이 일어난 성령의 역사는 뿔뿔이 흩어지고 겁에 질려 두려움에 떨던 초대 교인들을 변화시켜 초대 교회를 바꾸는 영적 군대요 복음의 군사로 만드셨다.

성령의 상징 : 불꽃처럼

> 마치 불의 혀처럼 갈라지는 것들이 그들에게 보여 각 사람 위에 하나씩 임하여 있더니 행 2:3

성령님은 또한 불꽃 같은 모습으로 나타나셨다. 성령님은 하나님이시요 영이시니 형체가 없고 우리 눈에 보이지 않는다. 그런데 성경은 보았다고 말한다. 살아 움직이는 불꽃들을 보았다는 것이다. 그래서 상징이다.

구약에서도 하나님이 눈에 보이게 나타나신 사건이 있었다. 대표적인 사건이 출애굽기 3장에서 모세에게 떨기나무 불꽃으로 보이신 일이다. 모세는 시내산에서 떨기나무 불꽃을 보았다. 불은 재료가 타야 하는데 이 불은 떨기나무는 타지 않고 불꽃만 있었다. 성령의 불은 연소할 거리가 없으므로 떨기나무는 타지 않고 그대로 있다. 떨기나무 위를 불꽃이 휘감아 보이게 된 것이다. 모세는 성령의 불꽃을 본 것이다.

마가 요한의 다락방, 초대 교회에 임하신 성령은 불의 혀처럼 갈라지는 모습, 즉 '불꽃처럼'이다. 그 불꽃이 실제 불이었다면 방을 태우고 사람들을 태웠을 것이다. 120명 각 사람 머리 위에 불꽃이 머물렀지만 아무도 머리카락이 타지 않았고 화상을 입지도 않았다.

갑자기 궁금증이 생긴다. 성령님이 임하시고 역사하시면 실제로 몸이 뜨거워질 수도 있을까? 물론이다. 그러나 몸이 뜨거워지는 자체가 성령님의 임재나 역사는 아니다. 뜨거워짐이 없으면 성령님이 임하셨거나 역사하시는 게 아닌 걸까? 그것 또한 아니다. 뜨거워지거나 뜨거워지지 않는 현상이 기준이 될 수 없다.

분명한 한 가지는 성령님이 오시면 우리의 마음은 적어도 뜨거워진다. 엘리야는 하나님을 향하여 열심에 불이 붙었다고 고백했다. 예레미야는 하나님을 선포하고 그분의 이름으로 말하지 않으려고 하면 중심이 불붙는 것 같아 견딜 수가 없다고 말했다(렘 20:9).

미지근한 신앙생활을 하는 사람, 예배를 드리고 기도를 해도 언젠가부터 차가운 고드름처럼 냉랭해진 심령, 예배드리고 찬양하고 기도하는데 뜨거운 감격을 잃어버린 사람, 그리고 복음을 향하여, 하나님을 향하여 몸 된 교회를 향하여 내 중심에 불붙는 것 같은 사랑을 잃어버린 사람 모두 성령으로 충만해지기를 바란다. "너희가 회개하고 성령으로 충만함을 받으라"(행 2:38, 3:19 ; 엡 5:18), 이는 성경의 명령이다.

불이 가진 독특한 특징이 하나 있다. 번지는 것이다. 강대상에 물을 붓는다고 그 강대상이 물이 되지는 않는다. 큰바람이 분다고 그 강대상이 바람이 되어 날아다니지는 않는다. 그러나 거기에 불이 떨어지면 모든 것이 불이 된다. 불은 번진다. 불같은 성령이 임하면 내가 불덩어리가 된다.

불에 또 다른 신비가 있다. '바람같이 불같이'라는 말은 그 불을 끌 수 없다는 것이다. 거역할 수 없는 불이다. 불에 강풍이 불면 훨씬 더 빠르게 전달되고 꺼지지 않고 온 세상을 태울 수 있다. 바람 같은 성령, 불같은 성령이 내게 임하면 내가 불이 되고 바람이 되어 가정을 태우고 세상을 태우는 것이다.

오늘 예수를 믿는 성도들 가운데 성령님을 믿지 않는 사람은 없겠지만 문제는 성령님을 제한하는 것이다. 자기가 원하는 대로, 별로 배운 적이 없으면서도 나름대로 가지고 있는 신학적인 선입견으로 '성령님은 내게 이렇게 임하여야 할 것'이라고 생각한다.

그런 게 아니다. 성령님은 왕이시요 주인이시며, 모든 역사의 주권자시다. 내게 가장 합당한 것을 허락하시는 것으로 믿어야 한다. 성령님은 내가 조종하는 것이 아니다. 성령님을 요술 방망이로 생각하면 안 된다. 내가 성령을 붙드는 것이 아니다. 그분은 나의 주인으로서, 주도권을 가지고 나를 변화시켜 사용하시는 분이다.

눈에 보이고 느껴지는 바람 같은 성령, 불같은 성령의 나타남을 너무 금기시하다 보면 성령을 제한하게 된다. 어떻게 역사하시든, 내게 어떤 변화를 일으키시든, 수많은 성령의 은사 가운데 내게 어떤 은사를 주시든 그 주권은 성령님에게 있다.

가장 좋은 선물 : 성령

당신은 지금 바람 같은 성령, 불같은 성령으로 충만한가? 초대교회 성도들은 성령님이 자신의 언어를 온전히 지배하시는 경험을 한다. 성령에 감동되어 말씀을 전했더니 거기에 와 있는 다른 언어를 쓰는 사람들이 하나님의 말씀을 알아듣게 되었다.

예언의 능이 임하면 죽어가는 영혼을 살리는 신비한 능력의 말, 권면과 위로의 말, 치료의 말, 안위의 말이 내 입에서 토해지게 된다. 십자가와 부활을 증거하는 입술이 된다. 지혜의 언어로 바뀐다. 원망하고 비판하고 교회 공동체를 깨뜨리던 입술이 복음의 입술, 긍정적인 입술, 믿음의 언어로 변화되는 경험을 하게 된다.

심장이 불붙는 것이다. 마음이 불붙는 것이다. 가슴 속 상처들이 불에 타 소멸하고 바람에 날아간다. 가진 것도 없는데 당당해진다. 내가 목장에 가면 목장에, 일터에 가면 일터에 불이 붙는다. 사역지에 가면 그곳에 불이 붙게 된다. 성령이 임하면 하늘의 대사로서, 당당한 이 세상의 승리자로 살아가게 된다. 내가 내 욕망을 채우기 위해서 성령충만을 원하는 것이 아니다.

내 서재에는 대통령들을 만난 사진, 장관들을 만나 함께 대화하는 사진들이 걸려 있다. 뭘 자랑하자고 걸어놓은 것이 아니다. 한국교회를 대표해서 만났기 때문에 그때 저 자리에서 위정자들에게 우리가 살아가는 이 사회와 역사를 향해 어떤 메시지를 냈다는 것을 기념하는 것이다.

기억하자. 대통령 만난다고 사람이 바뀌지 않는다. 내로라하는 재벌을 만났다고 내가 변화되지 않는다. 그러나 지금 이 자리에서 성령의 임재를 한 번만 경험하면, 성령님이 나를 한 번만 만져주시면 내게 변화가 일어난다. 병든 자가 낫는다. 삶이 바뀐다. 언어가 바뀐다. 사역의 능력이 바뀐다. 사업의 일터가 바뀐다. 일하는 목적이 달라진다. 살아가는 인생의 목적이 달라진다.

1903년, 원산 대부흥이 있었다. 그때 여성 선교사님들과 한국 교회 여성 지도자들이 모여 한국 교회 부흥을 위한 기도회를 했다. 캐나다 의료선교사인 하디(Robert A. Hardie, 하리영, 河鯉泳)를 강사로 모시고 집회를 했다.

의사 신분으로 한국에 온 하디는 자신의 마음을 돌아보았다. 그는 문화가 다른 한국인들을 이해하지도 사랑하지도 않았다. 하루에 6-7명을 치료하고는 마당의 나무 그늘에서 쉬면서도 더는 치료하지 않았다. 한국 음식은 도무지 먹을 수 없다며, 먼 바다 건너 선교본부에서 배편으로 보내준 빵 재료와 커피에 의존하며 지냈다.

그런데 말씀을 준비하는데 가슴이 뜨거워지기 시작했다. 첫 시간에 서서 말씀을 전하려고 기도하는데 성령님이 이렇게 말씀하셨다고 한다.

"너의 선교에 열매가 없는 실패 원인은 한국인의 미개함에 있는 것이 아니라 네 교만 때문이다. 네 교만을 회개할지어다. 네 헌신이 모자라서 그렇다. 선교사로서 다시 부름을 받을지어다."

그는 성령의 음성 앞에 무릎을 꿇었다. 첫 시간에 자기의 죄를 고백했다. 그 고백의 불길을 타고 거기에 있던 모든 사람이 회개하고 변화되기 시작했다.

 1903년 원산 대부흥은 기도와 부흥의 물결로 출렁이며 원산에서 서울로, 목포로 내려가기 시작했다. 성령의 바람을 전하러 왔던 존스턴(Johnston) 선교사님이 지금 전 세계가 변화되고 있다는 소식을 전해 들었다. 그 소식을 전하자 이곳에도 성령이 임할 것을 강력하게 믿는 믿음이 사람들의 마음속에 불붙기 시작했다.

 그는 설교 말미에 "조선 땅에서는 누가 성령의 임재를 갈망하느냐!"라고 외쳤다. 그때 길선주가 "저요" 하더니 이쪽에서 "저두요", 저 뒤에서 "저두요" 이것이 바로 평양 대부흥운동의 시작이었다.

 이 소식이 출렁이며 삼천리 반도강산 교회들에 전해졌다. 예배드리고 주기도문을 외우는 시간에 "우리가 우리에게 죄지은 자를 사하여 준 것같이" 이 대목에서 동시에 통곡이 터졌다. "선교사님들을 미워했다", "내 시어머니, 내 며느리를 미워했다", "교회 아무개 장로, 아무개 집사를 용서하지 못했다"라며 통회와 자복이 쏟아져 나왔다.

 그 당시에 가장 많이 불렸던 '성령이여 강림하사 나를 감화하시고 애통하며 회개할 맘 충만하게 합소서' 이 찬송이 불이 되어서 심령들을 사르기 시작했다. 너도나도 가슴을 부둥켜 움켜쥐고 땅바닥을 뒹굴기 시작했다. 추운 한겨울에 몸이 너무 뜨겁다고 밖으로 뛰쳐나가 가슴이 뜨거워 견딜 수 없다고 외쳤다.

 선교사들은 오늘 복음을 전하고 내일 죽을 사람처럼 목숨을 아까워하지 않고 이 마을 저 마을로 복음을 전하고 다녔다. 어린아이들도 세뱃돈, 용돈을 모아 전도지를 사 들고 전도했다. 마을을 지나가는 나그네를 붙들고 "아저씨, 예수 믿으세요. 예수 안 믿으면 지옥 가요" 하며 길을 막고 서서 복음을 전했다.

이처럼 성령이 임하는 곳엔 바람 같고 불같은 복음 전도의 바람이 일어났다. 차지도 덥지도 않은 미지근한 신앙이 사라지고 불같은 신앙 열정이 살아났다. 불평과 원망의 입술은 문을 닫았다. 찬양과 감사가 넘치기 시작했다. 교회마다 불을 받았다.

오늘 이 위중한 우리 사회와 한국 교회가 다시 한번 성령에 감동해야 할 때다. 다시 한번 성령의 바람이 불어서 다시 한번 부흥의 불길이 한국 교회 안에서 일어나야 할 때다. 그럴 때 내가 변하고 가정이 변하고 교회가 변하고 이 민족이 변하는 세상이 될 것이다.

희망은 복음 안에, 성령 안에, 하나님의 영광의 임재 안에 있다. "성령님 환영합니다. 성령님을 사모하고 사랑합니다. 성령이여 오시옵소서. 성령님을 제한하지 않겠습니다"라고 고백하는 사람들 가운데 오늘도 성령님은 바람같이 불같이 임하신다.

03 운행하시는 성령님

사도행전 2장 42-47절

42 그들이 사도의 가르침을 받아 서로 교제하고 떡을 떼며 오로지 기도하기를 힘쓰니라 43 사람마다 두려워하는데 사도들로 말미암아 기사와 표적이 많이 나타나니 44 믿는 사람이 다 함께 있어 모든 물건을 서로 통용하고 45 또 재산과 소유를 팔아 각 사람의 필요를 따라 나눠 주며 46 날마다 마음을 같이하여 성전에 모이기를 힘쓰고 집에서 떡을 떼며 기쁨과 순전한 마음으로 음식을 먹고 47 하나님을 찬미하며 또 온 백성에게 칭송을 받으니 주께서 구원받는 사람을 날마다 더하게 하시니라

운행하시는 성령님을 만났는가?

2019년 6월, 대구에 사는 8세 초등학생이 부모의 스포티지 차량 열쇠를 몰래 가져와 도로에서 약 2킬로미터 주행하다가 다른 차량을 들이받는 접촉사고를 냈다. 2024년 3월에는 광주에 사는 17세 여학생이 부모의 스포츠유틸리티차량(SUV)을 몰래 운전하다가 도로에 주차된 차량 2대를 잇달아 들이받고 인근 공업사로 돌진하는 사고를 일으켰다. 인명 사고가 나지 않은 것은 천만다행이지만 정말 위험한 일이었고, 이 철없는 행동으로 부모를 비롯해 여러 사람이 놀라고 큰 피해를 입었다.

자동차 운전면허증 하나만 없어도 인생은 이렇게 당황스럽고 혼란스럽다. 하물며 '내 인생'이라는 자동차의 운전면허가 없고 운행자가 없다면 그 인생살이는 어찌 되겠는가? 그런데 많은 사람이 내 인생의 운행자가 누군지도 모르고 살아간다. 너도나도 인생 초행길이다. 인생은 일생, 단 한 번 살고 가는 것이다. 시행착오도 연습도 없다. 면허증도 없이 자기가 인생 핸들을 잡고 달린다.

나아가 크고 신비한 우주의 운행자가 없다면 우주촌이 어찌 될까? 이 우주의 운행자, 내 인생의 운행자를 아는가? 이 운행자를 만났는가? 인생의 운행을 그분에게 맡기고 사는 법을 아는가? 내 인생 핸들을 그분께 맡기고 사는가? "성령님은 누구신가?" 그 세 번째로 '운행하시는 성령님'을 이야기해보려 한다. 성경을 펼치자마자 성령님은 '운행자'로 소개된다.

> 태초에 하나님이 천지를 창조하시니라 창 1:1

성경은 첫 권, 첫 장, 첫 절에서 신구약성경의 대전제를 선포한다. 아무런 설명도 없이 선언한다. 하나님은 설명의 대상이 아니라 믿음의 대상이다. 하나님은 연구의 대상이 아니라 믿음의 대상이다. 이 말씀을 믿으면 성경은 내게 주시는 하나님의 말씀이 된다. 성경 말씀이 내게 주시는 약속이 되고, 성경에서 소개하는 하나님이 나의 하나님이 되신다.

그러나 이 말씀이 믿어지지 않으면 이 성경과 나는 아무 상관이 없게 되고 성경의 수많은 축복과 약속이 나와 관계없는 말씀이 된다. 이 성경이 소개하는 하나님과 나도 아무 관계가 없어지고 그때부터 성경은 침묵하기 시작한다.

대선언의 주어는 '하나님'이다. 여기서 하나님은 히브리어 원어로 '엘로힘'(מֱלֹהִים)이다. '엘로힘'은 형태로는 단수 '엘로아흐'에 복수어

미 '임'이 붙은 복수형인데 용법상으로는 '장엄복수형(문법적으로는 복수형 형태를 사용하지만, 실제 의미나 해석상으로는 단수를 가리키는 히브리어의 독특한 용법)이다. 하나님의 존재 양식이 인간의 언어나 문자로 표현할 수 없을 만큼 너무나 크고 장엄해서 억지로 표현하는 말이 복수의 '엘로힘'이다.

어떤 신학자들은 신구약에서 앞으로 설명하게 될 삼위일체 하나님을 의미한다고 본다. 분명히 '엘로힘'이 복수형인데 이 엘로힘이 받는 동사 "창조하시니라"는 단수로 되어 있다는 것이다.

> 그러므로 너희는 가서 모든 민족을 제자로 삼아 아버지와 아들과 성령의 이름으로 세례를 베풀고 마 28:19

"아버지와 아들과 성령"이라고 했으면 "이름"이 복수가 되어야 하는데 이것도 단수로 되어 있다. 일종의 모순이다. 문법적, 논리적 모순이지만 진리요 진실이요 실제다.

품으시는 성령님

창세기 1장 1절에 '엘로힘'이 기록되고 그다음의 2절에서는 하나님의 영이 독립되어 나온다. 성령님 한 분이 창조주로 등장한다.

> 땅이 혼돈하고 공허하며 흑암이 깊음 위에 있고 하나님의 영은 수면 위

에 운행하시니라 창 1:2

    운행하시는 성령님이다. 천지가 한 대의 자동차라면 이 자동차를 운행하고 운전하시는 분이 성령님이다. 나를 만든 내 인생이 한 대의 자동차라면 내 인생의 핸들을 잡고 운행하시는 분이 성령님이다.
    여기서 "수면 위에 운행하시니라"라는 말씀은 대단히 재미있는 히브리식 표현이다. 한 마리 암탉이 계란을 품고 그 계란을 굴릴 때, 그 품에서 병아리가 깨어난다는 뜻이다. 하나님의 영이 하늘, 땅 그리고 물로 구성된 지구촌, 나아가 우주를 품고 굴릴 때 우주가 만들어지고 지구촌에 생명들이 태어난다는 뜻이다.
    지구를 계란만 한 별이라고 상상해 보라. 암탉 한 마리가 그 계란을 품고 천천히 굴린다. 첫째 날이 되니라. 둘째 날이 되니라. 셋째 날이 되니라… 여섯째 날이 되니라. 이 지구촌에 뭇 생명이 만들어졌다는 것이다. 암탉이 하나님의 영이라는 것이다.
    성령님이 엄마 품에서 나를 굴려 어린아이가 태어나니 [류영모](당신의 이름을 넣어 말해보라)가 되었더라는 것이다. 성령님이 천국을 모르는 우리를 굴려 모으시고 모아서 교회를 만드시니 우리 교회가 되었더라는 것이다. 남자와 여자를 만드시고 굴려서 만나게 하시고 또 그 자녀들이 태어나 가정, 가족을 이루게 하셨다는 것이다. 성령님이 지옥 백성을 품고 굴려 천국 백성을 만드셨다.
    몸과 마음, 영혼이 아픈가? 성령님이 나를 품고 나의 고통과 병을 굴리니 질병이 낫고 건강하게 되었더라는 것이다. 성령님이 내 심장,

머리를 굴려 거룩하고 정결한 생각으로 가득 채우신다. 추하게 타락한 내 입술과 혀를 굴려서 믿음의 언어, 긍정의 언어를 하게 하시고 능력의 언어, 권세 있는 말이 나오게 하신다.

운행하시는 성령님과 함께 밥하고 빨래하고 청소해 보았는가? 나는 한소망교회 개척 초기에 예배당 바닥을 걸레로 닦다가 예배당에 운행하시는 성령님을 만났다. 앞으로 오고 오는 한소망교회 성도님들을 치유하고 회복하시는 성령님을 만났다. 예배당 바닥의 물기를 닦다 말고 통곡이 터져 울고 또 울었다.

운행하시는 성령님과 함께 자동차를 운전해 보았는가? 옛날에는 강원도 가는 길이 꼬부랑 길이었다. 태백산 언덕의 심한 꼬부랑 길에서 자동차가 굴러떨어졌다. 자동차가 언덕을 구르는 동안 큰 자동차 사고에서 나를 품고 보호하여 살려주시는 성령님을 만났다.

은혜의 동산을 처음 경험하고 나눠준 찬양 테이프를 듣다가 내 인생을 운행하시는 성령님을 만났다. 감사해서 울었고 기쁘고 감격해서 울었다. 운전 중에 눈물이 앞을 가려 운전을 계속할 수 없어서 안전 지역에 차를 세우고 울고 울었다.

비행기를 운행하시는 성령님을 만나보았는가? 21세기가 되면 세계의 교회가 어떤 교회이며 하나님이 쓰시는 목사는 어떤 목사일지, 하나님이 역사하는 교회는 어떤 교회일까를 돌아보고 돌아오는 비행기 안에서 운행하시는 성령님을 만났다. 성령충만을 경험하고 울고 울면서 고백했다.

"제가 성령님을 사랑하겠습니다. 제가 성령님을 갈망합니다. 성령님이 남은 내 생애를 어떻게 쓰시든지, 우리 교회를 어떻게 쓰시든지 제가 성령님을 제한하지 않겠습니다. 성령님만이 우리 교회의 주인이 되십니다. 성령님만이 내 인생의 주인이 되십니다. 오늘 부르셔도 아멘이요, 부족한 종을 제한 없이 마음껏 사용하시도록 올려드리니 주여, 쓰시옵소서!"

한국 교회의 리더십을 발휘하는 자리에서 한국 교회의 주인, 교회의 주인, 내 인생의 주인이 성령님이신 것을 깨닫고 그분을 만났다. 운행하시는 성령님을 경험했다. 그래서 꺾이지 않는 사명자로 살 수 있었다.

혼돈·공허·흑암의 세상에서

성령님이 운행하며 천지를 창조하시던 상황을 성경은 "땅이 혼돈하고 공허하며 흑암이 깊음 위에 있었다"(창 1:2)라고 기록한다. 이 말씀은 빛이 있기 전 땅의 모습을 표현하고 있으나 혼돈, 공허, 흑암은 성령님이 운행하지 않으시는 세상의 모습, 인생의 모습이기도 하다.

원문을 살펴보면 혼돈은 '토후'(תֹהוּ)로 틀이 없다는 뜻이다. 공허는 '보후'(בֹהוּ)로 주인이 없다는 것이다. 흑암은 글자 그대로 한 치 앞이 보이지 않는 캄캄함을 말한다. 오늘 이 시대는 과거 그 어느 때보다 미래가 매우 불투명하다. 정해진 바른길이 없고 주인 없는 세상이 되었다. 어디로 가야 할지 길이 보이지 않는 흑암의 세상이다.

오늘 우리 시대의 가장 큰 혼돈은 기후 위기다. 겨울이 지나고 봄이 되면 차례대로 꽃들이 핀다. 맨 먼저 매화가 피고 그 뒤를 따라 산수유, 목련, 개나리, 진달래, 벚꽃 그리고 유채꽃 순으로 핀다. 그런데 요즘은 꽃이 피는 순서에 틀이 없어졌다. 질서가 다 무너져 없어졌다.

우스갯소리로 벚꽃 피는 순서로 대학의 위기가 온다고 한다. 남쪽에 있는 대학부터 시작해서 수도권으로 밀려올 줄 알았는데 언젠가부터 벚꽃이 부산부터 서울까지 함께 피어버린다. 대학의 위기가 같이 오는 모양이다.

탄소중립이 필요한데 나부터 실천 정신을 잃어버리면 지구촌은 머잖아 환경 대재앙을 맞게 된다. 골든타임이 몇 년 남지 않았다. 우리나라가 "온난화, 온난화" 하더니 이제는 "열대화, 열대화"로 바뀌었다.

지금 이 지구촌 세상은 공허한 이념 갈등 사회로 치달아 혼돈과 흑암 속으로 빠져들고 있다. '핵전쟁'이라는 말이 심심찮게 들리고 세계 경제도 흑암에 빠졌다. 미국의 급속한 탈세계화 정책, 중국의 장기불황, 자국 이기주의, 양극화, 대공황 위기로 세계 경제는 과연 혼돈, 공허, 흑암이다.

영적 생태계, 종교 상황도 그렇다. 사람들의 마음과 심성이 황폐화되고 있다. 혼돈, 공허, 흑암이다. 이런 문명사적 대위기 시대에 한국 교회는 어떠한가? 목회데이터연구소가 발간한 《한국 교회 트렌드》에 의하면 2024년 키워드는 '전문지호 후문지랑'(前門之虎 後門

之狼), 즉 '앞문에는 호랑이, 뒷문에는 이리'라는 것으로, 어제 몰아닥친 이리 같은 위기를 수습하기도 전에 내일의 위기가 호랑이처럼 달려오고 있다는 뜻이다.

오늘의 지구촌 위기, 국제정치경제, 영적 생태계, 한국 교회의 위기는 예측이나 예견이 아니라 인간의 힘으로는 어쩔 수 없는 정해진 혼돈, 흑암의 길이다. 수천 년 팽창사회는 끝나고 수축사회로 접어들었다. 길은 하나뿐이다. 하나님이 도와주시고 역사하시는 길밖에 없다. 역사의 주권, 한국 교회의 주권을 성령님에게 다시 돌려드리는 길밖에 없다. 한국 교회에 성령님이 오셔야 한다. Hunger for God! 하나님의 임재를 갈망한다.

《한국 교회 트렌드》에서 소개한 10가지 트렌드 가운데 특히 내 가슴을 울리는 것이 몇 가지 있었다.

① 1인 가구 33퍼센트 시대, 사람들은 외롭다. 교회 성도들은 퍼센트가 조금 낮지만 예외는 아니다. 외로운 크리스천이다.

② 3040 세대가 그 자녀들과 함께 낙망하며 영적으로 무너지고 있다. 이것이 다음세대의 영적 위기다.

③ 한국 교회 지도자들, 나 같은 교회 리더십들이 바른길을 가야 한다.

"화 있을진저 서기관들과 바리새인들아, 이미 도끼가 나무뿌리에 놓였으니 회개하고 성령으로 충만함을 받을지어다."

④ 부목사님들, 다음세대 목사님들이 절망하면 안 된다. 굶어 죽어도 우리는 소명을 가진 주의 종이다. 우리의 앞길을 하나님이 책

임지시고 인도하신다.

⑤ 부흥의 세대, 한국 교회 60-70대 시니어들이여! 다시 일어나 하나님의 임재를 갈망하라. 다시 한국 교회를 지켜달라. 여러분은 물러가는 세대가 아니라 다시 부흥의 주역이 될 세대임을 잊지 말기를 바란다.

⑥ 젊은이들이여, 일찍 일어나는 새가 먹이를 많이 먹는 세상이 아니다. 성령님이 임하시면 비전이 임한다. 청년들이 환상을 보게 될 것이다. 이 시대는 젊은이들이 성령의 눈으로 보며 세상을 정복해야 할 때다. 절망하지 말고 눈을 감지 말고 멀리 보는 독수리의 눈, 희망의 눈으로 세상을 보라. 곤충의 눈으로 세상을 입체적으로 종합적으로 보아야 한다. 물고기의 눈으로 세상의 흐름을 읽어내야 한다. 성령의 시각으로 독수리의 눈으로 앞을 똑바로 보라. 미래는 하나님이 함께하실 것이다.

위기의 교회, 성령이 운행하셔야 할 때

나라가 혼돈에 빠지고 교회의 앞길이 보이지 않을 때, 공허와 흑암이 깊어져 갈 그때는 성령님이 임하실 때다. 모든 인간이 막다른 골목, 한계점에 도달할 그때는 전능한 성령님이 임재하셔서 역사를 주관하실 때다. 그분께 맡겨드려야 할 때다. 성령님이 임재하시어 친히 운행하시는 이 길 외에는 다른 길이 없다.

요즘 한국 교회가 캄캄한 밤중에 길을 잃은 사람처럼 혼돈에 빠저있는데 한국 교회가 사는 길이 여기에 있다. 교회가 교회 되는 길이 여기에 있다. 교회마다 새 힘을 얻는 길이 여기에 있다. 하나님의 영이 우리 한국 교회를 운행해주시길 기도한다.

일평생 조국 독립만을 꿈꾸던 김구 선생은 "하나님께서 제게 찾아와 '구야! 너의 첫 번째 소원이 무엇이냐?'라고 물으신다면 나는 주저하지 않고 '조국 독립입니다'라고 대답할 것입니다. '그러면 구야! 너의 두 번째 소원은 무엇이냐?' 하고 물으신다면 나는 더욱 큰 소리로 '조국 독립입니다'라고 말할 것입니다. '구야! 너의 마지막 소원이 무엇이냐?' 물으신다면 나는 큰 목소리로 외칠 것입니다. '하나님! 조국의 독립입니다.'"라고 하였다.

이 시간 하나님께서 부족한 내게 찾아오셔서 "종아, 너의 첫 번째 소원이 무엇이냐?"라고 물으신다면 나는 "주님의 심장 속에 있는 바로 그 교회 - 성령충만한 교회를 보는 것입니다"라고 대답할 것이다. 두 번째 소원을 물으신다면 "주님이 세우길 원하셨던, 마지막 때에 역사하여 주님이 기뻐하시는 그 교회, 성령 공동체를 보는 것입니다"라고 대답할 것이다.

하나님께서 "종아, 네 생애 마지막 소원이 무엇이냐? 너는 무엇이라고 대답할 수 있겠느냐?"라고 하시면 "초대 교회에 있었던, 성경 중심에 있었던, 주님의 심장 속에 있었던 그 교회를 보고 죽는 것입니다. 그리고 우리 교회가 주님의 심장 속에 있는 바로 그 교회가 되는 것입니다"라고 큰 소리로 대답할 것이다.

30년 동안 우리 교회에 걸린 표어에는 이런 말이 적혀 있다.

"인생의 방황은 하나님을 만나면 끝이 나고
신앙의 방황은 좋은 교회를 만나면 끝이 난다."

'좋은 교회'가 어떤 교회일까? 나는 그 교회를 늘 "주님의 심장 속에 있는 교회", "성령님이 세우진 바로 그 교회"라고 말하고 싶다. 한국 교회가 사는 길이 여기에 있다. 교회가 교회 되는 길, 교회마다 새 힘을 얻는 길이 여기에 있다.

한 집사님은 손대고 투자하는 일마다 길이 막혀버린다며 주인 없는 사업장 같다고 한다. 그런 분들은 지금 주님의 임재를 갈망해야 할 때다. 당신의 사업을, 그 핸들을 하나님 손에 맡겨드려야 한다.

예배하고 기도하고 교회를 섬기는 신앙생활에 기쁨을 잃어버렸는가? 교회를 섬기는 일에 잡생각이 지배하고 불평거리가 많아졌는가? 함께 일하는 사람들이 마음에 들지 않는가? 혼돈과 공허가 온 것이다. 당신은 지금 주의 임재를 갈망해야 할 때다. 당신의 역사에 성령님이 동행하시며 운행하셔야 할 때다.

몸은 병들고 마음은 낙심되고 관계들이 깨어지고 영적 혼란과 혼돈을 겪고 있는가? 주의 임재를 갈망하라. 그분께 인생의 핸들을 맡겨드려라. 주의 성령님이 당신의 주인이 되시고 당신의 삶을 친히 품고 굴리며 운행해주실 것이다.

04
성령으로 잉태되어

마태복음 1장 18-21절

18 예수 그리스도의 나심은 이러하니라 그의 어머니 마리아가 요셉과 약혼하고 동거하기 전에 성령으로 잉태된 것이 나타났더니 19 그의 남편 요셉은 의로운 사람이라 그를 드러내지 아니하고 가만히 끊고자 하여 20 이 일을 생각할 때에 주의 사자가 현몽하여 이르되 다윗의 자손 요셉아 네 아내 마리아 데려오기를 무서워하지 말라 그에게 잉태된 자는 성령으로 된 것이라 21 아들을 낳으리니 이름을 예수라 하라 이는 그가 자기 백성을 그들의 죄에서 구원할 자이심이라 하니라

누가복음 1장 34,35절

34 마리아가 천사에게 말하되 나는 남자를 알지 못하니 어찌 이 일이 있으리이까 35 천사가 대답하여 이르되 성령이 네게 임하시고 지극히 높으신 이의 능력이 너를 덮으시리니 이러므로 나실 바 거룩한 이는 하나님의 아들이라 일컬어지리라

새 창조

내가 어릴 적 시골 마을의 성탄절 잔치는 온 마을의 잔치였다. 텔레비전도 없고 극장도 없던 시절, 노래하고 춤추고 연극을 하는 일은 1년에 꼭 한 번 있는 그 마을의 문화 행사였다.

어릴 때 겨울철 간식은 날고구마나 땅속에 묻어두었던 무를 끄집어내서 깎아 먹는 게 전부였는데 성탄절에 교회 가면 빵을 주었다. 1년에 한 번 빵을 먹어보는 그 시간에는 '이렇게 맛있는 음식이 있었단 말이야?' 하며 내 혓바닥이 놀라고 또 놀랐다.

비료 포대를 뒤집어서 가위로 자르고 묶어서 연습지로 쓰던 시절에 교회에서는 공책과 연필을 주었다. 손에도 안 잡히는 몽당연필을 볼펜 껍데기에 박아서 쓰던 그때, 긴 연필을 받는다는 것은 정말로 신나는 일이었다.

성탄절 잔치가 왜 이렇게 기쁜 잔치일까? 어떤 한 아이가 태어났다는 얘기가 아니다. 이 땅에 4대 성인 중 한 분이 태어난 날이 아니다. 온 우주를 만드신 하나님이 사람의 몸을 입고 이 땅에 오셨다는 것이다. 그것이 바로 처녀의 몸에서 태어나신 아기 예수 이야기다. 그게 어떻게 가능하겠는가? 성경은 성령으로 된 것이라고 말씀한다 (마 1:20).

기독교에만 있는 진리가 있다. 다른 종교는 흉내 낼 수 없는 게 있다. 하나님이 천지를 창조하셨다. 창조는 다른 종교에 있을 수 없다. 하나님이 인간의 몸을 입고 이 땅에 오셨는데 그 방법이 처녀의 몸에서 태어나는 것이다. 동정녀 탄생은 다른 종교에는 있을 수가 없다. 그분이 이 땅에 오셔서 십자가에서 모든 사람의 죄를 짊어지고 돌아가셨다. 그리고 부활하여 다시 살아나셨다. 이 또한 다른 종교에는 있을 수가 없다.

성탄절에는 다른 종교에서도 현수막을 걸고 크리스마스트리도 세우며 예수님이 아기로 오신 것을 축하한다. 그런데 부활절에는 타 종교에서 예수님의 부활을 축하한다고 플래카드 매단 것을 본 적이 없다. 하나님의 아들이 동정녀 몸에서 태어난 사건, 예수께서 부활하신 사건은 타 종교가 흉내 낼 수 있는 게 아니다.

지구상에 수많은 책이 있고 오늘 하루에만도 수천 권의 책이 발간되고 있다. 그럼에도 지난 이천 년 동안 가장 많이 팔린 책은 성경책이다. 성경책에는 저자라고 할 수 있는 사람이 40명쯤 되는데 사실 그들은 성경을 지은 저자가 아니다. 실제로 성경을 지은 저자는 성령님이시다. 성경의 저자인 성령님이 예수님이 이 땅에 오실 때 어떻게 오셨는지, 이 땅에 오셔서 무슨 일을 하셨는지, 그분이 어떻게 다시 살아나셨는지, 그리고 지금은 어디에 계시는지를 말씀하신다.

예수님에 관해 가르쳐주는 복음서에는 마태복음, 마가복음, 누가복음, 요한복음이 있다. 신약성경에서 마태복음이 제일 앞에 있는데 실제로 복음서 중 가장 먼저 기록된 책은 마가복음이다. 그런데 마가복음은 예수님의 탄생 이야기가 없고, 예수께서 이 땅에 오셔서 세례를 받으신 일로 시작된다.

세례를 받으실 때 예수님은 물속에 계시고 그때 "너는 내 사랑하는 아들이라 내가 너를 기뻐하노라"(막 1:11)라는 하나님의 음성이 들려왔다. 예수님이 세례받는 그때, 성령님은 그곳에 조용하게 임하셨다. 그래서 하나님 아버지와 하나님의 아들 예수님과 성령님이 함께하셔서 예수님은 천지를 만든 하나님이요 하나님의 아들이라는 것을 가르쳐주셨다.

마태복음에서는 예수님의 동정녀 탄생을 자세하게 보고한다. 마리아가 약혼은 했지만 결혼생활을 하지 않았는데 남자를 가까이하지도 않은 그녀가 아기를 가졌다. 이를 알게 된 요셉에게 천사가 나타나서 지금 마리아의 몸에 잉태된 분은 성령으로 된 것이라고 가르쳐주었다(마 1:20). 그 천사의 이름이 누가복음에 가면 나오는데 바로 '가브리엘'(눅 1:19)이고 그 천사는 이 아기가 하나님의 아들(눅 1:35)이라는 것을 알려주었다.

요한복음에 가면 예수님이 그 하나님이라는 것을 가르쳐준다.

태초에 말씀이 계시니라 이 말씀이 하나님과 함께 계셨으니 이 말씀은

곧 하나님이시니라 요 1:1

"예수님이 이 땅에 오실 때 꼭 동정녀의 몸에서 오셔야 했을까요?" 라고 물어볼 수 있다. 모든 인간은 죄인이다. 죄인은 죄인을 구원할 수 없다. 누구든, 4대 성인(聖人)이라 할지라도 죄인이다. 성인이 우리에게 많은 교훈을 주었을지라도 사람을 구원할 수는 없다.

하나님이 이 땅에 오실 방법은 그분이 직접 이 땅에 태어나는 길밖에 없는 것이다. 그래서 처녀 몸에서 태어나신 하나님, 인간을 구원하기 위해서는 바로 이 길밖에 없고 이것이 가장 좋은 방법이다. 그래서 마태복음, 누가복음은 예수님이 이 땅에 태어나신 방법을 자세하게 가르쳐준다.

할머니들이 아기를 낳다

학교 다닐 때 성경을 가르쳐주는 선생님이 "신약은 처녀가 아기 낳는 이야기이고 구약은 할머니가 아기 낳았다는 이야기다!"라고 하신 적이 있다. 천사가 나타나, 아기를 낳을 수 없었던 할아버지 할머니가 아기를 얻은 이야기가 구약에도 있다.

아브라함을 '믿음의 조상'이라고 한다. 아브라함을 부르셨던 것처럼, 하나님은 우리를 부르시고 하나님의 백성으로 삼으신다. 우리 모델이 바로 아브라함이기 때문에 아브라함을 믿음의 아버지라고 한다.

어느 날 하나님이 자녀가 없는 아브라함에게 나타나셔서 "약속의 아들이 너를 통하여 태어날 것"이라 말씀하셨다. 그때 아브라함이 75세였고 그의 아내 사라는 65세였다. 조금 늦긴 했지만, 아기가 태어나려나 보다 하고 기대했다.

그런데 10년, 20년이 지나고 24년이 지났다. 이제는 사라 할머니 몸에 생리가 끊어져(창 18:11) 아기가 들어설 수 없을 그때 24년 만에 하나님이 아브라함에게 나타나셔서 "내년 이맘때 네 아내 사라에게서 약속의 아들이 태어날 것이다"(창 18:10 참조)라고 말씀하셨다.

이때 장막 문 뒤에서 듣고 있던 사라가 '하나님도 모르는 게 있으신가 봐. 나 아기 못 낳는데' 하고 웃자 하나님께서 "사라가 왜 웃느냐. 하나님께 능치 못할 일이 있겠느냐"라고 하셨다.

그래서 아브라함이 100세, 사라가 90세 되었을 때 그들에게서 아기가 태어났다. 하나님은 못 하시는 게 없고 능치 못하심이 없다는 것을 가르쳐주기 위해서 태어난 아들이 바로 이삭이다.

하나님은 참 재미있으신 분이시다. 이삭은 '웃는다'라는 뜻이다. 그가 태어나리라 했을 때 아브라함이 웃었기 때문에 이름이 이삭이 되었다(창 17:17,19). 엄마 사라도 웃었다. 그러나 그뿐만 아니라 이삭은 모든 사람에게 기쁨과 웃음을 주는 아들, 구원의 소식을 전해 주는 아들이 되었다.

구약 사사시대에 블레셋이라는 나라가 있었다. '팔레스틴'(Palestine)은 '블레셋 사람들'(Philistines)에서 유래된 이름으로, 블레셋 사람들이 살던 땅을 가리킨다. 오래전 블레셋 사람이 얼마나 무서운 사람들인가는 군인들이 무장하는 장비를 보아도 알 수 있다. 이스라엘 사람들은 돌을 던지고 나무를 깎아서 전투했는데 블레셋은 강철로 칼과 창을 만드는 기술을 가져서 중동 지방에서 무서울 게 없는 무시무시한 나라였다.

그 블레셋 사람들이 이스라엘을 수탈하였다. 이스라엘 백성이 "하나님, 너무 힘들어요. 우리를 구원해주세요"라고 기도하니 마노아의 아내에게 여호와의 사자가 나타나 "네가 이제 임신하여 아들을 낳으리니 그가 블레셋 사람의 손에서 이스라엘을 구원하기 시작하리라"(삿 13:3,5)라고 응답했다.

임신과 출산을 하지 못하던 마노아 부부는 결국 그 사자의 말대로 아기를 낳았다. 힘센 장수 삼손이다. 삼손은 머리를 길게 늘어뜨리고 하나님이 주신 능력과 힘으로 이스라엘을 구원한 하나님의 사람이다.

구약에 하나님의 역사하심이 계속되다가 자그마치 400년 동안 나타나지 않더니 가브리엘 천사가 제사장 사가랴에게 나타났다. 사가랴와 그의 아내 엘리사벳도 나이가 많았으나 자식이 없었다. 사가랴 제사장이 예배를 인도하고 있을 때 천사가 나타나 "너희 집에 아기가 태어날 거야!"라고 했다.

하지만 사가랴가 "저는 이미 늙었고 아내도 나이가 많습니다"라며 믿지 못하자 천사는 "네가 하나님의 말씀을 믿지 못했으니 그 아들이 태어날 때까지 말을 못 하는 자가 될 거야"라고 했다. 결국 사가랴는 그렇듯 말 못 하는 자로 살다가 열 달이 지나 아기가 태어나서야 입이 열렸다. 이 아들이 바로 예수님을 먼저 우리에게 소개해주는 세례 요한이다.

구약에서는 할머니가 아기를 낳는 사건이 여럿 있었고, 신약에서는 처녀가 하나님의 아들을 잉태하여 이 땅에 구세주가 태어나는 사건이 있었다. 사람의 힘과 능력으로는 불가능한 일들이지만, 하나님은 하지 못하실 일이 없다는 것을 가르쳐준다.

우리는 못 하는 게 너무 많다. 몸이 아파도 우리 마음대로 몸을 다스릴 수 없고, 힘든 일이 있어도 우리 힘으로 해결할 수 없는 게 많다. 이 세상은 걱정과 근심, 염려와 어려움이 너무나도 많다. 그런데 하나님은 못 하실 일이 없다. "능치 못하심이 있겠느냐?" 이를 '엘 샤다이'(El Shaddai)라고 한다. '전능하신 하나님'이다.

하나님을 믿고 그분을 모시면 전지전능하신 하나님이 우리 아버지가 되시며 나와 함께하신다. 그래서 성탄절은 임마누엘이다! 임마누엘은 '하나님이 우리와 함께하신다'라는 의미다.

우리 인간은 자연의 질서 속에서 살아간다. 하나님은 자연의 질서 속에서도 일하시지만, 자연 질서를 만드신 분이심을 기억해야 한다. 그래서 하나님은 자연 질서에 얽매이지 않고 자연 질서를 초월해서 일하신다.

기독교만 가지고 있는 진리가 세 가지 있다.

① 하나님이 천지를 창조하셨다.
② 동정녀 몸에서 아기가 태어났다.
③ 예수님은 십자가에서 우리 죄의 짐을 담당하고 돌아가신 후

부활하셨다.

이 진리를 믿는 게 너무너무 중요하다.

성령이 덮으실 때

태초에 하나님이 천지를 창조하신 것을 믿으면 하나님의 자녀가 된다. 그런데 이게 잘 안 믿어진다면 하나님이 우리 아버지가 될 수가 없다. 예수님이 이 땅에 오실 때 동정녀의 몸에서 태어난 게 믿어지면 하나님이 믿어진다. 그게 믿어지지 않으면 자기 생각, 자기 머리, 자기 이성을 믿는 것이다. 예수님은 '나 때문에' 십자가에 달려 돌아가셨고 부활하셨다. 이것을 믿는 자는 구원받아서 이 세상 끝나는 날 부활하여 하나님나라에 들어간다. 이 사실이 믿어지지 않으면 구원과 그 사람은 아무런 상관이 없다.

사실은 마리아도 처음에는 믿어지지 않았다. 결혼하고 남편과 함께 살아갈 때 아기가 들어서는 게 당연한데 자신은 남자를 가까이한 적이 없었다. 약혼은 했지만, 아직 결혼식은 안 했다. 그런데 임신한다니 두렵고 무서웠다. '하나님, 저는 아직 남자를 모릅니다. 결혼도 안 했는데 제가 아기를 가진다는 게 말이 되나요? 어떻게 이런 일이 있을 수 있어요?'라는 생각이 들었을 것이다.

> 성령이 네게 임하시고 지극히 높으신 이의 능력이 너를 덮으시리니 이러므로 나실 바 거룩한 이는 하나님의 아들이라 일컬어지리라 눅 1:35

"성령이 너를 덮으신다"라는 이 말이 굉장히 중요하다. 이 세상을 살아갈 때 힘든 일이 있다. 몸이 아플 때도 있고, 내 앞길이 캄캄해질 때도 있으며, 앞으로 어떤 일을 해야 할지 알지 못할 때도 있다. 길이 없고 내 힘으로 할 수 있는 것이 아무것도 없을 때, 이 세상에 나를 도와줄 사람이 아무도 안 보일 때조차 "하나님이 나를 덮으신다"라는 이 말을 믿는 게 굉장히 중요하다.

앞서 창세기 1장 1,2절에서 태초에 하나님께서 천지를 창조하실 때 어떤 일이 있었는지를 보았다. "하나님의 영은 수면 위에 운행하시니라"(창 1:2)는 하나님이 온 세상을 만드시고 물 위를 걸어 다니셨다거나 수영을 하셨다는 이야기가 아니다.

이 말로 창조과학자들은 지구가 옛날에는 물로 덮여 있었다고 이해한다. 노아 홍수 이전에는 이 지구가 물로 이렇게 감싸여 있어서 멀리서 보면 지구가 계란과 같이 보인다고 생각했다. 암탉이 품은 그 계란 속에서 병아리가 나오듯이, 성령님이 계란 같은 이 지구를 품으시니 그 품에서 육지와 바다가 생기고 바다에 물고기와 해초가 생기고 육지에서 풀이 나고 꽃이 피고 열매가 맺히고 수많은 동물이 만들어져 지구촌이 되었다.

성령이 수면 위에 운행하셨다, 즉 성령이 지구를 덮을 때 우주가 만들어졌다는 말과 하나님께서 우리를 덮으신다는 이 말이 정말 중요하다.

하나님의 백성 이스라엘이 노예가 되어 죽을 고생을 하고 있을 때 하나님께서 그들을 출애굽시켜 가나안 땅으로 인도하시면서, 그 광야 여정 동안 낮에는 구름기둥으로, 밤에는 불기둥으로 덮으셨다. 제사장들이 성막에 들어가서 제사를 지낼 때 구름이 그곳을 덮었다. 이것이 바로 "구름이 회막에 덮이고"(출 40:34,35)라는 표현으로 거듭해서 나온다. 덮인다는 말이 그렇게 중요하다.

시편 91편 4절은 하나님이 사랑하는 백성을 지키실 때 "그의 깃으로 덮으시리니"라고 말씀한다. 처녀가 아기를 낳는다는 이 불가능한 일이 성령께서 마리아를 덮으시니까 가능해졌다. 인간 세상에서 있을 수 없는 일들이 일어났다. 이게 '덮으신다'의 의미다.

우리가 하나님 안에 풍덩 들어가서 살아갈 때 내 삶이 하나님의 삶이 된다. 내 재주와 힘으로만 살아가는 사람도 있지만 하나님 안으로 풍덩 들어가서 하나님이 나를 덮으시는 것을 경험하는 사람도 있다. 하나님이 나를 덮으시는 것이 '성령충만'이다.

〈달마야 놀자〉(2001)라는 코미디 영화가 있다. 조폭 깡패들이 궁지에 몰려서 도망가다 깊은 산중의 절간까지 갔다. 그 절에 있는 스님들과 자꾸 충돌하자 주지 스님이 문제를 맞히면 더 있어도 좋다면서 밑 빠진 커다란 항아리를 주고 물을 가득 채우라고 했다.

스님들과 조폭들은 각기 문제를 풀려고 동분서주했으나 어떻게 해도 밑 빠진 독에 물을 채울 수가 없었다. 그런데 조폭 두목이 항아리를 번쩍 들더니 연못에 던졌다. 연못에 빠진 항아리에 물이 꽉 채워졌고 이들의 승리로 절에 함께 살게 된다.

우리 힘으로 할 수 없는 게 너무 많다. 이 세상에 사람이 할 수 있는 일보다 할 수 없는 일이 너무 많다. 그때 성령님의 연못 속에, 하나님의 따뜻한 마음속에, 예수님이 흘리신 보혈의 능력 속에 풍덩 들어가면 우리 온 삶과 기도가 하나님 사랑의 연못에 잠겨서 살아가게 된다.

믿음의 대상

요셉이 나중에 믿기는 믿었지만 얼마나 힘들었겠는가. '내가 사랑하는 여인이, 내가 가까이 가지도 않았는데 아기를 가졌다'라는 사실이 이해되겠는가. 이 결혼을 끝내야겠다는 생각까지 하게 된다. 가브리엘 천사가 미리 그에게 나타나서 "요셉아, 네가 마리아를 가까이하지 않았지만 마리아는 성령으로 잉태되어 예수님을 낳게 될 것이다"라고 귀띔해주었으면 얼마나 좋았을까?

마리아는 얼마나 놀라고 황당했을까. 왜 천사가 마리아에게 "하나님께서 이 땅에 태어나시기 위해 너를 선택했다. 네가 이제 아기를 낳게 되는데 사내를 통하여 얻는 아들이 아니라 하나님이 너를 덮어서, 하나님이 이 땅에 태어나는 방법으로 너를 선택하셨다"라고 자세히 설명해주지 않았을까?

믿음은 이해가 안 될 때 믿는 것이다. 증명이 되어 내 가슴이 받아들여질 때 믿는 게 믿음이 아니다. 믿음은 증명의 대상도 이해의 대상도 아니다. 무조건 믿어질 때 그게 믿음이다.

인간을 만드신 분이 친히 인간이 되셨다.

생명의 떡이신 분이 주리셨다.

구원의 샘이신 분이 목마르셨다.

능력의 원천이신 분이 한없이 약하셨다.

치료자 되신 분이 상처를 입으셨다.

영원한 생명께서 나 대신 죽으셨다.

하나님의 말씀을 잘 믿는다는 게 무엇일까? 옛날에 많은 학자가 예수 믿는 사람들은 6가지를 믿으면 성경을 잘 믿는 것으로 하자고 정리해둔 진리들이 있다. 이를 기독교의 6가지 필수 교리라고 하며, 이 6가지 진리를 믿는 신앙을 정통 신앙이라고 한다.

① **성령의 영감설**(The Inspiration of the Scriptures)

성경은 하나님의 말씀이다. 이 말씀의 참된 저자는 성령이신 것을 믿는가? 신구약성경은 성령님이 친히 지으신 하나님의 말씀이다. 그걸 믿는 게 믿음이라고 했다.

② **대속의 구원**(The Substitutionary Atonement)

예수님이 십자가 위에서 내 죄를 담당하셨고 그분이 나의 주님, 나의 구세주 되심을 믿는가? 그분은 가난한 자들을 위해서 죽으신 것이 아니다. 정치적인 모함을 받아서 죽으신 것도 아니다. 오직 우리가 담당해야 할 죄를 친히 담당하고 십자가에서 죽으셨다. 이것은 대속의 구원을 믿는 것이다.

③ **예수님의 육체적 부활**(The Bodily Resurrection of Jesus)

예수님이 부활하신 것을 믿는가? 그분이 몸으로 부활하셨고 우리도 마지막 날 육체로 부활할 것을 믿는가? 우리도 예수님이 다시 재림하실 때 육체로 부활할 것을 믿는 것이다.

④ 예수님의 신성과 인성(The Deity and Humanity of Jesus)

예수님의 신성(神性)과 인성(人性)을 믿는 것을 믿음이라고 했다. 그분이 완전한 하나님이시며 동시에 완전한 사람이신 것을 믿는가? 50퍼센트는 하나님이고 50퍼센트는 사람인 것이 아니다. 온전히 사람의 몸을 입고 오셔서 우리의 모든 아픔과 연약함을 경험하고 담당하셨다. 동시에, 100퍼센트 하나님이시기 때문에 그분이 부활하여 하나님나라로 가셨듯이 예수를 믿는 모든 사람을 하나님나라로 인도해주신다.

⑤ 예수님의 동정녀 탄생(The Virgin Birth)

예수님이 성령으로 잉태되어 동정녀 몸에서 나신 것을 믿는가? 이는 예수님의 신성을 뒷받침하는 중요한 교리다.

⑥ 예수님의 재림 (The Second Coming of Christ)

예수님이 마지막 날에 영광 중에 다시 오실 것을 믿는가? 예수님이 인간의 몸을 입고 이 땅에 오셨는데 믿는 사람이 없었다. 지금도 부활하신 예수님이 반드시 다시 오신다는 재림을 믿지 못하는 사람이 많다.

그게 더 이상하겠다, 애

나는 어릴 때 혼자 교회를 다녔다. 우리 집안 식구, 친척들 아무도 교회에 나가지 않을 때 혼자 교회를 다녔다. 설날이나 추석날이 되면 시골 마을에는 조상님에게 제사를 지낸다. 제사를 안 지내면 밥을 안 줬다. 나는 어린아이였지만 제사를 지내는 것은 귀신에게 절하는 것임을 알았다. 하나님께만 예배드려야지 귀신에게 절을 해서는 안 된다. 조상님은 공경해야 하지만 그분들은 신이 아니기에 나는 밥을 굶어도 제사를 지내지 않았다. 추석날, 설날이 되면 집에서 나와 교회에 가서 혼자서 기도하고 앉아서 공부하고 있었다.

시골 교회는 목사님이 안 계시고 여전도사님이 목회를 하셨다. 전도사님이 오셔서 "영모야, 너 또 제사 지내시기 싫어서 집에서 나왔구나. 전도사님하고 떡국 끓여 먹자" 하셨다. 전도사님 방에 들어가서 함께 떡국을 끓여 먹고, 성경을 읽었다. 전도사님과 한 장씩 번갈아 읽는데 어린아이였던 나는 궁금한 것이 많았다.

"저는 예수님이 물 위를 걸어가셨다는 게 믿어지지가 않아요."

전도사님은 "예수님은 하나님의 아들 아니니. 하나님의 아들이 물 위로 걸어갈 때 물 위로 안 빠져야지 하나님의 아들이 물에 빠지면 그게 더 이상하겠다. 얘"라고 하셨다.

"전도사님, 떡 다섯 조각하고 물고기 두 마리를 가지고 5천 명을 먹였다는 게 말이 돼요?"

"예수님은 하나님의 아들 아니니. 하나님의 아들이 아무것도 없는 데서 천지를 만드신 분인데 도시락 하나 있는 게 어디니? 그 도시락으로 5천 명 못 먹이면 그게 더 이상하겠다. 얘."

"전도사님, 이상해요. 처녀가 아기를 낳았다는 게 말이 돼요?"

"예수님은 하나님의 아들 아니니. 예수님이 이 땅에 오실 때 동정녀 몸에서 태어나는 게 당연하지, 못 태어나면 그게 더 이상하겠다. 얘."

전도사님 이야기는 참 간단하고 단순했다. 못 믿을 게 없었다. 뭐든지 "예수님은 하나님의 아들인데 하나님의 아들이 그것 못 하면 그게 더 이상하겠다. 얘!"라고 하셨다.

병 들고 몸 아플 때, 힘든 일을 겪을 때, 세상에서 외로워 죽고 싶을 때가 있다. 인생 막다른 골목에서 갈 길이 없어 고통스러울 때도 많다. 그때 하나님 안에 풍덩 들어가면 하나님이 우리를 덮어서 내 문제가 하나님의 문제가 된다. 내가 기도하면 그때부터 내 문제가 아니다. 하나님의 문제가 돼서 하나님이 해결하시는 것이다.

'이런 어렵고 큰일을 하나님이 하실 수 있을까? 예수님이 도와주실까?'

"예수님은 하나님의 아들인데 그 문제를 당연히 해결해줄 수 있지, 못 하면 그게 더 이상하겠다. 얘!"

하나님 안에 들어가 성령으로 충만하게 될 때 우리는 하나님의 자녀가 되고, 우리가 하는 모든 일이 하나님이 함께하시는 일이 된다. 마지막 죽음의 자리에서도 성령이 덮으셔서 우리를 하나님께 인도해주실 줄로 믿는다. 이 모든 일이 성령으로 된 것처럼, 우리 인생의 여정에서도 성령으로 인하여 모든 것이 이루어질 줄로 믿는다.

2

성령님이 하시는 일

05
거듭나게 하심

요한복음 3장 3-8절

3 예수께서 대답하여 이르시되 진실로 진실로 네게 이르노니 사람이 거듭나지 아니하면 하나님의 나라를 볼 수 없느니라 4 니고데모가 이르되 사람이 늙으면 어떻게 날 수 있사옵나이까 두 번째 모태에 들어갔다가 날 수 있사옵나이까 5 예수께서 대답하시되 진실로 진실로 네게 이르노니 사람이 물과 성령으로 나지 아니하면 하나님의 나라에 들어갈 수 없느니라 6 육으로 난 것은 육이요 영으로 난 것은 영이니 7 내가 네게 거듭나야 하겠다 하는 말을 놀랍게 여기지 말라 8 바람이 임의로 불매 네가 그 소리는 들어도 어디서 와서 어디로 가는지 알지 못하나니 성령으로 난 사람도 다 그러하니라

고린도전서 12장 3절

그러므로 내가 너희에게 알리노니 하나님의 영으로 말하는 자는 누구든지 예수를 저주할 자라 하지 아니하고 또 성령으로 아니하고는 누구든지 예수를 주시라 할 수 없느니라

아담의 형상인 우리가 하나님나라에 들어가려면

친구 따라 교회 나가기 시작한 아이가 유난히 열심을 냈다. 신기하게 생각한 엄마가 "교회에 가는 게 그렇게 재미있어?"라고 물었더니 아이의 대답, "노래하는 것도 재미있고 선생님 얘기 듣는 것도 재미있어. 정말 신나는 게 있거든. 얘기 듣고 나면 돈주머니가 앞으로 지나가는데 친구들이 손을 넣고 하나씩 가져가. 나도 하나 가지고 왔어. 다음 주일엔 여러 개 가져올래."

사람들이 교회에 나오는 이유에는 수십 가지 대답이 있을 것이다. 그걸 다 자르고 가지치기를 하고 나면 한 가지가 남을 것이다. 구원받기 위해서! 말씀의 표현을 빌리면 "하나님의 나라에 들어가기 위해서"다. 그렇다면 하나님의 나라는 어떻게 들어가는가?

예수님은 "진실로 진실로 네게 이르노니 사람이 거듭나지 아니하면 하나님의 나라를 볼 수 없느니라"(요 3:3)라고 말씀하셨다. 거듭나야 한다는 것이다. 그리고 이어지는 5절에서 "사람이 물과 성령으로 나지 아니하면 하나님의 나라에 들어갈 수 없느니라"라고 하셨다. "물과 성령"으로 거듭나야 한다.

사람의 가장 존귀한 존재 가치가 무엇일까? 그것은 하나님의 형상으로 창조되었다는 것이다. 창세기 1장에서 하나님은 사람을 빚어 만드실 때 "우리의 형상을 따라, 우리의 모양대로, 우리가 사람을 만들자"(창 1:26)라고 말씀하시고 "자기 형상 곧 하나님의 형상대로 사람을 창조"(창 1:27)하신다. 그리고 2장에서 여호와 하나님의 이름이 바뀌면서 동화적으로 표현한다.

> 여호와 하나님이 땅의 흙으로 사람을 지으시고 생기를 그 코에 불어 넣으시니 사람이 생령이 되니라 창 2:7

사람은 동물처럼 육체만 가진 존재가 아니라는 것이다. 생기, 즉 하나님의 호흡, 하나님의 형상을 불어 넣으니 생령(生靈, living soul), 살아 있는 영적인 존재가 되었다고 설명하고 있다.

이 영적 존재인 사람이 하나님과 함께 살던 에덴동산은 하나님나라의 그림자다. 하나님의 통치, 하나님과의 교제가 있었던 장소다. 여기에 한 가지 계명이 있었다. 선악을 알게 하는 나무의 열매를 먹으면 반드시 죽는다는 것이다. 그런데 그 선악과를 따먹고 하나님의 형상이 부서진다. 하나님의 형상이 깨어진 아담과 하와, 그리고 후손인 우리 인간은 어떤 존재가 되었을까?

> 아담은 백삼십 세에 자기의 모양 곧 자기의 형상과 같은 아들을 낳아 이름을 셋이라 하였고 창 5:3

이때부터 아담은, 즉 인간은 "자기의 모양 곧 자기의 형상과 같은 아들"을 낳았다. 아담은 하나님의 형상으로 만들어졌는데 이 땅에 태어나는 아담의 모든 자손은 하나님의 형상이 아니라 아담의 형상과 같았다. 범죄한 형상, 멸망할 수밖에 없는 아담의 형상을 따라 이 땅에 태어났다는 것이다.

성경은 모든 사람이, 태어나기도 전에, 죄를 범하였으매 하나님의 영광에 이르지 못한다고 말씀한다. 인간은 자신의 힘으로 하나님의 영광에 들어갈 수가 없다는 것이다. 선행으로, 지식으로, 공로로, 돈으로, 종교생활을 통하여 하나님나라에 들어갈 수 없다는 것이 성경의 선언이다.

사람이 거듭나지 않으면

종교개혁자 존 칼빈(John Calvin)은 신구약성경 중에서 가장 영적인 책은 요한복음이라고 말했다. 사실 요한복음의 마지막 장인 21장은 에필로그이고, 실질적인 마지막 장 마지막 절은 20장 31절이다. 이 구절에 요한복음의 기록 목적이 있다.

> 오직 이것을 기록함은 너희로 예수께서 하나님의 아들 그리스도이심을

믿게 하려 함이요 또 너희로 믿고 그 이름을 힘입어 생명을 얻게 하려 함이니라 요 20:31

그런 점에서 요한복음 3장은 대단히 중요한 장이다. 교회 좀 다녔다는 분 중 니고데모와 예수님의 대화, 그 가운데 이어지는 요한복음 3장 16절을 모르는 사람은 없을 것이다.

그런데 잘 안다고 생각하기에 깊은 맛을 모를 수 있다. 껍데기만 알고, 이 말씀이 얼마나 어마어마한 말씀이며, 이 말씀 때문에 내가 구원받았다는 이 사실이 얼마나 감격스러운 것인지를 잊어버리고 살아갈 수 있다.

요한복음에는 예수님의 대화록이 11개 나온다. 그 대화록 첫 번째가 이 3장인데 요한복음 11개의 대화록 가운데 가장 중요한 대화이기에 가장 먼저 기록된 것이다. 여기서는 인생의 가장 중요한 과제가 무엇이냐를 다루고 있다.

인생이 이 땅에 태어나서 한 가지를 이루어야 한다면 그 과제가 무엇일까? 거듭나는 것이다. 구원받는 것이다. "다시 태어난다", "거듭난다"는 "구원받는다", "하나님의 자녀가 된다", "중생한다", "영생을 얻는다", "하나님나라에 들어간다"와 모두 같은 말이다.

사람들은 왜 교회에 가는가? 교회가 이 땅에 서 있어야 할 이유가 무엇이며 교회가 해야 할 가장 중요한 일이 무엇인가? 이 땅에 기독교가 존재해야 하는 이유가 무엇인가? 죄인이 구원받아 하나님의 자녀가 되고 하나님나라에 들어가는 것이다. 다른 것은 그에 대한 열매요 부수적인 것들이다.

니고데모는 예수님 당시 유대 땅에서 사람들이 그토록 가지고 싶은 것을 다 가진, 금수저 중의 금수저다. 대법원 판사, 산헤드린 관원으로서 종교적으로 최고의 위치에 오른 바리새인인 데다 엄청난 돈을 가진 부자였다. 사람들의 버킷 리스트를 혼자서 다 가진 사람이었다. 긴 대화를 할 것도 없이 한두 마디 대화를 나눈 다음에 예수께서 이 사람의 중심을 꿰뚫어 보신다. 그분의 말씀은 이것이다.

"네가 관심 가진 영생은 선으로 되는 게 아니야. 율법으로 되는 게 아니고 종교로 되는 것도 아니란다. 한마디로, 성령으로 거듭나지 아니하면 하나님의 나라에 들어갈 수 없다."

> 예수께서 대답하시되 진실로 진실로 네게 이르노니 사람이 물과 성령으로 나지 아니하면 하나님의 나라에 들어갈 수 없느니라 요 3:5

예수님은 니고데모와 대화하고 계신다. 그렇다면 니고데모에게 "네가" 또는 "당신이"와 같이 2인칭으로 대화해야 한다. 그런데 2인칭 대화가 아니다. "네가 거듭나지 아니하면", "당신이 물과 성령으로 거듭나지 아니하면" 그렇게 말씀하지 않으셨다.

"사람이 거듭나지 아니하면"(3절)

"사람이 늙으면"(4절)

"사람이 물과 성령으로 나지 아니하면"(5절)

"사람이"는 '모든 인간은'이라는 뜻이다. 남녀노소, 빈부귀천, 동서고금을 막론하여 악한 사람이나 선한 사람이나, 부한 사람이나 가난한 사람이나, 배운 사람이나 못 배운 사람이나, 어린이나 노인이나, 남자나 여자나, 인간이라면 모두에게 해당되는 말씀이다.

인간이면 '누구나'다. 어떤 선한 사람도, 철학자도, 종교의 교주도 예외는 없다. 인간은 누구나 성령으로 거듭나야 한다. 모든 인간은 태어날 때 이미 하나님의 형상이 심각하게 손상되고 부패된 형상으로 태어나기 때문이다.

오직 성령으로 믿게 되는 것들

다시 질문해 보자. 성경의 가장 중요한 주제가 무엇이며 인생의 가장 중요한 주제가 무엇이라고 생각하는가? 성경이 기록된 목적은 인간의 성공 비결이나 험한 이 세상을 살아갈 처세술을 가르치려 함이 아니다. 인간의 도덕과 윤리를 가르쳐주는 것도 아니고 병든 자를 어떻게 고치는지 그 치유법을 가르치는 것도 아니다.

"오직 이것(성경)을 기록함은 너희로 예수께서 하나님의 아들 그리스도이심을 믿게 하려 함이요 또 너희로 믿고 그 이름을 힘입어 생명을 얻게 하려 함"(요 20:31)이라고 하였다.

모든 신학자가 동의하는 한 가지가 있다. 신구약성경을 다 모아서 한 구절로 남기라고 한다면 무엇일까? 바로 요한복음 3장 16절, 니고데모와 나누신 대화의 결론이다.

하나님이 세상을 이처럼 사랑하사 독생자를 주셨으니 이는 그를 믿는 자마다 멸망하지 않고 영생을 얻게 하려 하심이라

니고데모는 예수님을 만나자마자 "당신은 하나님으로부터 오신 선한 선생님입니다. 그리고 그 어마어마한 표적, 하나님으로부터 온 분이 아니면 불가능합니다"라고 말한다. 니고데모의 중심을 꿰뚫어 보신 예수님은 진정한 기적이 무엇인가를 말씀하신다.

"네가 구원받을 수 있다는 게 표적 중의 표적이니라. 네가 이 땅에 태어나서 경험해야 할 기적, 반드시 이뤄야 할 이적이 있다면 예수 믿고 구원받는 것이니라. 그것이 가장 큰 기적이니라."

이 대화을 통해 성경은 사람이 어떻게 거듭날 수 있는가를 단도직입적으로 가르친다. 오직 성령으로! 거듭나는 것이 내가 똑똑해서나 어떠해서가 아니고, 심지어 내가 믿어서도 아니고, '오직 성령으로'다.

우리 주님이 십자가 위에서 만인의 죄를 짊어지고 돌아가셨다. 객관적인 구원이다. 그 죽음이 바로 나를 위한 죽음이고 그 피 흘림이 내 죄를 사하기 위한 피 흘림이라는 주관적인 사건으로 받아들여지게 하는 분이 성령이다.

예수님의 일생과 성경의 이야기들을 그려낸 한 화가가 어느 교회로부터 고난주간을 맞이해 십자가에 달린 예수님의 그림을 그려달라는 부탁을 받았다. 어느 날, 그가 십자가에 달린 예수님을 그리고 있던 화실에 조카가 들렀다가 물었다.

"삼촌! 저분은 누군데 왜 저렇게 피를 흘리고 죽어가세요?"
"하나님의 아들이시란다."
"하나님의 아들이 왜 저렇게 나무에 매달려 피를 흘려요?"
"우리 죄를 다 담당하고 죽으시는 거야."
"우리 죄? 그럼 삼촌의 죄도 담당하셨단 거예요? 아하, 재밌네!"

조카가 돌아간 후 그 화가의 머리를 때리는 성령의 감동이 있었다. 예수님의 일대기를 그려왔는데 정작 그 수많은 그림과 자기 자신은 아무런 관계가 없었다. 내 죄도 그분이 담당하셨다는 어마어마하고 '재미있는' 이 진리를 몰랐다. 무릎을 꿇었다.

"오, 예수님. 당신은 나의 왕이십니다. 당신이 피 흘리심은 내 죄 때문이었습니다. 당신은 나의 왕, 나의 하나님, 나의 구주 그리스도이십니다."

주님 앞에 나와 두 손 들고 그리스도를 영접하고, 그다음부터 그리는 모든 그림은 돈을 받는 그림이 아니고 신앙고백이 되었다.

한 장의 그림이 재주와 재능이 아니고 성령의 역사가 되었다. 성령의 감동이 없으면 수만 장 그림을 그리고 예수님의 일대기를 그려도 돈벌이에 불과하다. 그러나 성령이 역사할 때 그 모든 그림은 신앙고백이 된다.

… 성령으로 아니하고는 누구든지 예수를 주시라 할 수 없느니라

고전 12:3

역으로 말하면 성령이 오시면, 성령이 함께하시면, 성령이 역사하시면 예수가 주님이라는 사실이 믿어진다. 하나님이 우리의 아버지라는 사실이 믿어진다. 저절로 믿어지는 것이다. 안 믿으려고 몸부림을 쳐도 믿어진다. 내가 하나님을 붙든 게 아니다. 하나님이 나를 붙들었기 때문에 그 누구도 빼앗아 갈 수 없는 구원이 되었다.

성령이 함께하시면 무엇이 믿어지는가? 만세 전에 나를 예정하시고, 나를 하나님의 자녀로 부르신 이 사건이 믿어진다. 예수님만이 그리스도시요 하나님의 아들 되심이 저절로 믿어진다. 하나님을 모르고 살았던 지난날을 회개하게 되고, "내가 너를 의롭다고 일컬었다" 하시는 하나님의 칭의(Justification)가 믿어진다.

"영접하는 자 곧 그 이름을 믿는 자들에게는 하나님의 자녀가 되는 권세를 주셨으니"(요 1:12)라는 말씀을 따라, 하나님의 자녀 된 권세가 내 안에 분명히 있음을 믿게 된다. "내가 그들에게 영생을 주노니 영원히 멸망하지 아니할 것이요 또 그들을 내 손에서 빼앗을 자가 없느니라"(요 10:28) 하신 말씀이 믿어진다. 부족하지만, 죄를 지으면 가슴이 아프고 성화의 삶이 시작되었다. 오늘 죽어도 영화로운 하나님나라에서 눈을 뜨게 될 영광을 믿는다.

당신은 성령 받은 사람인가, 못 받은 사람인가? 당신 안에 성령이 계시는가, 아니 계시는가? 마음으로부터 하나님이 나의 아버지이심과 예수님이 구세주이심이 믿어지는가? 오늘 죽어도 천국에 들어갈 것이 믿어지는가? 그렇다면 분명히 성령이 역사하신 것이다.

바람이 임의로 불매 네가 그 소리는 들어도 어디서 와서 어디로 가는지 알지 못하나니 성령으로 난 사람도 다 그러하니라 요 3:8

자기가 언제 믿었는지 잘 모르는 분이 많이 있다. 그런데 성령이 역사하셔서 내 안에 하나님이 계신다면, 예수님이 왕으로 와 계신다면, 천 번 만 번 죽는다 해도 예수님은 나의 구주인 것이 믿어진다면 바람이 임의로 불어 나를 이미 하나님의 자녀로 삼으신 것이다.

물과 성령으로

예수께서 대답하시되 진실로 진실로 네게 이르노니 사람이 물과 성령으로 나지 아니하면 하나님의 나라에 들어갈 수 없느니라 요 3:5

성령님이 오셔서 나를 다시 태어나게 하셨다는 것은 이해가 된다. 그런데 동시에 '물로 (거듭)나지 않으면'은 어떤 의미일까? 이렇게 성령으로 거듭났으면 되었는데 왜 거기에 물로 거듭나야 한다고 하는지 의문을 가지게 된다.

이에 대해 천주교회나 천주교회의 신학을 어느 정도 따른 일부 개신교 교단에서는 "물은 교회에서 행하는 세례를 의미하고, 예수를 그리스도로 영접할 수 있도록 성령이 역사하셨으면 교회의 공적인 세례 과정을 통하여 공인받음으로 말미암아 거듭남이 완성된다"라고 주장한다.

그것은 조금 과한 주장이 될 수 있지만, 공적인 예식을 통해 물로 죄를 씻고 피가 뿌려지고 성령이 임재하고 부활의 삶을 시작하는 세례 예식은 소중한 것이다. 절대로 소홀히 생각해서는 안 된다. 내가 공적인 교회를 통하여 세례받은 세례 교인이 되었다는 것은 자랑스러운 일이다. 아직도 세례받지 못하신 분은 세례를 사모하며 준비하고 기다리기를 바란다.

성경에서 물에는 여러 가지 상징이 있다. 하나님의 말씀을 의미하기도 하고 성령의 역사를 의미할 때도 있다. 또한 회개하고 죄 씻음을 받는 사건을 의미한다.

그래서 물과 성령으로 거듭나면 성령께서 우리의 마음을 새롭게 하신다. 교회는 공적인 예식을 통해 "당신은 이제 구원받은 하나님의 가족입니다"라고 선언한다. 이 선언은 단순한 말이 아니다. 성령의 빛 아래, 예수님이 나의 구주이시며 주님이심이 믿어진다. 하나님이 아버지이심이 마음 깊이 다가오고, 하나님이 왕 되시는 나라, 그분과 함께 영원히 살아갈 그 나라가 가슴 깊이 그리워진다.

엄지발가락으로라도

예전에 섬기던 교회에서 어느 주일날 한 집사님과 그 언니 되는 분에게 구원의 도리를 설명한 적이 있다. 그 주일에는 성찬 예식을 거행했는데 성찬 전병을 나누고 다 같이 받들어서 "이것은 주님의 몸입니다. 이제 다 같이 받으시겠습니다" 할 때 그 언니가 동생 집사님을 툭 치면서 "먹지 마! 집에 가지고 가!"라고 말했다.

둘이 나란히 성찬 전병을 성경책 속에 넣고 포도주도 잔만 받고 예배 후 함께 손잡고 간 곳은 의식 없이 누워있는 아버지의 병실이었다. 초등학교도 들어가지 않은 두 자녀를 데리고 아버지 곁으로 가서 직접 성찬 예식을 거행했다(사실, 직접 성찬 예식을 하면 안 된다).

"목사님이 말씀하시기를 이것은 예수님의 몸이래. 아버지, 예수님의 몸이에요. 주님의 물과 피로 거듭나야 한대요. 이것 먹고 구원받으셔야 해요. 예수 믿으세요!"

"이것 먹고 너희가 구원받아야 해."

그러고는 전병을 쪼개 아이들에게 먹이고 주스를 한 잔씩 주었으나 아버지는 거의 식물인간으로 의식이 없어서 받아먹을 수가 없자 이 자매가 안타까워서 내 방으로 달려왔다. 그 당시 예배당 옆에 조그마한 마당이 있고 그 옆에 내 서재가 있었는데 달려와 서재 문을 요란하게 두드렸다. 문을 열자마자 무릎을 꿇고 내 다리를 붙들고 "목사님, 살려주세요"라고 하기에 큰일 난 줄 알았다.

"누워있는 우리 아버지 좀 구원해주세요. 구원해주세요."

내가 끌려가듯 따라나섰다. 그 아버지에게 복음을 제시하고 "예수님을 그리스도로 영접하시려고 하면 '아멘' 하세요" 했으나 의식불명인데 말할 리가 없었다. "눈을 떴다 감으세요" 한들 눈이 움직이나, "손가락이라도 까딱해주세요" 한들 손이 움직이나.

복음을 전했으니 기도하고 마치려고 하는데 동생 집사님이 "목사님, 한 번만 더! 한 번만 더 복음을 제시해주세요"라며 사정해서 할 수 없이 아버님의 손을 잡고 "주님, 제가 할 수 있는 일이 없습니다. 성령님이 오셔서 역사해주셔야 하겠습니다" 하고 성령의 임재를 구하는 기도를 드렸다.

그런 다음 다시 복음을 제시하고 또 요청했다.

"아멘 하세요. 믿어지시면 눈을 떴다가 감으세요. 손가락이라도 까딱하세요. 아니면 몸에 어떤 부분이라도 움직이시고 당신이 예수를 영접하고 오늘 하나님나라 갈 수 있다는 믿음을 고백하세요."

그리고 돌아봤는데 엄지발가락이 살짝 움직였다. 이를 목격한 언니가 무척 기뻐하며 "우리 아버지가 발가락으로 아멘 했다"라고 자랑하고 다녔고, 내가 그 교회를 떠날 때까지 이 이야기는 전설이 되었다.

이 일을 대하면서 먼저는 '진작 복음을 전하지. 식물인간이 된 다음에야 오늘이 인생의 마지막 날이 될 수 있는 것을 깨닫는가' 싶어 안타까웠다. 두 번째는, 그럴지라도, 그 열정이 너무 고마웠다.

'그래, 그렇게라도 해야지. 그렇게라도 복음을 전해야지. 그게 믿음이고 그게 자식이지' 싶었다. 우리에게 '내 아버지, 내 어머니, 내 가족, 내 자식, 내 남편, 내 아내, 죽어도 지옥은 못 보내!' 하는 이 정도 믿음과 열정은 있어야 하지 않겠는가. '성령이 역사하시면 발가락 움직인 것도 아멘이다' 하는 생각이 들면서 그 딸이 저렇게 좋아하는 것을 보니 나도 은근히 그 믿음이 왔다.

예수를 그리스도로 영접하고 사는 것을 감사하자. 아직도 믿음이 확실치 않다면, 성령이 오셔서 인을 치시고 당신이 하나님의 자녀로 거듭나는 경험이 있기를 바란다.

이 글을 읽는 당신을 이 시간 구원으로 초청한다.

> 볼지어다 내가 문밖에 서서 두드리노니 누구든지 내 음성을 듣고 문을 열면 내가 그에게로 들어가 그와 더불어 먹고 그는 나와 더불어 먹으리라 계 3:20

마음의 문을 열고, 이 시간에 성령이 임하신 것을 믿기를 바란다. 당신이 예수 믿은 것이 자기 힘이 아니고 당신의 공로가 아니며 종교 생활이나 도덕 윤리가 아니고 오직 성령의 역사였음을 감사하길 바란다. 진심으로 기도를 드리자.

"하나님 아버지, 내 마음의 문을 엽니다. 내 마음 중심에 성령이여, 오시옵소서. 예수님, 오시옵소서. 예수님은 나의 왕이십니다. 예수님은 나의 주님이십니다. 예수님만이 그리스도이십니다. 예수님만이 나의 구주이십니다. 영원히 함께하여주옵소서. 천국에서 눈을 뜨게 될 줄로 믿습니다. 하나님 아버지의 자녀가 되었습니다. 천국의 자녀가 되었습니다. 하나님 감사합니다. 성령으로 인을 쳐 나를 의롭다 일컬어주셨으니 감사합니다."

06
인치시고 보증하심

에베소서 1장 3-14절

3 찬송하리로다 하나님 곧 우리 주 예수 그리스도의 아버지께서 그리스도 안에서 하늘에 속한 모든 신령한 복을 우리에게 주시되 4 곧 창세 전에 그리스도 안에서 우리를 택하사 우리로 사랑 안에서 그 앞에 거룩하고 흠이 없게 하시려고 5 그 기쁘신 뜻대로 우리를 예정하사 예수 그리스도로 말미암아 자기의 아들들이 되게 하셨으니 6 이는 그가 사랑하시는 자 안에서 우리에게 거저 주시는 바 그의 은혜의 영광을 찬송하게 하려는 것이라 7 우리는 그리스도 안에서 그의 은혜의 풍성함을 따라 그의 피로 말미암아 속량 곧 죄 사함을 받았느니라 8 이는 그가 모든 지혜와 총명을 우리에게 넘치게 하사 9 그 뜻의 비밀을 우리에게 알리신 것이요 그의 기뻐하심을 따라 그리스도 안에서 때가 찬 경륜을 위하여 예정하신 것이니 10 하늘에 있는 것이나 땅에 있는 것이 다 그리스도 안에서 통일되게 하려 하심이라 11 모든 일을 그의 뜻의 결정대로 일하시는 이의 계획을 따라 우리가 예정을 입어 그 안에서 기업이 되었으니 12 이는 우리가 그리스도 안에서 전부터 바라던 그의 영광의 찬송이 되게 하려 하심이라 13 그 안에서 너희도 진리의 말씀 곧 너희의 구원의 복음을 듣고 그 안에서 또한 믿어 약속의 성령으로 인치심을 받았으니 14 이는 우리 기업의 보증이 되사 그 얻으신 것을 속량하시고 그의 영광을 찬송하게 하려 하심이라

구원받은 행복

당신이 인생을 사는 재미는 무엇인가? 〈인생을 재미있게 사는 법〉이라는 유튜브 강의를 본 적이 있다. 그 강의의 이야기를 종합해보면 다음의 몇 가지로 정리가 된다.

① 무엇보다 첫째는 나이가 들어가면서 하나님과 친해지라는 것이다. 영원히 함께할 친구, 세상 끝날까지 변하지 않는 친구는 예수님 한 분밖에 없다.

② 자기 자신에게 잘해주라는 것이다. 자기 자신을 격려하고 칭찬하는 것은 아주 소중한 지혜다. 운동으로 몸과 마음을 건강하게 지켜주는 것도 자기를 지키는 방법 가운데 하나다. 건강은 건강할 때 지키는 것이라고 하지 않는가? 그러기 위해서는 스트레스를 친구 삼지 말라고 한다.

③ 긍정적인 마음 관리다. 항상 감사하는 마음으로 크게 자주 웃으라고 한다. 불행한 생각은 곧 물리쳐 내 마음에 머물게 하지 말

라고 한다.

④ 친구 관계를 건강하게 잘 유지하라고 한다. 부정적인 친구는 가지치기하고 정리하기를 주저하지 말라고 한다.

⑤ 신앙, 친구, 취미그룹 등 서로 힘이 되는 소그룹이 있어야 한다. 내가 기도해줄 사람, 나를 위해 기도해주는 사람이 있다는 것은 중요한 일이다.

에베소서는 인생의 가장 큰 행복, 진짜 재미를 "하늘에 속한 신령한 복"이라고 소개한다. 사도 바울이 믿음의 날개를 달고 하늘 높은 곳으로 올라가 그곳에서 하나님의 시선과 마음으로 이 세상을 바라보니 하나님이 소중히 여기는 보물 두 가지가 보였다. 첫째는 구원받은 성도요, 둘째는 예수께서 피 흘려 세운 주의 몸 된 교회이자 영광스러운 교회였다.

그는 에베소 교회에 편지를 쓰며 1,2절에 짤막한 인사를 하고 나서 3절부터 14절까지 열두 절을 쉼표도 마침표도 없이 단숨에 써 내려갔다. 발견된 헬라어 문장 가운데 가장 긴 문장의 하나다. 열두 절이 무려 202단어로 되어 있다. 아버지의 마음으로 보니 이 성도와 교회가 얼마나 존귀한지 숨도 쉬지 않고 열두 절을 한 문장으로 써 내려갔다.

그 내용은 우리가 익히 잘 아는 말씀이다. "하나님이 선택하셨고 예수님이 구속하셨고 성령님이 인치셨으니 삼위일체 하나님 찬양!"이라는 내용이다. 선택하시고 구속하시고 인치시는 이 구원의 사역은 내가 노력해서 얻은 게 아니다. 내 마음이 착해서, 공로와 선행을 쌓아서, 혹은 내게 어떤 조건이 있어서나 품성이 개발되어 얻는 게 아니다.

6절 말씀처럼 "거저 주시는 바 하나님의 은혜"다. 공짜로 얻은 선물이다. 싸구려라서 공짜가 아니고 너무 어마어마해서 이 세상에 있는 돈이나 금은보화로도, 무엇으로도 살 수 없기에 공짜로 주신 선물이다.

그래서 우리가 믿음을 가지고 존귀한 성도가 되어서 영광스러운 이 교회 안에서 살아가는 것, 예배하는 것, 하나님을 섬기는 것, 기도하는 것, 이 모든 것은 엄청난 사건이다. 이 사건을 모르면 싸구려 예배를 드리고, 싸구려 기도를 하게 된다.

장례식을 집례하다 보면 수한(壽限)을 다 채워 가족들이 마음 준비를 끝낸 다음에 평안히 눈을 감은 호상이 있다. 그러나 그 어떤 호상이라고 할지라도 그가 예수를 믿지 않았다면 아무것도 남는 게 없고 가장 불행한 죽음일 뿐이다. 이런 장례식을 집례할 때가 제일 불편하고 당황스럽다.

때로는 있어서는 안 되는 죽음을 맞이하는 가족이 있다. 울고 또 통곡해도 그저 아쉬운 죽음이다. 그러나 그가 예수 믿고 죽었으면 소망과 위로가 있다. 하나님의 선한 뜻이 숨어 있는 것을 나중에 깨닫게 된다. 마지막에 남는 것은 그가 예수 믿었느냐, 믿지 않았느냐 그것뿐이다.

영원히 남는 것

인생의 가장 큰 본질은 구원받았느냐의 문제다. 구원은 이 땅의 모든 것을 다 주고도 내 힘으로 얻을 수 없는 것이다. 구원은 이 땅의 모든 것을 다 빼앗기고 잃더라도 얻어야 하는 것이다. 나머지는 모두 다 하나님나라의 그림자 축복일 뿐이다. 이 땅에서는 사라질 것들이요 영원히 남지 않는 것들이다.

사도 바울에게 취미가 어떻고, 건강이 어떻고, 친구 관계가 어떻고, 인생 재미가 어떻고를 묻는 것은 의미 없는 질문이다. 그의 몸은 약했다. 늘 배는 고팠고 핍박과 고난이 떠나지 않았다. 걸핏하면 매를 맞았으며 심지어 돌에 맞아 죽은 줄 알고 사람들이 성 밖으로 갖다버리기도 했다. 그는 강도를 만나기도 하고 풍랑으로 죽을 고비도 넘겼다.

세상의 재미나 행복은 다 빼앗긴 사람처럼 보인다. 그러나 하늘에 속한 이 복을 보고 나니 "우리가 지금 받게 되는 고난은 장차 누릴 영광과 족히 비교할 수 없었습니다"라고 선언하고 살게 되었다.

나는 내가 참 재미없는 사람이라고 생각한다. 외국에 부흥회를 가도, 따라온 아내와 딸은 틈틈이 관광하러 다니지만, 나는 호텔-교회, 교회-호텔밖에 모르고 호텔에서도 방에 머물며 신간 서적을 읽고 글을 쓴다.

미국 교회 탐방을 와서 그랜드 캐니언 옆을 지나면서도 못 가고, 하와이 마우이섬은 보고도 못 올라갔지만 세상 재미가 없는 내 인생에 후회는 없다. 나는 목사니까! 골프, 승마 재미는 모르고 살았어도 예수 믿는 행복과 교회 섬기는 재미를 알고 살았기에 행복하기만 했고 부러울 것도 없었다.

아프리카를 여행하던 한 백인이 길에서 공기놀이를 하는 아이들을 보고 깜짝 놀랐다. 아이들이 가지고 노는 돌멩이가 다이아몬드였던 것이다. 그래서 초콜릿을 한 줌 주며 바꾸자고 하니 아이들은 선뜻 그 '돌멩이'들을 내주고 초콜릿을 받아가며 즐거워했다. 그들은 다이아몬드의 값을 몰랐기 때문이었다.

우리가 하나님을 섬기고 산 이 삶의 가치를 아는가? 하나님의 나라를 위해서 헌신하고, 희생하고, 손해 보고, 욕보고 살았던 이 삶이 얼마나 엄청난 것인가를 알면 이 땅의 초콜릿 정도와 바꾸며 살지 않는다.

성령의 인치심

옛날에 금슬 좋기로 소문난 젊은 부부가 살았다. 남편이 갑자기 죽게 되어 부인이 통곡했다.

"당신 없이 나 못 살아. 내일이면 나도 당신 따라 죽을 거야."

"그러지 말고 잘 살아. 그리고 여름날 내 무덤에 잔디가 마르거든 시집 가!"(재가하지 말라는 뜻이 있다).

여름이 되었다. 아내가 한 손에는 가위, 한 손에는 부채를 들고 무덤을 찾아갔다. 가위로는 잔디 뿌리를 자르고 부채로는 잔디를 말리더란다.

세상에 변하지 않는 것은 없다. 강산도 10년이면 변한다. 변화무쌍한 이 세상에서 우리가 받은 구원이 어떻게 변하지 않을 수 있을까? 내가 가진 이 믿음과 구원의 확신을 어떻게 빼앗기지 않고 살 수 있을까? 하나님이 선택하셨고 예수님이 구속하셨기 때문이다!

　때로는 문득 죄에 오염되는데, 절망하고 낙심하는데 왜 내 구원이 취소되지 않는 것일까? 성령님이 인치셨기 때문이다!

　'인치다'에 해당하는 헬라어 '스프라기조'(σφραγίζω)는 왕의 소유권 확인을 의미한다. 왕에게 보물이 많이 있지만 가장 소중한 보물을 보물함에 넣고 인지를 붙인다. 그 인지 위에 어인(御印)을 찍고는 그 누구도 가까이하지 못하도록 최고의 장수를 세워 보물을 지킨다.

　예수의 피로 구원한 하나님의 자녀는 하나님나라의 보물이다. 땅에 살아도 하나님의 자녀는 존귀한 자니 어인 정도를 찍는 게 아니다. 고종의 어인이 아니라 성령님이 인을 치신다.

　그리고 군사나 천군 천사로 지키게 하는 것이 아니다. 보혜사 성령님이 친히 내게 오셔서 나를 떠나지 않고 내 구원을 지키신다. 친히 인치신 우리의 구원을 지키신다. 성령님이 지키시기 때문에 그 누구도 빼앗을 수가 없다.

> 누가 우리를 그리스도의 사랑에서 끊으리요 환난이나 곤고나 박해나 기근이나 적신이나 위험이나 칼이랴 롬 8:35

> 내가 확신하노니 사망이나 생명이나 천사들이나 권세자들이나 현재 일

이나 장래 일이나 능력이나 높음이나 깊음이나 다른 어떤 피조물이라도 우리를 우리 주 그리스도 예수 안에 있는 하나님의 사랑에서 끊을 수 없으리라 롬 8:38,39

퀴즈를 내보겠다. 당신은 빈속에 빵을 몇 개나 먹을 수 있는가? 사람마다 다르다고? 빈속에는 빵을 한 개밖에 먹을 수가 없다. 한 개 먹고 나면 이제 그 속은 빈속이 아니기 때문이다. 성령님이 빈속에 오시고 나면 영원히 빈속이 아니다. 성령님이 영원히 나와 함께 계신다!

성령으로 아니하고는 누구든지 예수를 그리스도라고 시인할 수가 없다. 그리고 성령님을 통하여 예수를 구주로 믿고 고백하면 곧바로 '너는 하나님의 자녀, 너는 내 것이다!'라는 의미로 성령님이 인을 치신다. 천국 백성으로의 호적 등록이 끝난다.

인치심으로 성도의 견인이 시작된다

인치심의 사건과 동시에 일어나는 구원 사건들이 있다. 존 칼빈은 '성령의 내적 증거'가 나타난다고 했다. 성령님이 내 안에 계시면 "너는 구원받은 하나님의 자녀야. 예수 믿었으니까 어떤 일이 있어도 너는 구원받은 하나님나라의 백성이야"라는 내적 증거가 일어난다고 했다.

마틴 로이드 존스(Martyn Lloyd-Jones) 목사님의 설명에 의하면 하나님의 후사라는 변하지 않는 확신이 확고해지는 게 인치심이다. 그래서 내 안에 하나님의 나라가 임하게 된다는 것이다.

R. A. 토레이(Reuben Archer Torrey)는 이 성령의 인치심 사건과 성령세례를 동일시한다. 결론적으로 성령님이 인을 치시면, 하나님의 소유권이 확실해지고 하나님께서 안전을 보장하신다. 본문의 용어를 빌리면 '보증'이고 성령의 인치심에는 이런 보증하시는 능력이 있다.

강산이 열 번, 백 번 변하며 때로는 인생살이에 고난이 있을 수 있다. 왜 내게 이런 일이 일어났는가, 낙심할 때도 있다. 내가 이런 취급을 받아야 하나, 오해받을 때나 상처받을 때도 있다. 그러나 성령의 인치심을 내 안에서 경험하면 신앙생활에 변덕이 일어나지 않는다. 그리고 흔들리지 않는 확신이 생긴다.

'나는 하나님의 자녀다. 하나님은 지금도 나를 사랑하신다. 예수님은 십자가에서 내 죄를 대신 담당하셨다. 나의 약함 때문에 구원이 흔들리지는 않는다. 천지가 무너져도, 내 구원은 흔들리지 않는다. 하나님나라 생명책에 기록된 내 이름은 그 누구도 지울 수 없다. 누가 뭐라 하든, 설령 천사의 모습으로 다가와 의심을 속삭인다 해도, 하나님의 약속은 바뀌지 않는다. 내 느낌, 내 환경, 내 행동, 내 감정 여하에 따라서 구원이 흔들리지 않는다(구원은 내 안에 있지 않고 그리스도 안에 있다).'

성령의 인치심은 곧 성령에 의한 성도의 견인이 시작되는 은혜의 출발점이다. 성령의 견인이란, 신자가 비록 넘어지고 허물이 있을지라도 구원이 무너지지 않는다는, 장로교가 고백해온 고귀한 성경의 진리다. 하나님의 구원이 끝까지 지속된다는 믿음 위에 선, 대단히 중요한 개혁 신학의 핵심 교리인 것이다.

우리는 모든 면에서 아직 어리고 부족하다. 그러나 모자라지만 성화(聖化)의 삶, 변화가 시작되는 것이다. 그래서 '성령의 인치심, 구원의 내적 증거, 성령세례, 성도의 견인, 성화의 삶의 시작'이라는 성화의 과정은 구별은 되지만 따로 나누어져서가 아니라 동시적으로 내 안에서 일어난다.

인치심의 보증, 아라본

> 이는 우리 기업의 보증이 되사 그 얻으신 것을 속량하시고 그의 영광을 찬송하게 하려 하심이라 엡 1:14

성령의 인치심으로 인한 구원의 또 다른 안전장치가 이 구절에 나온다. "우리 기업의 보증이 되사"는 하나님나라 기업의 보증이 되었다는 말이다. 때로 세상이 나를 무시하고 비웃을지라도 성령님은 우리의 구원을 지키신다. 하나님 앞에서 마귀는 나를 비난하고 참소하지만, 성령님은 나를 변호하고 보증하신다.

구원받았으면 되었지 왜 또 다른 안전장치와 보증이 필요할까? 우리가 전적인 부패에서 구원을 받았지만, 아직 우리 가운데 연약성이 있기 때문이다. 게다가 택한 백성들을 무너뜨리려고 마귀가 우는 사자처럼 끊임없이 덤비고 있다. 그때마다 성령님이 "네가 가까이할 사람이 아니다! 네가 빼앗을 수 있는 구원이 아니야" 하고 보증하셔서 구원을 흔들지 못하도록 하신다.

'보증'이라는 말이 신약성경의 언어인 헬라어에는 없다. 그래서 구약성경의 히브리어 단어 '아라브'(עָרַב)를 그대로 헬라어로 음역하여 '아라본'(ἀρραβών)으로 사용한다.

'아라본'은 창세기 38장에 나온다. 이 창세기 38장은 성경을 읽다가 '왜 이런 내용이 성경에 기록되었을까?' 하고 빼버리고 싶은 내용을 담고 있다. 하나님은 야곱의 열두 아들 가운데에 장자 르우벤도 아니고 요셉도 아니고 유다 자손을 통하여 메시아가 이 땅에 오도록 계획하셨다. 그러면 유다 집안에서 자손이 태어나고 이어져야 하는데 '다말'이라는 며느리가 들어와서 아기를 낳기 전에 남편이 죽는다. 그러면 다른 방법을 통하여 이 아들이 태어나야 하는데 시아버지 유다가 며느리 다말을 쫓아내 버린다.

그러자 다말이 기가 막힌 꾀를 낸다. 자신이 사는 지역에 시아버지가 지나간다는 소식을 듣고 창녀로 변장해서 시아버지와 하룻밤을 자기로 한다. 화대를 요구하며 그것을 줄 때까지 담보물을 내라고 하는데 그것이 바로 '아라본'이다. 보증을 하라는 것이다. 그래서 유다의 도장과 허리띠와 손에 든 지팡이를 담보로 받는다.

석 달쯤 지나 유다에게 쫓겨난 며느리가 아이를 가졌다는 소문이 들린다. 유다가 며느리를 불살라 죽이라고 하자 다말은 "이 물건의 주인이 아기의 아버지"라며 도장과 띠와 지팡이를 유다에게 보낸다.

아라본은 담보물, 선수금, 보증이란 뜻이다. 다말의 행동을 정당화할 수는 없겠지만 그녀는 아라본, 즉 담보물로 인하여 죽을 몸이 살아났고 정죄받지 않았으며 심판받지 않았다. 아라본, 보증의 위력으로 불에 타 죽을 몸이 구원을 받았다.

구원받았어도 우리는 걸핏하면 넘어지고 걸핏하면 죄가 가슴에 들어온다. 주님 앞에서 자랑스럽지 못한 내 인생, 용서받을 수 없는 이 삶이 구원받았다는 게 말이 되는가 말이다. 그런 나의 구원이 끝까지 취소되지 않고 하나님나라에 들어간다는 게 말이 안 되는데 성령의 인도하심이 이것을 말이 되게 하시는 것이다.

그뿐이 아니다. 이 구원의 씨앗, 메시아를 오게 한 이 백성은 유다와 다말의 자손으로 유대인(Jew)이라 불렸다. 흠 많고 모순덩어리인 유대인, 야곱 같은 간사한 족속이 이스라엘의 모습이지만 하나님의 약속은 그 후손을 통해 이루어진다.

구원은 나의 부족과 실수로 취소되지 않는다

어린 시절 나는 교인이 스무 명쯤 되는 작은 시골 교회에서 신앙생활을 했다. 신학생들이 와서 주일만 예배를 인도하고 갔고, 여전도사님 또는 다른 교회 장로님이 오셔서 목회를 하기도 했다.

연말이 되면 당회장 목사님이 세례와 성찬 예식을 거행하기 위해서 1년에 한 번 교회를 방문하셨다. 그러면 우리 집에서 오시는 날부터 돌아가시는 날까지 밥을 해드렸다. 중학교 2학년 때, 식사하시는 당회장님 앞에 무릎을 꿇고 세례를 달라고 간청을 드렸다.

세례는 고등학생이 되어야 받을 수 있었는데 나는 시찰 내 교회 성경암송 대회며 어른들도 참여한 성경 퀴즈에서 1등 한 것 등을 이야기하며 계속 간청했다. 당회장 목사님이 이것저것 내게 묻고 대답을 들으시더니 "야, 너 세례를 받아도 되겠다" 하셔서 결국 세례를 받게 되었다.

그런데 내가 고1 때, 우리 집에 있어서는 안 되는 일이 일어났다. 청상(靑孀)이신 어머니가 빚 갚으려고 밤낮으로 일해 조금씩 모아놓은 돈을 도둑이 들어 하루아침에 모두 잃은 것이었다. 하나님이 살아계시면 있을 수 없는 일이었다. 교회에 다녔지만, 기도 시간에 내가 한 일은 하나님을 향한 항거였다. 결국 나는 학교에 자퇴서를 내고 집을 나와서 대구로 도망쳐서 혼자 살았다.

어떻게 아셨는지 어머니가 나를 찾아오셨다. 어머니 손에 끌려 집에 왔는데 또 당회장님이 세례를 베풀러 오셔서 우리 집에서 밥을 잡수셨다. 그 앞에 무릎을 꿇고 세례를 취소해달라고 말씀드렸더니 그 분이 껄껄 웃으시고는 내게 성령의 인치심과 보증에 관해 설명을 해주셨다.

"네가 똑똑해서 세례 준 게 아니고 예수님의 은혜로 네가 세례를 받은 거야. 네가 박구원 집사의 아들로 호적 등록 마치면 죽고 또 죽어도 넌 박구원 집사님의 아들인 것처럼, 세례받고 나면 너는 하나님나라 생명책에 호적 등록이 끝난 거야. 세례는 취소되지 않는 거란다."

내가 세례받고 잘못된 길로 갔지만 나는 구원받은 하나님의 자녀라는 확신을 그때 가지게 되었다. 세월이 흘렀다. 그 후로 55년 동안 내 인생에 우여곡절도 있었고 여러 가지 변화무쌍한 일도 많았지만 단 한 번도 구원받은 이 확신, 성령의 인을 치고 보증하신 구원의 감격을 빼앗겨본 적이 없다.

07

성령의 법으로 살게 하심

로마서 8장 1-11절

1 그러므로 이제 그리스도 예수 안에 있는 자에게는 결코 정죄함이 없나니 2 이는 그리스도 예수 안에 있는 생명의 성령의 법이 죄와 사망의 법에서 너를 해방하였음이라 3 율법이 육신으로 말미암아 연약하여 할 수 없는 그것을 하나님은 하시나니 곧 죄로 말미암아 자기 아들을 죄 있는 육신의 모양으로 보내어 육신에 죄를 정하사 4 육신을 따르지 않고 그 영을 따라 행하는 우리에게 율법의 요구가 이루어지게 하려 하심이니라 5 육신을 따르는 자는 육신의 일을, 영을 따르는 자는 영의 일을 생각하나니 6 육신의 생각은 사망이요 영의 생각은 생명과 평안이니라 7 육신의 생각은 하나님과 원수가 되나니 이는 하나님의 법에 굴복하지 아니할 뿐 아니라 할 수도 없음이라 8 육신에 있는 자들은 하나님을 기쁘시게 할 수 없느니라 9 만일 너희 속에 하나님의 영이 거하시면 너희가 육신에 있지 아니하고 영에 있나니 누구든지 그리스도의 영이 없으면 그리스도의 사람이 아니라 10 또 그리스도께서 너희 안에 계시면 몸은 죄로 말미암아 죽은 것이나 영은 의로 말미암아 살아 있는 것이니라 11 예수를 죽은 자 가운데서 살리신 이의 영이 너희 안에 거하시면 그리스도 예수를 죽은 자 가운데서 살리신 이가 너희 안에 거하시는 그의 영으로 말미암아 너희 죽을 몸도 살리시리라

죄책감은 우리를 아프게 한다

미국의 작가이자 시인이었던 마거릿 생스터(Margaret E. Sangster)는 그녀의 시 〈The Sin of Omission〉에서 해 질 녘, 우리의 마음을 아프게 하는 것은 '한 일'이 아니라 '하지 못하고 남겨둔 일'이라고 말한다.

잊어버린 다정한 말 한마디, 쓰지 않은 편지, 보내지 않은 꽃 한 송이, 바쁘다는 핑계로 건네지 못한 따뜻한 말. 또 내 문제 안고 있느라 우는 친구를 안아주지 못한 것, 형제들 앞을 가로막은 돌들을 치워주지 못한 것 등 그렇듯 하지 못하고 남겨둔 일들이 세상을 아프게 하고 나를 슬프게 한다고 말해준다.

작은 일도 제대로 감당하지 못하고 하루를 마칠 때 찜찜할 수가 있다. 죄는 늘 우리를 부끄럽게 하고 위축시키며, 인생의 해 질 무렵 우리를 참 아프게 한다. 모든 사람이 안고 살아가는 죄의식은 좋은 것일까, 아니면 나쁜 것일까?

내게도 죄스럽고 부끄러운 기억들이 있다. 나는 바쁜 일정 가운데 잠시 짬이 나면 공원 산책을 즐기곤 한다. 한번은 공원 산책길에 배가 아파 화장실에 들렀는데 변기가 의자처럼 걸터앉는 양변기가 아니라 쪼그리고 앉아야 하는 화변기(squat toilet)였다.

나는 퇴행성 관절염을 앓아 양반다리를 하거나 쪼그리고 앉는 데 어려움이 있다. 매우 난감하던 차에 장애인 화장실이 비어있는 것이 보여서 '얼른 들렀다 나와야지' 하고 들어가 빨리 볼일을 보고 나왔는데 아뿔싸! 휠체어를 탄 분이 기다리고 있었다. 그 분 뒤에 서 있던 건장한 남자는 눈을 크게 부릅뜨고 나를 노려보았다.

나는 설명할 엄두도 못 내고 그저 목례를 하며 "죄송합니다"라고 사과하고 나왔다. 그날 밤늦게까지 얼마나 부끄럽고 찜찜하고 창피하던지. 그 장애우분의 사슴 같은 눈망울이 나를 알아보는 것 같았다. '틀림없이 어디선가 나를 본 듯한 눈이었어.' 전화를 걸어서 내 무릎 형편을 설명이라도 하고 싶은데 연락처를 알 길도 없었다.

죄책감은 참 우리를 불편하게 한다. 우리를 위축시키고 부끄럽게 만든다. 죄책감이나 정죄 의식은 우리에게서 기쁨과 내적 평화를 빼앗아 간다. 분명 예수 믿고 영생을 얻었는데 아직도 우리 안에는 육의 갈등이 남아 있다.

우리 안에는 선하고 바르게 살고 싶은 마음이 있는가 하면 또 다른 한편에서는 악한 마음이 도사리고 있다. 선한 지킬 박사와 나쁜 하이드가 공존한다. 내 진실 뒤에는 가식이 나를 비웃고 있으며 내 자비 뒤에는 교만이 나를 노려보고 있다. 예수를 믿었으면 이런 하이드의 마음쯤은 사라져야 하지 않는가? 하나님의 자녀가 되었으면 죄의 유혹은 사라지고 탐욕도 죽고 갈등은 없어져야 하는 것 아닌가?

그런데 웬일인지 내 안에서는 항상 지킬 박사와 하이드가 싸움을 하고 있다. 믿음 좋은 사람도 그 믿음이 흔들리고, 성령을 체험한 사람도 낙심한다. 치유의 은사로 죽을병에서 살아난 사람도 별로 달라진 게 없어 보일 때가 있다. 능력의 선지자 엘리야도 이세벨이란 여자 한 사람이 두려워 로뎀나무 아래 앉아 죽여달라며 하나님 앞에서 넋두리했다.

종교개혁자 마르틴 루터도 절망과 낙심에 쓰러져 있을 때가 있었다. 그런 그의 앞에 아내가 상복을 입고 나타났다. 루터가 "아니, 여보. 누가 죽었소?" 하고 묻자 아내가 대답했다.

"하나님이 돌아가셨어요. 하나님이 살아계신다면 당신이 그렇게 쉽게 절망할 수 있단 말입니까? 하나님이 죽지 않고서 어떻게 그렇게 허무하게 쓰러질 수 있단 말입니까?"

영적 거인 사도 바울도 로마서 7장에서 내적 갈등을 토로한다.

"내 속에는 두 개의 내가 매일 싸우고 있다. 하나는 죄를 지으려는 육의 생각이요 다른 하나는 선을 행하려는 성령의 생각이다."

로마서 8장에서는 죄를 지으려는 이 마음을 "육신"이란 말로 표현한다. 로마서 8장 1절부터 11절까지 열한 절 안에 "육신"이라는 단어가 10번이나 등장하고, "영"이라는 말도 10번 등장한다. 그리고 "죄와 사망의 법"과 예수 그리스도 안에 있는 "생명의 성령의 법"

이란 말이 날카롭게 대조되고 있다.

예수 안에서 이미 죽었다

당신 안에도 이런 갈등과 영적인 투쟁이 있는가? 우리는 구원받았지만 내 안에 영적 싸움과 갈등이 있다는 사실을 인정하고 오히려 그것을 긍정적으로 받아들여야 한다. 성서학자들은 오히려 이런 연약함, 갈등을 인간다움이라고 표현했다.

구원받았어도 육의 몸을 입고 있는 동안에는 병들 수 있다. 문득문득 절망하고 좌절할 수 있다. 내적 갈등과 영적 투쟁에서 실패하고 죄의식에 사로잡힐 수 있다. 그 갈등을 긍정적으로 받아들이자. 불신자는 기도하지 않아도 갈등이 없고 선을 행하지 않아도 고민이 없다.

나는 교도소에서 영적 프로그램을 진행하러 갔을 때 수감자들이 죄지은 것을 자랑하기도 하고 자랑스럽게 여기기도 하는 것을 보았다. 죄와 사망의 법이 그들을 지배하기 때문이다. 그러나 우리에겐 넘어질 때마다 거룩한 아픔과 영적 진통이 있다.

이 영적 투쟁과 갈등에서 우리가 깨끗이 인정하고 받아들여야 하는 또 다른 원리는 '이 싸움과 갈등은 내 힘과 노력, 내 의지로 승리할 수 있는 게 아니다'라는 것이다. 분명히 나요, 내 문제인데 내가 뭔가 해볼 수 있는 길이 없다. 연구하고 힘을 써서 이길 수 있는 싸움이 아니다.

교회 안에 꽤 선하고 품성이 착한 성도들이 있다. 그들은 영적 투쟁에서 승리하며 사는 사람처럼 보이기도 한다. 목사, 전도사보다 더 선해 보이고 장로님보다 훨씬 더 열심히 충성하고 권사님보다 기도를 많이 한다.

그런데 율법주의가 똬리를 틀고 앉아 모든 일에 비판적이다. 하나님의 은혜가 없고 자기의만 남아 있다. 교회가 다 썩었다고 말하고 다니고, 자기에게나 적용해야 하는 율법으로 다른 사람을 비난한다. 그 누구도 용서함이 없고 그 얼굴에 행복이 없다. 언제나 비난의 칼을 들고 있다. 문득문득 비판의 말이 터져 나오는 것을 자신이 똑똑해서 그런 말이 생각난 것이라고 여긴다. 목사도, 남편도, 아내도, 자식도 그들에게는 비판의 대상일 뿐이다.

현대판 바리새인들, 서기관들, 율법주의자들이다. 위선자일 뿐이다. 그들의 가슴엔 따뜻함이 없다. 은혜가 없다. 푸근함이 없다. 오히려 죄인들은 자기 가슴을 치며 "나는 죄인"이라고 고백하는데 말이다.

예수님이 이 땅에서 살아가시던 공생애 기간에 그분이 사용하실 수 없을 것 같은 날카로운 말로 비판하실 때가 있었다. 서기관과 바리새인들, 율법주의자들에 대해서였다. "독사의 새끼"(마 23:33), "지옥 자식"(마 23:15), "하루살이는 걸러내고 낙타는 삼키는 자"(마 23:24) 등 껍데기는 변화된 것 같은데 본질적 죄가 우글거리는 자식들이라고 책망하셨다.

그렇다고 복음적인 사람은 마음대로 죄짓고 살아도 된다는 뜻이 아니다. 예수를 믿었을 때 내 안에 어떤 일이 일어났는가를 알아야 한다.

나는 예수와 함께 이미 십자가에 못 박혔다. 내 모든 죄가 예수 그리스도에게 전가되었다. 예수께서 용서하신 죄를 누가 정죄하리오? 본질적인 저주의 죄에서 나는 이미 죽었다.

그분이 십자가에 달리실 때 내 죄도 매달렸다. 그분이 못 박힐 때 내 자아가 못 박혔다. 십자가 위에서 그분이 죽으실 때 나는 이미 죽었다. 그분이 부활하심으로 나 또한 다시 살아났다.

내가 예수를 믿을 때 그분의 풍성한 삶, 영생이 나의 것이 되었다. 예수님이 오신 것은 그분의 양들이 생명을 얻고 풍성한 삶을 살도록 하기 위함이다.

지난여름, 얼마나 더웠는가? 공동묘지에 누워있던 시체가 "아, 더워 죽겠네" 하자 옆에 있던 선배 시체가 "야, 인마. 너 벌써 죽었어" 하더란다. 자꾸 넘어지고 죄짓는 나에게 집중하지 말라. 내 안에 일어나는 욕망과 탐욕을 묵상하지 말라. 대신 내가 예수를 믿고 얼마나 엄청난 존재가 되었는지, 내 신분이 어떻게 달라졌는지 거기에 집중하라.

죄짓고 낙심하여 절망하고 '나는 안 돼!'라며 좌절할 때 그 모습은 당신이 아니다. 당신의 자리도 아니고 당신의 것도 아니다. 내 신분에 집중하며 연약함에 매몰되어 살지 말고 그 자리에서 벌떡 일어나 예수 안으로 와야 한다. 그리고 사탄을 향하여, 나 자신을 향하여, 세상을 향하여 담대히 선언하는 것이다.

"나는 하나님의 자녀다. 나는 하나님나라 백성이다. 나는 의인이다. 나는 예수 그리스도의 신부다!"

죄와 사망의 법을 벗어 집어던지고, 당당히 선언하고 살라.

적용되는 법이 다르다

신구약성경을 통틀어 한 단어 안에 가장 많은 내용을 담고 있는 경우가 바로 이 구절을 시작하는 "그러므로"인 것 같다.

> 그러므로 이제 그리스도 예수 안에 있는 자에게는 결코 정죄함이 없나니 롬 8:1

로마서 1장부터 7장까지는 어마어마한 교리논쟁이 일어나고 엄청난 신학이 소용돌이치고 있다. 모든 사람은 죄인이다. 죄인은 하나님나라에 들어가지 못한다. 오직 예수 그리스도 안에서 구원을 받는다. 예수 믿고 구원받았지만, 죄에 대한 갈등이 있다. 이 문제는 내 노력이나 내 방법으로 해결되지 않는다. 그렇다면 이 정죄 의식, 패배 의식으로부터 어떻게 승리할 수 있을까?

이 엄청난 내용, 그 모든 것이 "그러므로" 한 단어에 담겨 있다. "그러므로 이제 그리스도 예수 안에 있는 자에게는 결코 정죄함이 없나니" 이것이다.

로마서 8장 1절부터 11절까지 그 열한 절 속에 "예수 그리스도 안에"라는 말이 계속 반복된다. 인생길에서 넘어질 수 있다. 신앙인도 유혹을 만난다. 그때마다 예수 안으로 오라는 것이다. 예수 그리스도의 보혈의 바다에 첨벙첨벙 뛰어들라는 것이다. 그분 안에는 결코 정죄함이 없다.

마귀란 놈은 참 어이가 없다. 죄를 짓기 전까지는 내 친구처럼 다가와 나에게 속삭이며 죄를 짓도록 달콤하게 유혹한다. 그러다가 막상 내가 죄를 짓고 나면 정죄하고 패배 의식을 심는다.

"하나님은 너를 버렸어. 하나님은 너를 떠났어. 하나님은 너를 싫어해. 하나님이 너를 용서하지 않을 거야"라며 두려움을 심는다. "네가 똑같은 죄를 몇 번씩 짓고 후회하는지 아니? 490번째야. 일곱 번의 일흔 번까지 죄를 짓고 하나님께 용서해달라고? 체면 좀 있어라!"라며 조롱한다.

그러나 우리는 그때마다 우리 주 예수 그리스도의 승리를 묵상해야 한다. 나는 용서받았다. 어떤 일이 있어도 예수 앞으로 달려가면 용서하신다. 하나님은 결코 우리를 버리지 않으신다. 정죄하지 않으신다.

우리를 지배하는 법은 결코 율법이 아니다. 사망의 법, 저주의 법은 우리를 지배하는 법이 아니다. 성령의 법! 생명의 법이요 살리는 법, 이것만이 우리에게 통한다. 이제 예수 안에서 우리에게 적용되는 법이 달라졌다. 예수 안에 있는 자에게는 영원한 생명의 법, 용서의 법, 하나님 사랑의 법, 성령의 법만이 적용된다.

그래서 죄와 죽음의 법이 나를 다스리지 못한다. 마귀의 권세, 마귀의 조롱은 아무 힘이 없다. 허물이 있어도 하나님이 나를 버리지 않으시고, 마귀는 결코 나에게 가까이 오지 못한다.

일제 강점기, 일본의 식민지 법 안에서 살던 우리 민족이 해방되자 일본의 법은 더 이상 우리를 지배할 수 없었다. 사망의 법 안에서 살다가 예수 그리스도 안으로 옮겨왔으면 이제는 오직 성령의 법만이 내게 통할 뿐, 더는 사망의 법에 따라 살지 않는다.

성령의 법

예수 그리스도 안에 정죄함이 없는 이유는 적용되는 법이 다르기 때문이다. 예수께서 나를 죄 없다고 선언했는데 누가 나를 정죄할 수가 있는가? "너를 용서한다. 무죄 선언!" 하고 땅! 땅! 판결을 내려 해방이 선포되고 죄로부터 자유가 선언되면 누가 정죄하리오.

지금까지는 몰랐으니까 진흙탕에 빠진 그게 내 모습인 줄 알고 웅크리고 앉아 있었다. 몰랐으니까. 그러나 성경은 "진리를 알지니 진리가 너희를 자유롭게 하리라"(요 8:32)라고 말씀한다. 우리가 이제는 진리를 알았으니 죄와 사망의 법에서 자유롭게 됨을 얻었다. 내 노력과 의지로는 몸부림을 쳐도 안 되던 것이 어떻게 그토록 쉽게 이루어질 수 있었을까?

> 율법이 육신으로 말미암아 연약하여 할 수 없는 그것을 하나님은 하시나니 … 롬 8:3

네가 할 수 없는 것을 하나님은 하시나니. 네 힘으로 안 되던 그것을 하나님은 하시나니.

주일학교에서 요나가 물고기 배에 들어갔다가 사흘 만에 나왔다는 이야기를 들은 아이가 집으로 달려와 아빠에게 물었다.

"아빠는 그런 일이 가능하다고 믿어지세요?"

"응! 아빠는 요나가 물고기 배 속에 집을 짓고 살았다고 해도 믿을 수 있어! 왜냐하면 하나님이 하신 일이거든!"

예수님이 "하나님의 나라에 들어가기가 얼마나 어려운지 낙타가 바늘귀로 나가는 것이 부자가 하나님의 나라에 들어가는 것보다 쉬우니라"(막 10:24,25)라고 하셨다. 제자들이 놀라서 그러면 누가 구원을 얻을 수 있냐고 서로 말하자 예수님이 그들에게 "천국은 사람이 자기 힘으로 들어갈 수 있는 곳이 아니야. 사람은 할 수 없으되 하나님은 능히 하실 수 있느니라"라고 말씀하셨다. 그 능력을 성령의 능력이라고 한다.

로마서는 1장부터 16장까지 "성령"이라는 말이 34번 나오는데 그 34번 가운데 3분의 2인 21번이 단 한 장, 로마서 8장에서 나온다. 그래서 성서 신학자들은 신구약성경 가운데 가장 빛나는 성경은 로마서라고 말했으며, 로마서 가운데 8장은 반지 가운데 반짝 빛나는 다이아몬드와 같다고 말했다. 8장 안에 이런 어마어마한 진리가 담겨 있다.

성령은 우리의 연약함을 도우신다. 하나님을 사랑하는 자 곧 그의 뜻대로 부르심을 입은 자들에게는 모든 것이 합력하여 선을 이루신다. 연약함 때문에 강력한 성령의 도움을 받는다. 가진 것이 없기 때문에 부요하신 하나님을 의지하고 살아가게 된다. 죄가 많은 곳에 은혜가 많다는 역설적인 경험을 하게 되는 것이다.

'성령의 법'이라고 할 때 이 '법'이라는 말을 다른 말로 바꿔보면 '통치, 다스린다'라는 뜻이다. 성령의 법이란 성령이 통치하신다는 의미다. 의도, 죄도, 지옥도, 천국도 모든 인생의 역사도 성령이 다스리시니 성령은 능히 하신다. 또 '능력'이라는 말로도 번역할 수 있다. 사람이 할 수 없는 그것을 성령은 능히 하신다는 것은 성령의 능력 안에서 이 모든 것이 가능하다는 말이다.

또 다른 말로는 '원리'로 번역할 수 있다. 지금까지 나를 지배하고 다스리던 이 마귀의 원리가 통하지 않는다. 저주의 원리는 나로부터 완전히 떠나갔고 죄의 원리가 통하지 않는다. 대신 구원의 원리, 용서의 원리, 자유의 원리, 천국의 원리가 내 안에 있다.

생명의 법, 성령의 법이 내 안에 있기 때문에 능히 하나님이 내 안에서 자유를 선포하고, 진리를 앎으로 말미암아 우리는 구속받아 정죄함이 없는 자유를 누리게 된다.

복음 안의 자유

남자보다도 강한 캐릭터로 인기를 모았고 지금도 〈골 때리는 그녀들〉이라는 축구 프로그램에서 강인한 체력으로 FC 개벤져스 개그우먼팀을 이끄는 개그우먼 김혜선 씨의 이야기다.

예전에 사귀던 남자 친구는 그녀를 만날 때마다 "넌 너무 남자 같다. 여자가 아니야"라는 비난의 말을 했다. 그래서 그녀는 가슴 수술을 두 번이나 해가며 여자가 되려고 애를 썼는데 어느 날 문득 깨달음이 왔다. 사랑하는 사람을 성적 대상으로만 보는 그의 사랑은 사랑이 아니라는….

속고 산 게 억울해서 독일 유학길에 올랐다. 진짜 김혜선을 잃어버리니까 살아갈 이유도 없어진 그녀는 누군가가 왜 유학 가냐고 물었을 때 "죽기 위해 갑니다"라고 대답했다.

거기서 지금의 남편 스테판 씨를 만났다. 죽음의 자리가 생명의 자리로 바뀌기 시작했다. 수술한 가슴이 아프기 시작해서 그 사실을 털어놓았더니 스테판은 "가슴이 어떠하든 당신은 김혜선일 뿐이고 나의 소중한 사람이고 내 사랑입니다"라고 했다.

그녀는 이 말에 용기를 얻고 독일 병원에서 가슴 보형물 제거 수술을 받았고, 스테판은 천사같이 환하게 웃으며 그녀를 반기고 꼭 안아주었다. "심장 뛰는 가슴이 가까워져서 좋다. 심장 뛰는 가슴이 가깝게 느껴져서 참 좋다"라고 말하는 그의 품에 안겨서 김혜선 씨는 대성통곡했다.

한국을 방문한 김혜선 씨의 시부모님은 자녀를 갖는 것에 대한 기자들의 질문에 이렇게 대답했다.

"아이를 갖든 갖지 않든 사랑하는 내 자녀들이 선택할 일입니다. 어떤 선택을 하든지 우리는 그 선택을 존중할 것이고, 그들의 선택을 우리는 사랑할 것이고 즐거 함께 가족이 될 뿐입니다."

심장 뛰는 가슴이 가깝게 느껴져서 참 좋다는 말. 자녀를 갖든 갖지 않든 그것은 소중한 그들의 결단이라는 말. 그들은 내 자녀들이고 나는 그들의 결정을 사랑할 거라는 말.

근사하지 않은가? 복음 안에 이런 자유가 있다. 율법의 법칙과 성령의 법칙은 이렇게 다르다. 자유를 잃어버린 사람과 이 진리를 알고 자유를 얻은 사람은 하늘과 땅만큼이나 다르다.

우리가 누리는 가장 큰 은혜는 정죄 받지 않는 은혜다. 범죄하고도 용서 안에서 자유를 누리는 은혜다. 우리는 율법의 통치 아래 있으면서 죄와 사망의 법에 좌우되는 사람이 아니다. 생명의 성령의 법, 생명의 성령의 원리, 생명의 성령의 능력, 생명의 성령의 다스림 안에 살아가는 사람이다. 죄책감으로부터 당신은 자유를 얻었다. 생명의 성령의 능력만이 당신 안에 충만하기 때문이다.

08

말씀의 검을 주심

에베소서 6장 17절

구원의 투구와 성령의 검 곧 하나님의 말씀을 가지라

히브리서 4장 12,13절

12 하나님의 말씀은 살아있고 활력이 있어 좌우에 날선 어떤 검보다도 예리하여 혼과 영과 및 관절과 골수를 찔러 쪼개기까지 하며 또 마음의 생각과 뜻을 판단하나니 13 지으신 것이 하나도 그 앞에 나타나지 않음이 없고 우리의 결산을 받으실 이의 눈앞에 만물이 벌거벗은 것같이 드러나느니라

기적의 책, 성경

성경은 창세기 1장 1절 "태초에 하나님이 천지를 창조하시니라"라는 말씀으로 문이 열리고, 신구약 66권을 지나 요한계시록 22장 20,21절 "아멘 주 예수여 오시옵소서 주 예수의 은혜가 모든 자들에게 있을지어다 아멘"으로 마무리된다.

어떤 신학자는 창세기 1장 1절부터 요한계시록 22장 21절까지 기적이 아닌 것은 없다고 한다. 성경에서 기적이 아닌 것은 앞표지와 뒤표지 딱 두 장뿐이다. 예수 믿고서 얻은 선물이 많지만, 최고의 선물은 하나님의 말씀인 성경이다. 그리고 성령님이 계신다. 성령님과 성경은 최고이자 최대의 선물이다.

기차가 두 레일 위를 달려가듯이 교회는 성경이라는 레일과 성령이라는 레일, 이 두 레일 위를 달린다. 우리를 예수께로 이끌어준 두 레일도 성경과 성령이다. 기차는 어느 한쪽 레일만 벗어나도 탈선한다. 성령이 없으면 성경은 문자에 그치고 율법이 된다. 성령만 있고 성경이 없으면 경험주의가 되고 신비주의가 된다.

성경과 성령이라는 두 레일을 타고 교회와 복음이 들어가는 곳마다 사람이 변하고, 공동체가 변하고, 문화가 변하고, 역사가 변했다. 해적 떼 바이킹이 예수를 만나자 영국 왕족이 되고 유럽이 변화되었다.

성경을 기적의 책이라고 하는 데에는 여러 이유가 있다.

첫째는 무엇보다 하나님의 말씀이 사람의 언어, 사람의 문자 안에 와 계신 것이다. 인간의 언어 안에 하나님이 와 계신다는 것은 '영원'이 시간 안에 들어온 기적이다. 성령의 영감이 아니라면 불가능한 일이다. 성령은 성경의 진정한 저자이시다.

둘째는 성경의 기록과 그 형성의 기적이다. 성경은 한 사람이 한 곳에서 기록한 책이 아니다. 자그마치 1600년 동안 왕, 지혜자, 농부, 어부, 시인, 정치가 등 무려 40여 명의 저자가 아시아에서, 아프리카에서, 유럽 대륙에서 여러 언어로 기록한 책이다.

셋째, 성경은 이처럼 다양한 시대, 다양한 문화 속에서 다양한 사람들이 다양한 언어로 기록했지만 예수 그리스도의 구속에 초점을 맞춘 분명한 통일성이 있다. 성령이 아니고서는 불가능한 통일성의 기적이다.

넷째는 판매의 기적이다. 성경은 인류가 낳은 모든 책 중에서 가장 많이 팔리고 가장 많이 읽힌 베스트셀러다. 2023년 한 해 동안 우리나라에서 50만 권의 성경이 판매되었다. 지난 한 해 대한성서공회에서는 95개국 143개 언어로 360만 부의 성경을 제작, 보급했고 그동안 제작, 보급한 성경은 약 20억 부에 달한다. 이게 얼마나 어마어마한 일인지 가늠이 안 될 정도다. 이것이 기적이 아니고 무엇이겠는가?

다섯째는 성령께서 성경을 지키신 보존의 기적이다. 성경만큼 도전받고 박해를 받은 책은 없다. 세계 도처에서 미움을 받아 빼앗기고 찢기고 불태워졌으나 여전히 성경은 세계 모든 나라에서 보존되고 있다.

여섯째는 성경이 창조부터 종말까지 가장 오래된 책, 가장 영원한 책이라는 것이다. 풀은 마르고 꽃은 시들어도 주의 말씀은 영원하다. 이런 영원한 책이 어디 있을 수 있으랴! 또한 그 작품성의 기적이 있다. 가장 평범한 사람들이 기록했으나 인류 역사상 가장 탁월한 걸작이 성경이다.

마지막 일곱 번째는 그 영향력의 기적이다. 성경은 어린이부터 노인, 무학자부터 최고 지성까지 모든 계층의 사람이 가장 재미있게 읽고 가장 큰 유익을 얻는 책, 모든 사람에게 가장 큰 영향을 끼친 책이다.

당신에게 성경은 무엇인가

이토록 소중한 성경이 당신에게도 소중한 이유가 무엇인가? 성경은 소망의 이유를 묻는 자에게 대답할 것을 항상 준비해두라고 말씀한다(벧전 3:15). 누군가 당신에게 "예수는 누구신가? 성령은 누구신가? 교회는 무엇인가? 인생의 목적이 무엇인가?" 이러한 것을 묻는다면 그 분명한 대답이 있어야 한다.

어떤 성경 공부반에서 자신에게 성경이 무엇인지 물었더니 "성경은 내 인생의 빛", "내 인생의 길라잡이", "내 인생의 등불", "내 인생의 양식" 등 여러 답이 나왔는데 한 목사님이 "성경은 나의 밥줄"이라고 고백해서 웃었던 적이 있다. 지금 당신에게도 묻는다. 당신에게 성경은 무엇인가?

다윗은 하나님의 말씀이 꿀송이보다 더 달고 맛있는 양식이라고 고백했다. 성경에서 가장 긴 장은 무려 176절이나 되는 시편 119편인데 이 176절 모든 구절이 하나님의 말씀이 무엇인가에 대한 다윗의 고백이다.

하나님은 "내 말이 불같지 아니하냐? 반석을 쳐서 부스러뜨리는 방망이 같지 아니하냐?"(렘 23:29)라고 하신다. 요즘 말로 태산을 무너뜨리는 다이너마이트 같지 아니하냐는 것이다.

엠마오로 내려가던 제자들이 부활하신 예수님의 말씀을 듣고 우리 마음이 뜨겁지 않았느냐고 고백한다(눅 24:32). 은혜받고 흘리는 눈물이 때로 뜨겁게 느껴지지 않던가. 하나님의 말씀을 들을 때 은혜가 되고 감동이 될 때 심장이 불붙는 것 같은 감동을 받은 적은 없는가?

하나님은 말씀으로 천지를 창조하셨다. 하나님께서 이르시되 "빛이 있으라" 하시니 빛이 있었다. 이 구절을 새번역으로 보면 이렇게 되어 있다.

하나님이 말씀하시기를 "빛이 생겨라" 하시니, 빛이 생겼다. 창 1:3

창세기 1장에서 "하나님이 이르시되"(역본에 따라서는 "하나님이 가라사대", "하나님이 말씀하시기를"로 되어 있기도 하다)가 11번 나오는데 "이르시되" 다음에 반드시 "그대로 되니라"가 이어진다. 하나님의 말씀을 읽고 들을 때 "아멘" 하고 받으면 그대로 된다.

좌우에 날선 성령의 검

성경에 관한 다양한 고백과 비유가 있지만 성경과 성령을 연결한 말씀이 가장 강력하다. 하나님의 말씀은 성령의 검이라는 것이다.

에베소서 6장에는 이 세상을 살아가며 영적 전쟁을 치르는 우리가 입어야 할 전신갑주, 완전무장이 나온다. 한결같이 수비형 무기인데 공격형 무기가 하나 있다.

… 무엇보다 성령의 검 곧 하나님의 말씀을 가지라 엡 6:17

히브리서 4장 12절도 하나님의 말씀은 살아 있고 활력이 있어 좌우에 날선 어떤 검보다도 예리하다고 말씀한다! 이 말씀의 검을 기능과 역할에 따라 세 가지의 이미지로 살펴보자.

① 전쟁의 칼

사도 바울은 로마 군인들과 같이 생활한 적이 많다. 로마 군인들이 로마까지 사도 바울을 호송했고 로마에서도 군인들이 교대로 사도 바울을 지켰다. 그때마다 바울은 그들이 늘 차고 다니던 단검을 잘 관찰할 수 있었다. 길이 60센티미터에 무게 1킬로그램쯤 되는 글라디우스(Gladius)라는 단검이다. 바울이 이 두 구절에서 말하는 "성령의 검", "좌우에 날선 검"은 당시 로마 군인들이 항상 옆구리에 차고 있던 그 칼을 의미한다.

로마 군인들은 위급할 때 쓸 수 있도록 좌우에 날선 이 검을 항시 지니고 다녔다. 백병전 때 적의 심장을 찌르고 목을 벨 수 있는 예리한 이 칼로 나라를 지키고 위급할 때 자신을 보호했다.

좌우에 날선 검은 전쟁에서 사용되던 무기였다. 우리 그리스도인들이 이 땅을 살아가는 것은 소풍이 아니라 영적 전쟁이라는 것이다. "너희는 사탄을 대적하라!" 이 세상에 살면서 사탄과 수학여행을 가라고 하지 않았다. 사탄과의 간단(間斷, 잠시 그치거나 끊어짐) 없는 싸움이요 전쟁이다. 또한 자기 자신과의 싸움이며 세상의 불의, 유혹, 그리고 죄와의 싸움이다.

예수님은 성령에 이끌리어 광야로 가서 마귀에게 시험을 당하신다. 그때 마귀가 한결같이 하나님의 말씀으로 시험하고, 예수님도 하나님의 말씀으로 물리치신다. 마귀가 하나님의 말씀을 이용하는 것은 아무런 의미가 없다. 그러나 우리는 성령의 검으로 사탄을 물리친다.

② 제물을 잡는 제사장의 칼

히브리서 4장 12절에서 좌우에 날선 검을 설명하다가 13절에서 "(만물이) 벌거벗은 것같이 드러나느니라"라고 한다. 제사장이 제사를 드리기 위해 짐승을 잡아 가죽을 벗기면 그 짐승은 벌거벗은 것같이 된다. 계속해서 제사장은 각을 뜨고 쪼개어 하나님께 제물로 드리는 것이다. 이것은 칼의 역할을 의미한다.

하나님의 말씀이 없는 예배를 보았는가? 하나님의 말씀을 붙들고 예배할 때 이 말씀의 칼이 나를 온전한 제물이 되게 해서, 예배자가 되어서 하나님 앞에 열납될 수 있도록 바치는 것이다. 하나님의 말씀이 작동될 때 예배가 예배 되는 것이다.

③ 수술하는 의사의 칼

… 좌우에 날선 어떤 검보다도 예리하여 혼과 영과 및 관절과 골수를 찔러 쪼개기까지 하며 … 히 4:12

병원 수술실 같다. 좌우에 날선 검은 영과 혼과 육을 수술하는 의사의 칼(메스)을 의미한다. 하나님 말씀의 칼은 우리의 영을 수술한다. 예배를 드릴 때 미신적인 예배, 기복적인 예배, 자기중심적인 예배를 드릴까 봐 하나님의 말씀이 우리 영혼을 수술하는 것이다.

하나님과의 관계가 깨진 상태에서는 예배드려도 열납되지 않는다. 성령님을 만나지 못한 사람들의 영혼을 수술하여 성령에 민감하고 "성령님, 환영합니다, 사랑합니다" 그렇게 성령님을 모시고 예배하도록 도와준다는 것이다.

하나님 말씀의 칼은 우리의 심장, 정신과 생각, 즉 혼을 수술한다. 메시지 성경에서는 이 부분을 "그분의 능력 있는 말씀은 수술용 메스처럼 날카로워서 의심이든 변명이든 무엇이나 갈라"낸다고 말했다.

마음의 상처가 있지만 용서하지 못하는 마음, 미움이 있지만, 불안과 공포가 있지만, '교만, 오만, 거만'이라는 '만'(慢)자 3형제를 철저하게 수술한다는 것이다. 혼을 수술하는 것이다.

한 걸음 더 나아가, 하나님 말씀의 칼이 임할 때 관절과 골수를 찔러 쪼개는 것은 우리의 육을 수술하는 것이다. 하나님의 말씀이 선포될 때 그 말씀을 "아멘!" 하고 받아 이 말씀이 심장에 꽂히면 치유의 은사가 일어나게 되는 것이다. 하나님의 말씀이 임하면!

단 한 말씀!

성령의 검으로 우리의 영과 혼과 및 관절과 골수를 수술하는 이유가 무엇일까? 우리를 예수님에게로 인도하기 위함이다. 창세기부터 요한계시록까지 모든 성경은 예수 그리스도를 증거한다. 모든 선지자의 손가락은 모두 한곳, 예수 그리스도를 향하고 있다. 어느 성경을 보아도 예수를 보라는 것이다.

성령의 검은 우리의 눈을 수술한다. 세상의 문제를 보던 눈을 돌려 믿음의 주요 온전케 하시는 예수를 바라보게 하는 것이다.

성령의 검은 우리의 심장을 수술한다. 세상의 욕망, 욕심, 정욕으로 가득한 이 심장을 예수님의 심장으로 바꾸어 예수님만이 우리의 왕이 되시도록 도와주는 것이다.

성령의 검은 우리의 손과 발을 수술해 주님을 섬기도록 돕는다.

> 너희가 성경에서 영생을 얻는 줄 생각하고 성경을 연구하거니와 이 성경이 곧 내게 대하여 증언하는 것이니라 요 5:39

창세기에서도, 출애굽기에서도, 마태복음에서도, 요한계시록에서도 우리는 예수 그리스도를 만나야 한다. 창세기에서 예수를 보지 못하면 한낱 옛날이야기, 신화에 불과하다. 예수 그리스도를 보지 못하면 출애굽기는 고대 이스라엘 역사에 불과하고 시 문서는 한탄시, 인생의 허무를 노래하는 넋두리에 불과하다.

예수 그리스도의 사랑을 느끼지 못하면 아가서는 고대 연애소설에 지나지 않고, 예수 그리스도가 보이지 않으면 요한계시록은 중동판 정감록에 불과하다. 성경은 시작도 예수요 끝도 예수다. 성령은 예수 그리스도를 증거하시는 영이다.

어떻게 하나님의 말씀이 성령의 칼이 될 수 있을까? 언어에 성령이 계시지 않으면 설교는 연설에 불과하다. 그러나 단순한 문자와 인간의 언어 속에 성령이 임하시면 살아 있는 하나님의 말씀이 되어 나를 살리신다.

세상에서 위로받지 못하고 주님의 전에 나아온 자가 여기서 선포되는 위로의 말씀을 "아멘!" 하고 받아먹으면 세상 어디에서도 받지 못하는 큰 위로가 임하게 된다. 회개의 말씀이 선포될 때 아멘, 하는 순간 거역할 수 없고 거부할 수 없는 회개의 역사가 일어나게 된다.

사명의 말씀이 선포될 때, '저 말씀은 내 것! 아멘!' 하고 받으면 평생 그 사명에 목숨을 걸고 살아가게 되는 것이다. 하나님이 앞에서 도와주시고 등 뒤에서 도와주신다. 말씀하시니 그대로 되니라!

단 한 말씀만 정확히 꽂히면

신구약 모든 말씀이 성령의 검이지만 66권의 모든 말씀이 다 내게 꽂혀야 역사가 일어나는 것은 아니다. 지난 역사에서 보듯 단 한 말씀만 정확하게 와서 꽂히면 그 인생에 변화와 역사와 기적이 일어났다.

초대 교회의 교부였던 성 어거스틴(Augustine)은 젊은 시절에 마니교라는 이단에 빠져 방탕한 삶을 살고 있었다. 어느 날 동네 아이들이 뛰어다니며 부르는 노래의 가사 "지금 잡으라. 펼쳐보라. 읽으라"가 자기에게 하시는 하나님의 음성으로 들렸다. 성경을 펼치고 읽어가는데 로마서 13장 12,13절이 화살처럼 자기를 향하여 날아와 꽂혔다.

"밤이 깊고 낮이 가까웠다. 지금 어둠의 옷을 벗고 빛의 갑옷을 입어라. 낮과 같이 단정히 살아라. 방탕하지 마라. 술 취하지 마라. 음란과 호색을 버려라. 누군가를 시기하지 말고, 원수 맺고 살지 마라."

이 말씀이 자신의 영혼을 수술하는 놀라운 능력을 경험한 그는 기독교 역사에 길이 남는 신학자, 성자, 목회자가 되었다.

마르틴 루터는 로마 천주교 신부가 되었지만 구원의 확신을 가질 수 없었다. 성경을 읽던 중에 그에게 로마서 1장 17절 말씀이 날아왔다.

"오직 의인은 믿음으로 말미암아 살리라!"

이 말씀이 종교개혁의 시작이 되었다.

지나간 세대의 한 목사님이 가난한 동네에서 목회를 했다. 밥을 굶고 누워있는 사람들, 폐결핵에 걸려 기침하면서도 병원은커녕 약국 문 한번 두드리지 못하는 사람들이 즐비했다. 하나님께 기도하는 가운데 요한3서 1장 2절 "사랑하는 자여 네 영혼이 잘됨같이 네가 범사에 잘되고 강건하기를 내가 간구하노라" 이 말씀이 와서 꽂히고, "저 가난한 자들을 살려내라, 가난한 네 백성을 살려라!"라는 하나님의 말씀이 마음에 들려왔다.

그 구절로 "사랑하는 여러분! 영혼이 잘되면, 믿음이 강건해지면, 믿음이 부유해지면 여러분의 사업과 범사가 형통하게 됩니다. 여러분이 병원에 못 가지만 성령의 능력으로 치유의 은사가 나타납니다. 병든 자가 낫습니다"라고 선포했다. 그랬더니 세계 최대의 교회가 되었고 교단이 만들어졌다.

내게 꼭 필요한 말씀, 성령이 내게 주시는 말씀! 그 한 말씀이면 불가능한 일들이 가능해지고 인생의 기적이 일어나게 된다. 꿈꾸고 계획한 일들이 형통해지는 것을 경험하게 되는 것이다.

우리나라에 온 선교사 중 최초의 순교자는 토마스(Robert Jermain Thomas)선교사다. 사실 그는 영국 교회가 중국 상하이에 파송한 선교사였다. 그는 중국 땅에서 조선에 관한 소식을 듣고 조선은 흥선대원군의 쇄국정책으로 서양인이 들어갈 수 없고 복음을 전할 길도 없다는 사실을 알게 되었다. 그러나 그는 믿었다. 저 버려진 땅에 하나님의 말씀인 성경이 들어가면 이 성경을 통하여 성령이 친히 역사하시고, 나머지는 하나님이 알아서 하실 것이라고.

그는 이 성경을 전하기로 마음먹고 조선어를 배웠다. 그리고 통역관으로서 미국 국적의 제너럴서먼호를 타고 조선으로 왔으나 대동강변에서 군민들의 공격으로 제너럴서먼호에 불이 붙었다. 토마스는 가져온 성경책 보따리를 품에 안고 배에서 내려 뭍으로 올라왔고, 그를 치기 위해 칼을 들고 서 있는 조선병사 박춘권에게 이 책을 받으시라고 웃는 얼굴로 간청한 후 내려치는 칼날에 피를 토하고 죽었다.

그날 밤, 토마스에게 성경을 받아 든 박춘권은 잠을 자려는데 잠이 오지 않았다. 그 서양 사람이 그토록 받으라고 진심을 다해서 간절하고 애절하게 권한 성경을 읽고 훗날 그는 평양에서 장로로 세워졌다. 대동강변에서 함께 성경을 받아든 홍신길과 최치량은 하나님의 말씀을 읽고 훗날 교회를 세웠다.

박영식은 성경의 종이 질이 좋아서 성경을 뜯어 안방과 사랑방의 천장과 벽에 벽지로 발랐다. 일어서도 누워도 성경 말씀이 보이고, 옆으로 누우니 성경 말씀이 살아 움직이며 다가왔다. 그 말씀을 읽다가 예수를 그리스도로 영접하고 하나님 아버지께 무릎을 꿇었다. 자기 집을 예배 처소로 내어놓으니 널다리교회, 바로 1907년 평양 대부흥이 일어난 장대현교회다.

하나님의 말씀은 오늘도 살아 있다. 운동력이 있다. 활력이 있다. 잘못된 우리의 영을 수술한다. 우리의 정신세계를 수술한다. 육체의 질병을 수술한다. 하나님의 말씀 곧 성령의 검을 가지라!

"말씀하시니 그대로 되니라!"

09
기도를 도우심

로마서 8장 26-28절

26 이와 같이 성령도 우리의 연약함을 도우시나니 우리는 마땅히 기도할 바를 알지 못하나 오직 성령이 말할 수 없는 탄식으로 우리를 위하여 친히 간구하시느니라 27 마음을 살피시는 이가 성령의 생각을 아시나니 이는 성령이 하나님의 뜻대로 성도를 위하여 간구하심이니라 28 우리가 알거니와 하나님을 사랑하는 자 곧 그의 뜻대로 부르심을 입은 자들에게는 모든 것이 합력하여 선을 이루느니라

에베소서 6장 17,18절

17 구원의 투구와 성령의 검 곧 하나님의 말씀을 가지라 18 모든 기도와 간구를 하되 항상 성령 안에서 기도하고 이를 위하여 깨어 구하기를 항상 힘쓰며 여러 성도를 위하여 구하라

기도의 시작 : 아빠 아버지

우리나라에서 전화기가 처음 사용된 것은 1896년 10월쯤이었다. 궁궐 내부에 3대, 그리고 정부 7개 부처에 각 1대씩, 인천과 평양에 각 1대, 총 12대가 개설되었다. 전화를 거는 사람은 대개 임금이었고, 전화를 받는 사람은 전화기에 네 번 큰절을 올리고 무릎을 꿇고 두 손으로 공손하게 전화기를 귀에 대면서 엎드렸다. 그러면 임금이 전화로 업무 지시를 내렸다고 한다.

내가 어릴 때 처음으로 우리 동리 동장 집에 개설되는 전화기를 본 적이 있다. 동리에 한 대씩 국가가 전화기를 개설해 주었다. 어느 집에 전화가 오면 한 아름이나 되는 스피커가 달린 마이크를 붙들고 동장이 알린다. 우리 집에 전화가 와서 "새말댁! 전화 왔어요" 하면 어머니가 버선발로 달려가셨다. 그런데 달려가느라 3분이 지나서 그사이에 전화가 끊어졌다. 이게 우리 동리 전화였다.

나는 가장 진화된 전화 한 대를 소개하려고 한다. 이 전화기는 전화번호를 외우고 저장할 필요도 없다. 와이파이도 필요 없다. 통화 중일 때는 절대로 없고, 전화를 안 받거나 부재중일 때도 없다. 이 전화기 값이 얼마나 할까? 공짜다. 아무리 자주, 그리고 오래 통화해도 사용료가 없다.

이 전화기는 삼성이나 애플의 최신 종이 아니라 가장 오래된 전화기다. 이 전화기의 이름은 'Made in Kingdom of God'이다. 하나님 나라에서 만들어진 하나님과의 직통 전화, '기도'다. 이 전화는 자주 하고 많이 할수록 기가 막힌 응답, 기가 막힌 선물을 받게 된다.

우리는 거듭나는 순간 하나님을 향하여 "아빠 아버지!"라고 부르게 되었다. 우리가 하나님을 향하여 "아빠 아버지!" 하고 부르면 그게 기도의 시작이다. 기도는 하나님 아버지를 부름으로 시작되므로, 거듭나고 하나님의 자녀가 되는 순간 받게 되는 엄청난 복이 바로 하나님과 통하는 기도의 복이다.

육신의 아버지가 없이 자란 나는 어릴 때 다른 아이들처럼 "아버지"라고 불러보고 싶었다. 그래서 하나님이 내 아버지라는 게 너무 좋았고, "하나님 아버지"라고 부르면 내겐 기도가 되었다. 기도자로 살 수 있는 복을 받았다.

앞서 나는 신구약성경 가운데 "내가 진실로 진실로 너희에게 이르노니 나를 믿는 자는 내가 하는 일을 그도 할 것이요 또한 그보다 큰일도 하리니 이는 내가 아버지께로 감이라"(요 14:12)라는 말씀을 마지막까지 믿지 못했다고 말했다. 내가 그토록 못 믿던 이 말씀을 어떻게 결국 믿게 되었을까?

이 구절 다음에 이어지는 말씀들을 보자. 13절에 "너희가 내 이름으로 무엇을 구하든지 내가 행하리니…", 그다음 14절에 "내 이름으로 무엇이든지 내게 구하면 내가 행하리라"라는 말씀이 나오고, 15절을 넘어 16절에 가면 "또 다른 보혜사를 너희에게 주사 영원토록 너희와 함께 있게 하리니"라는 말씀이 나온다. 우리가 기도할 때 보혜사 성령이 오셔서 우리의 간구를 들으시고 응답하신다는 내용이다.

주님보다 더 큰 일을 한다는 이 말씀은 내게 무슨 능력이 있어서 그 일을 행하는 것이 아니고 예수 이름으로 보혜사 성령이 오셔서, 하나님께서 친히 행하시기 때문에 이 모든 일이 가능하다는 의미다.

이제 기도의 정의가 가능해졌다. 성령의 도움으로, 하나님께 구하고 예수님의 이름으로 확인을 받는 것, 이게 기도다. 그런데 어떤 사람들은 이 기막힌 전화기가 고장이 나 있다. 교회 와서도, 신앙생활을 하면서도 기도를 모르는 사람은 영적 가난뱅이들이다.

하나님과의 통화인 기도를 할 때 사람들이 오해하는 게 있다. 세상을 내 뜻대로 하는 것을 기도로 생각하는 것이다. 기도가 내 필요를 채우기 위하여 하나님을 조종하는 것으로 생각해서 기도 안에 세상 욕심, 자기의 요구가 가득 차 있다. 이런 사람들에게 내가 하는 말이 있다.

"네가 하나님 해라!"

기도에서 정성이나 열정도 매우 중요하지만 그보다 우선되는 중요한 본질이 있다. 기도는 열심이 아니라 관계다. 하나님과의 바른 관계다. 자녀로서 아빠 아버지의 뜻을 먼저 생각하는 자세가 중요하다.

"성령 안에서 드리는 기도에는 한계가 없다"라는 말에서 방점은 "한계가 없다"가 아니라 "성령 안에서"에 찍어야 한다. 성령님의 능력 안에서 성령님의 뜻이 이루어지기 때문이다.

우리의 연약함을 도우시는 성령님

오래전 상영된 〈브루스 올마이티〉(Bruce Almighty, 2003)라는 영화는 직장과 사회에서 늘 무시만 당하던 천덕꾸러기 브루스가 7일 동안 신이 되어 버팔로 지역을 다스리는 이야기다.

브루스는 자기 처지를 생각하고 모든 사람의 기도에 'Yes'로 응답하는데 얼마나 많은 사람이 복권 당첨을 기도했는지 1등 상금이 단돈 17달러뿐이다. 결혼에 관한 수많은 기도가 이루어지자 전혀 원치 않던 사람들이 결혼하게 되기도 하고 갑작스러운 결혼식, 이혼, 혼인신고로 혼란이 발생한다. 또한 원수가 죽었으면 좋겠다는 기도 때문에 이유 없이 죽는 사람이 많아져 장례식이 급증하는 등 그 지역은 한 주간 동안 뒤죽박죽, 폭동, 전쟁의 아수라장이 된다.

성령님은 인격자이시기에 나의 과거, 현재, 미래의 가장 유익한 길을 알고 계신다. 그분이 나의 보혜사가 되실 때 내게 가장 선한 길이 열린다. 내가 참 감사하게 생각하는 한 가지는 내게 남다른 능력이나 권세가 없다는 것이다. 내게 엄청난 능력이 있었다면 나는 큰 실수와 잘못을 했을 것이다. 전능하신 하나님이 나를 붙들어 아버지께서 원하는 대로 쓰시기에 나는 부요한 사람이 되었고, 선한 일들이 내 안에서 이루어져 올 수 있었다.

인간은 너무나 연약한 존재라서 무엇이든 모자라도 문제지만 넘쳐도 문제가 된다. 사랑을 못 받아도 문제요 너무 과하게 받아도 문제다. 내가 약하다는 사실을 알아야 성령님에게 구하고, 모자람이 있어야 기도도 하지 않겠는가?

> 이와 같이 성령도 우리의 연약함을 도우시나니 … 롬 8:26

여기서 "연약함"이라는 단어를 원문에서 보면 형태는 단수지만 의미상으로는 "연약함들", "온갖 연약함"과 같이, 인간 전체의 연약한 상태를 총체적으로 지칭한다.

우선, 우리 인간은 육체적으로 연약하다. 코로나19로 인한 3년여 팬데믹을 통하여 인간이 바이러스 하나도 감당하기에 얼마나 무능한 존재인가를 절감하지 않았는가?

인간이 심리적으로 얼마나 연약한 존재인가? 사람들 앞에 부끄럽다고 죽고, 억울하다고 죽고, 애인이 배신했다고 죽고, 1등 하던 아이가 성적 떨어졌다고 죽었다는 소식을 듣곤 한다. 죽을 것을 생각하면 무엇을 못 하겠는가? 연약함이 자살의 핑계가 될 수는 없다. 자살은 안 된다. 굳건히 주 안에서 잘 살아야 한다.

인간은 영적으로도 참 연약한 존재다. 영적으로 약점 없는 사람은 없다. 봉사는 많이 하는데 기도하지 않는 사람이 있고, 기도를 많이 하는데 말실수도 많을 수 있다. 기도는 많이 하는데 물질적인 헌신이나 봉사가 없는 사람도 있다. 영적인 약점 없는 사람이 없더라는 것이다.

우리는 연인 관계, 친구 관계, 가족관계 등 각종 인간관계를 맺고 살아가는데 이 또한 참 연약한 고리로 연결되어 있다. 말 한마디를 해도 서로 곱게 해야 한다. 잘못하면 친구도 멀어지고, 애인 관계나 부부관계도 유리 조각 같아서 말 한마디에 쉽게 깨질 수 있으며 깨지면 서로를 날카롭게 찌를 수 있다.

나의 연약함과 한계를 통해 성령이 역사하신다

프랑스의 유명한 화가 고흐(Vincent van Gogh)가 젊은 시절에 광산에서 일하며 전도자로 살던 때가 있었다. 옷이 귀하던 때라 물건을 싸던 포장 천으로 옷을 만들어 입었는데 등 뒤에 이런 글씨가 남아 있었다.

'깨지기 쉬운 물건 / 취급 주의!'

옷을 입고 벗을 때마다 '나는 깨지기 쉬운 물건이구나. 취급 주의하자' 하고 자기 실존을 알게 된 것이다. 다른 사람도 마찬가지다. '너도 깨지기 쉬운 물건 / 취급 주의!' 이것이 인간이다.

우리가 연약하다는 것 때문에 하나님이 우리를 싫어하지 않으신다. 하나님은 우리의 연약함을 나무라지 않으신다. 성령님은 우리의 연약함 때문에 더 가까이 다가오시고 더 강력하게 역사하신다. 성령님은 우리의 연약함을 긍정적으로 받아주신다. 내가 연약하기 때문에 신앙생활에 실패할 것으로 생각하지 않으신다. 연약하기 때문에 쉽게 넘어지고 깨질 것이라고 생각하지 말라. 그 연약함을 통해 성령이 역사하실 것이다.

우리의 연약함을 통해 성령이 역사하신다는 말이 무슨 뜻이며 어떤 의미가 있을까? 성령님이 우리를 '브루스 올마이티'(전능자 브루스)로 만들어 사용하지 않으신다. 삼손 같은 힘센 장수로 만들어 세상을 살게 만들지 않으신다. 심지어 나를 천사로 만들어 의로운 존재로 만들어 쓰시는 것도 아니다. 연약함 그대로 도와주시고 연약함을 통해 역사를 행하신다.

저술가로도 잘 알려진 미국의 맥스 루케이도(Max Lucado) 목사님은 복음주의적 성향의 보수적 교단에 속하여 성령의 은사에 대해 신중하고 제한적인 입장을 가진 분이었다. 그는 바른 목회, 정도 목회의 길을 걸으며 열심히 목회했지만, 벽에 부딪혔다. 사소한 문제가 일어났는데 풀리지 않았다. 설상가상으로 목회 스트레스로 병에 걸렸다. 성경을 읽으며 기도하는데 성령이 말씀하기 시작하셨다.

'성령 안에서 기도해라.'

그는 성령 안에서 기도하는 것을 배워본 적이 없어서 "모르겠어요. 도와주세요. 성령 안에서 기도하는 법을 가르쳐주세요. 성령님을 의지합니다. 하나님을 의지합니다. 무조건 나를 맡깁니다"라고 기도했다.

그런데 목회의 문제가 해결된 것도 아니고 병이 나은 것도 아닌데 불안이 사라지고 절망이 떠났다. 낙심이 변화되고 기쁨과 평안이 찾아왔다. 문제도 해결되고 병도 나으면서 그는 말했다.

"나의 절망이 성령이 역사하는 시발점이 되었다. 나의 한계가, 나의 막다른 골목이 성령님을 만나는 접촉점이 되었다."

도우시는 성령님

'세계의 화약고'로 불리는 중동과 이스라엘에서는 지금도 전쟁이 진행되고 있다. 이스라엘과 중동 아랍국가들 사이의 전쟁이라고 하면 가장 먼저 '6일 전쟁'이 떠오른다. 인구 300만의 이스라엘이 1억 아랍국가들을 상대로 대승을 거두고 단 6일 만에 끝내버린 전쟁이다. 전쟁 발발과 함께 이스라엘 특공대가 아랍권 레이더 기지를 완전히 파괴하여 교신과 정찰을 막고 제공권을 장악함으로써 쉽게 끝낼 수 있었다.

우리를 거듭나게 하시고 하나님의 자녀로 인치신 성령님은 우리와 하나님과의 통신 레이더 기지, 기도 기지가 예리하게 살아 있도록 도우신다. 그러나 마귀는 하나님과 우리 사이의 기도 레이더를 파괴하려고 한다. 그것이 우리에게 실패의 지름길인 것을 잘 알고 있기 때문이다.

'돕는다'는 하나님나라에서 대단히 소중한 가치다. 영적 세계뿐만 아니라 인간 사회에서도 마찬가지다. 6만의 한국 교회 가운데

복음과 사회봉사의 균형을 보여준 대표적인 한 교회를 꼽으라고 한다면 나는 영락교회를 꼽을 것이다.

영락교회에는 바른 신학과 목회의 길을 걷고 목회자 상의 길라잡이가 된 한경직 목사님이 계신다. 그런데 영락교회를 연구한 분들은 한결같이 "한경직 목사님 혼자서 이 교회를 만든 것이 아니고, 아론과 훌처럼 곁에서 목사님의 두 팔을 붙들어 올린 김응락 장로님과 최창근 장로님이 계셨기 때문"이라고 말한다.

김응락 장로님은 6·25 때 모든 목회자와 교인들을 피난시키고, 홀로 남아 예배드리며 교회를 지키다 순교하셨다(피 흘리고 순교한 그 자리에 지금도 그 분의 순교비가 세워져 있다). 최창근 장로님은 신의주에서 남한산성까지 한경직 목사님이 97세로 별세하실 때까지 그 곁에서 모든 필요를 채우며 힘이 되어드리고 약점을 덮어주셨다.

혼자 승리할 수 있는 사람은 없다. 아무리 좋은 교회도 혼자 세울 수 없다. 인간사에도 서로 돕는 게 소중하다. 하물며 하나님이 우리를 도우신다면, 성령님이 우리 연약함을 친히 도와주신다면 얼마나 큰 힘이 될까.

도우시는 성령님, 즉 보혜사는 영어로 'comforter'라고 한다. '함께'(com)와 '강함'(fort)의 의미가 더해졌다. 보혜사 성령님이 우리를 도우신다는 이 말은 엄청난 힘이 우리와 함께한다는 의미다. 성령님이 우리와 함께하실 때 우리에게는 힘이 나타나고 큰 역사가 일어난다.

우리 한 사람 한 사람은 지구촌 80억 인구 가운데 하나에 불과하다. 그러나 1에 무한대가 더해지면 그 1도 무한대가 된다. 성령님이 우리 연약함을 도우실 때 1에는 강력한 힘이 나타나며 견고한 진을 파하는 권능이 생긴다.

"성령도 우리의 연약함을 도우시나니"에서 "돕다"라는 말의 시제가 현재형이다. 우리가 구원받기까지 지난날 모든 구원의 여정에서 성령님은 우리를 도우셨다. 성령님은 내일도, 성화와 영화의 모든 과정 동안에도, 그리고 천국 문 앞까지 우리를 도우실 것이다. 그뿐만 아니라 지금 우리가 겪는 인생의 모든 문제까지도 도와주신다. 오늘 우리가 겪는 모든 어려움과 연약함을 도와 승리하게 하신다.

성령님은 Now & Here, 바로 지금 여기에서 나와 함께하신다. 지금 나를 도우신다. 이 자리에서 치유하신다. 능력을 주시고 할 수 없는 일을 하게 하시며 안 되는 일을 되게 하신다. 막힌 길을 열어주시고 닫힌 문을 열어주신다. 도우시나니 Now & Here! 이 시간, 하나님 앞에 가슴을 열고, 숨기지 말고 나오라!

성령 안에서 기도 : 영적 전쟁에서

신약의 교회론인 에베소서는 결론에서 영적 전쟁을 다루고 있다. 성령의 거듭남의 역사로 구원받고 구원의 여정을 살아가는 것은 소풍놀이가 아니라는 것이다. 영적인 전쟁이다.

에베소서 6장 10절에서 16절은 영적 전쟁의 전신갑주, 즉 완전무장을 하나하나 준비시킨다. 진리의 허리띠를 띠고, 의의 호심경을 붙이고, 구원의 투구를 쓰고, 복음의 신발을 신고, 왼손에는 믿음의 방패를 들고 오른손에는 성령의 검, 하나님의 말씀의 칼을 잡는 것이다(왼손잡이는 바꿔 잡고). 그다음 이어지는 결론적인 무기가 18절에 나온다.

> 모든 기도와 간구를 하되 항상 성령 안에서 기도하고 이를 위하여 깨어 구하기를 항상 힘쓰며 여러 성도를 위하여 구하라 엡 6:18

성령님은 우리의 모든 기도를 도우신다. 특별히, 영적 전쟁을 치르는 성도들의 기도를 도우신다. 이 구절에서는 일반적인 기도와 성령 안에서의 기도를 구분하고 있다.

이 18절의 원문은 우리말 번역에서는 생략된 '디아'라는 전치사로 시작한다. '(무엇무엇을) 통하여'라는 말이다. 앞서 10-16절에서 영적 전쟁의 모든 무기를 소개했다. 그리고 "성령 안에서 기도하라"라는 것이다.

우리에게 말씀의 칼이 있지만 이 칼이 역사를 일으키려면 성령 안에서 기도해야 한다. 적탄이 날아올 때 방패와 흉배가 제 역할을 감당하려면 기도로 단단해져야 한다. 구원의 투구가 흔들거리지 않으려면 기도해야 한다. '디아', 성령 안에서 기도를 통하여 이 모든 승리가 이루어진다.

성도의 영적 전쟁은 선택이 아니다. 누구나 천국 가는 그날까지 치러야 할 필수의 전쟁이다. 그래서 성도는 "성령 안에서 기도"함으로써, 영적 전쟁 무기로서의 기도로 무장되어 있어야 한다. 영적 전쟁에서 승리하는 삶이 습관이 되고 일상이 되어 백전백승하는 삶을 살아야 한다.

마귀가 아무리 힘이 세다 한들 하나님을 공격할 수 없다. 그래서 마귀는 우리를 공격한다. 어떻게 이길 수 있을까? 성령 안에서 기도하면 나 대신 성령이 싸우신다. 하나님이 이기시니 하나님의 승리를 내 것으로 얻으면 되는 것이다.

마귀가 조카 마귀를 훈련하면서 아무나 공격하지 말라며 쉽게 이길 수 있는 자들이 있다고 일러준다.

"영적인 세계를 모르는 사람, 마귀를 모르는 사람을 공격하면 된다. 손에 하나님의 말씀의 검이 없는 자들은 힘이 없다. 성령 안에서 기도하는 영적인 권세가 없는 자를 공격하면 된다."

18절에 "항상"이라는 말이 두 번 반복된다. 항상 성령 안에서 기도하고, 깨어 구하기를 항상 힘쓰라는 것이다.

이 "성령 안에서" 하는 기도는 어떨 때는 내 힘으로 기도하고, 어떨 때는 성령 안에서 기도하는 게 아니다. 모든 기도는 성령 안에서 기도할 때 그 기도가 능력이 된다. 할렐루야!

나는 일평생 평범한 기도만 가지고는 살 수가 없었다. 어린 시절, 청소년 시절 중·고등학교를 다니면서, 대학을 다니고 청년 시절을 보내면서 어려움이 많았다. 너무 가난했다. 30대 초반 어린 나이에 큰 교회를 맡아 첫 목회지로 갔을 때는 너무 어려서 아는 것도 없고 철도 없었다. 개척교회 초기에는 가진 게 아무것도 없었다. 지금은 너무 할 일이 많고 그 일들이 크고 중요해서 내 힘으로 감당할 수 없기에 성령 안에서 기도한다.

한소망교회 개척 초기에 힘든 일도 많고, 되는 일은 없고, 가진 것도 없었다. 성령 안에서 기도하다가 매일 불렀던 찬송이 있다. 〈나의 등 뒤에서 나를 도우시는 주〉라는 곡이다. 예배 시간은 물론이고 혼자 있을 때도, 기도할 때도 참 많이 불렀다. 지치고 곤하여 주저앉고 싶다가도 "일어나 걸어라 내가 새 힘을 주리니 내 너를 도우리"라는 가사가 주님의 격려로 들렸다.

살아온 지난날을 돌이켜보면 신앙고백에 나의 연약함이 빠질 수 없다. 그래서 평생을 성령 안에서 기도한다. 나의 기도를 도우시는 성령님이 나와 함께하시니 나는 얼마나 부요한 사람인가. 당당한 하나님의 자녀로 살아갈 수 있다!

10
치유하심

마가복음 5장 25-34절

25 열두 해를 혈루증으로 앓아 온 한 여자가 있어 26 많은 의사에게 많은 괴로움을 받았고 가진 것도 다 허비하였으되 아무 효험이 없고 도리어 더 중하여졌던 차에 27 예수의 소문을 듣고 무리 가운데 끼어 뒤로 와서 그의 옷에 손을 대니 28 이는 내가 그의 옷에만 손을 대어도 구원을 받으리라 생각함일러라 29 이에 그의 혈루 근원이 곧 마르매 병이 나은 줄을 몸에 깨달으니라 30 예수께서 그 능력이 자기에게서 나간 줄을 곧 스스로 아시고 무리 가운데서 돌이켜 말씀하시되 누가 내 옷에 손을 대었느냐 하시니 31 제자들이 여짜오되 무리가 에워싸 미는 것을 보시며 누가 내게 손을 대었느냐 물으시나이까 하되 32 예수께서 이 일 행한 여자를 보려고 둘러보시니 33 여자가 자기에게 이루어진 일을 알고 두려워하여 떨며 와서 그 앞에 엎드려 모든 사실을 여쭈니 34 예수께서 이르시되 딸아 네 믿음이 너를 구원하였으니 평안히 가라 네 병에서 놓여 건강할지어다

내 인생의 장벽 앞에서

오후 5시가 되면 기도실에 들어가서 한 시간씩 기도하는 성직자가 있었다. 하루는 여느 때처럼 들어가서 기도를 하는데 그날따라 간절한 기도 제목이 있어서 조목조목 하나님께 기도를 드렸다. 그런데 그때 갑자기 하나님의 음성이 들려왔다.

"좋아, 내가 다 듣고 있다. 무슨 기도든지 한번 내놓아 보거라."

그는 너무 놀라 눈을 번쩍 뜨고 "하나님, 내 기도를 정말 들으셨어요? 하나님 정말 살아계세요?" 하다가 꽈당 넘어져서 심장마비로 죽었다고 한다.

어떤 기도를 해도 하나님이 들으신다는 믿음이 있는가? '성령님이 오늘도 살아 역사하시는가? 성령님은 오늘도 살아계셔서 우리의 기도를 들으시는가? 성령님은 우리의 기도에 응답하셔서 병든 자를 고치시는가?' 이것은 2천 년 기독교 역사 속에서 심심치 않게 일어난 논쟁의 주제다.

자유주의 신학은 성경의 모든 기록을 논리적으로나 합리적으로 설명하려고 애쓴다. 그뿐만 아니라 성경에 있는 모든 이적과 기사를 이성적으로 설명하려고 한다. 50여 년 전 내가 신학생일 때도 한국 교계에 자유주의 신학자들이 있어서 예수님의 부활을 기절설로 설명하기도 하고, 홍해가 갈라진 것을 갈대숲, 갈대 바다를 건너간 것으로 설명하기도 했다.

물론 오늘날 장신대를 비롯한 우리 교단(대한예수교장로회 통합, PCK)의 주류 신학은 복음주의적이고 개혁주의 전통 위에 서서, 예수 그리스도의 부활을 역사적 사실로 고백하며, 성경의 기적 사건들 역시 하나님의 초월적 역사로 믿고 가르친다(여기서 언급된 자유주의 신학은 과거 한국 교계 전반에 존재했던 일부 학문적 경향을 지칭하는 것으로, 특정 학교나 신학자에 대한 비판이 아님을 분명히 밝힌다).

성경에 많은 치유 사건이 나온다. 대부분은 말씀으로 병든 자를 고치시는데 진흙을 소경의 눈에 바르고 못에 가서 씻으라 하셔서 고치신 사건도 나온다. 마가복음 5장에서는 열두 해 혈루증을 앓던 여인이 예수 그리스도의 옷자락에 손을 대니 나았다. 성령의 능력에 접촉되기만 하면 그것이 얼마나 엄청난 일인가를 보여주는 사건이다.

오늘도 마찬가지다. 어떤 문제가 있고 어떤 어려움과 질병이 있어도 예수님의 옷자락에, 즉 성령의 능력에 접촉하는 순간 우리의 병이 낫는다는 것을 성경은 말씀하고 있다.

> 열두 해를 혈루증으로 앓아 온 한 여자가 있어 많은 의사에게 많은 괴로움을 받았고 가진 것도 다 허비하였으되 아무 효험이 없고 도리어 더 중하여졌던 차에 막 5:25,26

이 여인은 치유를 경험하기까지 큰 장애물, 장벽이 있었다. 사실 성령님은 내게 큰 한계가 있기 때문에 역사하신다. 내게 약점이 있기에 더 크게 역사하신다. 성령님은 언제나 인생의 막다른 골목, 한계점에서 기적을 행하시는 분이다.

서른 살쯤 되었을 때 이 병을 앓았다면 지금 마흔 초반을 지날 것이고 마흔 살쯤 되었을 때 병을 얻었다면 오십 대 초반을 지나고 있었을 것이다. 꽃다운 청춘을 질병과 싸우며, 여성으로서 삶을 다 잃어버렸다. 가진 재산도 다 잃었는데 병이 낫기는 고사하고 더 중하여졌다. 실의와 절망에 빠져 핏기없는 얼굴로 하루하루 죽지 못해 살고 있었다.

이런 상황 속에서 살던 이 여인에게 "예수의 소문"(27절)이 들렸다. "예수님을 만나면 맹인이 눈을 뜨고, 나병 환자가 낫고, 걷지 못하던 사람이 걷는다더라. 심지어 죽은 자가 살아났다고 하더라" 이렇듯 놀라운 예수의 소문을 들었다. 성경은 언제나 '복음을 듣는 것'과 믿음을 연결하고 있다. 믿음은 들음에서 난다.

치유자 하나님, 그리고 예수님

대단히 중요한 말씀이 이어진다. 이 구절들은 "이는"(28절)과 "이에"(29절)라는 말로 연결된다.

> 예수의 소문을 듣고 무리 가운데 끼어 뒤로 와서 그의 옷에 손을 대니 이는 내가 그의 옷에만 손을 대어도 구원을 받으리라 생각함일러라 이에 그의 혈루 근원이 곧 마르매 병이 나은 줄을 몸에 깨달으니라
>
> 막 5:27-29

굉장한 믿음이다. '주님의 옷자락에 손만 대어도 나는 낫는다' 이것이 얼마나 어마어마한 믿음인가? 내게 중한 병이 있을 때, 세상의 명의가 다 일어나도 고칠 수 없는 병이 있다고 할지라도 주님이 이 시간에 나를 한 번만 만지시면 내 병이 낫는다고 믿는가? 지구가 벌떡 일어나도 해결되지 않는 내 인생의 과제, 하나님이 한 번만 만져 주시면 해결된다고 믿는가?

주님 앞에 나아올 때 우리는 주님을 만지기 위해서 와야 한다. 밀고 밀리는 어리석은 군중처럼, 접촉함이 없는 종교인으로 살지 말아야 한다. 우리는 주님과 접촉하기 위하여, 임재를 경험하기 위하여 예배를 드리는 것이다.

삼위일체 하나님은 치유의 하나님이시다. 출애굽기 15장 26절에 하나님의 이름이 나온다.

… 나는 너희를 치료하는 여호와임이라

하나님의 이름은 여호와 라파(치유자 하나님)이시다. 어두운 방에 빛이 들어오면 어두움이 물러가듯이 여호와 라파, 치유의 하나님이 오시면 질병은 물러간다.

예수님이 이 땅에서 메시아로서 행하신 사역을 '삼중 사역'이라고 한다.

① Teaching : 하나님나라 복음을 가르치심
② Preaching : 하나님나라 복음을 전하심
③ Healing : 모든 병과 약한 것을 고치심

그래서 예수님의 구속 사역을 통전적(統全的)이라고 한다. 예수님은 우리의 영혼을 구원할 뿐만 아니라 마음의 병을 치료하시는 분이다. 병든 몸도 깨어진 관계도 고치신다. 내 환경, 재정의 한계, 세상을 섬기는 모든 사역에 주님이 능력을 주시고 고쳐주신다.

예수께서 고난받고 우리 죄를 담당하실 때 우리의 질병도 담당하셨다.

… 그가 채찍에 맞으므로 우리는 나음을 받았도다 사 53:5

예수님은 제자들을 부르시고 통장을 하나씩 맡기신 게 아니다. 칼을 한 자루씩 맡기신 게 아니다. 모든 귀신을 제어하며 병을 고치는 능력과 권위를 주셨다(눅 9:1). 그래서 오늘도 믿는 자들에게는 병든 사람에게 손을 얹은즉 낫는 표적이 따르리라 하셨다(막 16:17,18).

예수님은 우리에게 친히 분부하신 모든 것을 행하라고 말씀하신다. '모든 것'이 무엇일까? 복음 전하고, 말씀 잘 가르치고, 병든 자가 있으면 믿음으로 손을 얹고 기도하고 병을 고치라는 명령이다.

구한말, 선교사들이 이 땅에 왔을 때 복음을 전하기 위해 교회를 세웠다. 복음을 가르치기 위해 학교를 세웠다. 치료하기 위해 병원을 세웠다. 선교사들은 병원에 '우리는 봉사, 하나님은 치유', '병든 자를 고치라!'라고 써 붙였다. 이것은 예수님의 명령이다. 그래서 우리가 예수를 믿었으면 하기 싫어도 해야 한다. 내게 은사가 없어도 순종해야 한다. 기도해서 병이 낫지 않더라도 순종하면 능력이 나타난다. 기름 부으심이 나타난다. 은사가 더해진다. 주어진 은사는 더 강력해진다.

성령과 교회의 치유사역

여호와 라파! 하나님은 치유하시는 하나님이시다. 예수님의 구속 사역은 우리의 영혼을 구원하실 뿐만 아니라 우리의 육을 포함하는 온전한 구원, 통전적 구원이다. 그래서 우리에게도 복음을 전하고 가르치고 병든 자를 치유하라 명령하셨다.

이 문제를 두고 교회사 속에서 "교회가 치유 사역을 감당하는 게 과연 성경적인가? 교회가 목회 사역의 일환으로 치유 사역을 하는데 대한 충분한 성경적인 근거가 있는가?"라는 질문이 있다. 이에 대한 결론은 참 간단하다. 성경에 있으면 하고, 성경에 없으면 안 한다. 이 얼마나 간단한 결론이고 진리인가?

목회라는 이름으로 교회가 여러 가지 사역을 감당한다. 그 사역에는 성경적인 근거가 있다. 교회의 사역 가운데 예배보다 중요한 게 어디 있겠는가? 복음 전하는 일, 제자 삼는 일도 교회가 해야 하는 일이다. 성도들이 모여 교제하는 일, 목회자들이 가정을 방문하여 성도들을 돌보는 일도 참 귀한 일이다. 그런데 치유 사역은 그 어떤 목회 사역보다도 많은 성경적 근거와 기록을 가지고 있다.

혈루병 여인에 관한 본문을 한 절로 남기라고 한다면 이 30절 말씀이다.

"예수께서 그 능력이 자기에게서 나간 줄을 곧 스스로 아시고"

여기서 "그 능력"이란 예수님의 신적인 능력, 곧 성령의 능력이다.

예수님의 메시아 사역을 예언하고 설명하는 예언의 말씀이 구약과 신약성경에 나온다.

주 여호와의 영이 내게 내리셨으니 사 61:1

주의 성령이 내게 임하셨으니 눅 4:18

이 누가복음 말씀은 예수께서 메시아 사역이 이제 시작됨을 선포하는 말씀이다.

예수님이 부활 승천하심으로 4복음 시대가 막을 내리고 사도행전과 초대 교회의 시대가 시작된다. 시작되자마자 사도행전 3장에서 가장 먼저 어떤 사역이 일어나는가? 베드로와 요한이 나면서부터 걷지 못하는 걸인을 일으킨다. 초대 교회의 시작과 함께, 걷지 못하는 사람을 일으키는 이적으로 치유 사역이 시작되었다.

> 은과 금은 내게 없거니와 내게 있는 이것을 네게 주노니 나사렛 예수 그리스도의 이름으로 일어나 걸으라 하고 행 3:6

"내게 있는 이것"이 무엇인가? 성령의 권능과 능력이다. 예수 이름으로 "일어나 걸어라!" 명한다. 이때부터 초대 교회에는 성령의 능력으로 믿는 자들이 불같이 일어났다. 각양 병든 사람들이 고침 받는 역사가 있었다. 사도들의 손을 통하여 민간에 표적과 기사가 많이 일어났다(행 5:12).

> 심지어 병든 사람을 메고 거리에 나가 침대와 요 위에 누이고 베드로가 지날 때에 혹 그의 그림자라도 누구에게 덮일까 바라고 예루살렘 부근의 수많은 사람들도 모여 병든 사람과 더러운 귀신에게 괴로움 받는 사람을 데리고 와서 다 나음을 얻으니라 행 5:15,16

찰스 크래프트(Charles H. Kraft) 교수는 그의 책 《신자가 소유한 놀라운 권세》에서, 하나님께서 에덴동산에서 하나님의 자녀 된 아담과 하와에게 하나님을 대신하여 세상을 다스릴 권세를 주셨다고 말했다. 아담은 하나님께 순종하지 않고 마귀의 유혹에 넘어가 권세를 잃어버렸지만, 예수님은 십자가에 달려 피를 흘리실 때 마귀의 머리를 부수고 다시 사랑하는 제자들에게 권세를 주셨다.

> 영접하는 자 곧 그 이름을 믿는 자들에게는 하나님의 자녀가 되는 권세를 주셨으니 요 1:12

하나님의 자녀가 되는 권세, 아버지 하나님이 주신 권세를 우리도 가지게 되었다. 주의 보혈 한 방울이면 이 세상에 모든 질병을 고치고도 남음이 있다. 하나님의 말씀을 우리는 간직하고 있다. 말씀을 듣고, 읽고, 실행한다. 말씀은 곧 능력이다. 혼과 영과 및 관절과 골수를 찔러 쪼개기까지의 능력이 하나님의 말씀 안에 있다.

이 복음은 모든 믿는 자에게 구원을 주시는 하나님의 능력이다. 복음이 병든 자를 일으킨다. 상한 심령을 고치고 죄에 시달린 사람들을 구원한다. 신자가 소유한 놀라운 권세, 이 권세가 우리에게 가득 넘치고 있다.

누가 내 옷에 손을 대었느냐?

세상 어디에도 붙들 끈이 없는 이 외로운 여인은 빈손 들고 예수님에게 온다. 아픈 몸을 이끌고 예수님에게 나왔지만 장벽을 만났다. 첫 번째 장벽, 예수님은 많은 무리에 둘러싸여 길을 가고 계셨다. 허약한 여인의 몸으로 비집고 들어갈 수가 없었다. 두 번째 장벽, 이 여인은 다른 환자들처럼 어디가 어떻게 아프다고 말할 수도 없었다. "주여, 제 병을 고쳐주소서. 보기를 원하나이다" 하고 외칠 수도 없었다. 세 번째 장벽, 환부를 보여드릴 수도 없었다. 이 여인의 병은 레위기 15장에 의하면 종교적으로 부정하게 취급을 받았다. 철저히 소외당한 여인으로 결혼을 할 수도 없었을 테고, 결혼했다 할지라도 이혼을 당했을 병이다.

그러나 결국 그녀는 자기 앞을 가로막고 둘러 서 있는 사람들의 숲을 헤집고 들어가 주님의 옷자락에 손을 댔다.

우리는 이 세상에서 권력에 손을 대려고 애쓰고 재력을 움켜쥐려고 몸부림친다. 그러나 금은보석 다 붙잡아도 주님 손 놓치면 우리는 다 잃어버린 것이다. 천국을 잃어버린 것이다. 그러나 세상을 갖지 못해도 예수님을 붙들었으면 천국을 얻은 것이며 우리는 승리자요 권세자다.

예수님은 우리에게 구원의 옷을 입히시기 위해서 발가벗김을 당하셨다. 우리를 고치시기 위하여 피를 흘리셨다. 주님의 옷은 신비의 옷이다. 그 옷자락을 붙들면 구원을 얻는다. 옷자락에 손을 대기만 해도 치유를 받는다. 하나님의 자녀가 되는 권세가 임한다. 그 옷자락이 어디 있을까?

교회는 주님의 몸이다. 우리가 예배하는 시간에 주님의 임재의 구름이 그 예배의 자리를 가득 덮고 있다. 몸 된 교회에 주님의 옷자락이 우리 모두에게 덮인다. 그 자리에 와서 다른 것을 붙들려고 하면 안 된다. 주님이 덮어주시는 구원의 옷을 붙들어야 한다.

가련한 여인이 내 옆에 있다면 묻고 싶은 게 있었다. "얼마나 어렵사리 군중을 헤집고 주님 곁에 왔습니까? 주님 품에 안겨보시지요. 주님의 팔이라도 붙들고 매달려 보시지요. 애원이라도 하시지요"라고. 이 여인이 대답한다.

"아니요. 나는 주님의 옷자락만 만져도 나을 줄로 믿었습니다. 그림자만 밟아도 나을 줄로 믿습니다."

문득 주님의 발길이 멈추어 섰다. 주님의 발길이 멈추어 서는 그 자리에는 언제나 기적이 일어난다. 주님이 발길을 멈추고 "누가 내 옷에 손을 대었느냐?"라고 물으시며 이 여인을 찾으시자 여인은 자기가 만졌다고 주님께 고백했다. 같은 사건을 기록한 누가복음의 기록에 의하면 "그 손댄 이유와 곧 나은 것"을 모든 사람 앞에서 말했다.

> 여자가 스스로 숨기지 못할 줄 알고 떨며 나아와 엎드리어 그 손 댄 이유와 곧 나은 것을 모든 사람 앞에서 말하니 눅 8:47

우리도 능력의 주님께 나아가야 한다. 이것저것 실패하여 절망을 안고 있다고 해도 주님을 만지면 희망을 찾게 될 것이다. 무슨 일을 어떻게 해야 할지 길을 잃어버려도 주님 손에 붙잡히면 영원한 길을 발견할 것이다. 내가 가야 할 길이 내 앞에 펼쳐질 것이다.

죽음의 길에서 이러다가 내 인생 끝장나겠다 싶어도 절망하지 마라. 포기하면 안 된다. 주님의 옷자락을 붙들면 생명의 길을 얻었노라고 간증하게 될 것이다. 주님의 옷에 손을 대는 순간 주님의 능력을 만날 것이다. 이 여인은 그 능력으로 혈루의 근원이 마르고 온몸에 힘이 생기고 평안해짐을 느꼈다.

주님께도 묻고 싶은 게 있다.

"주님, 이 여인이 부끄러운 병으로 주님 앞에 왔는데 병이 낫고 부끄러워서 고개 숙이고 있는 이 여인을 꼭 찾아내야 했습니까? 한번 싱긋 웃어주고 지나가시면 좋았을 텐데요."

주님께서 대답하신다.

"내가 여인을 찾은 것은 창피를 주기 위해서가 아니라 이 여인에게 온전한 치유와 구원을 선포하기 위함이었단다. 내가 너를 만나는 것은 두려움을 주기 위해서가 아니라 기쁨과 믿음을 주기 위함이었다."

아들아, 딸아! 평안할지어다

혈루증 여인 이야기의 결론이 이 말씀에 있다.

> 딸아 네 믿음이 너를 구원하였으니 평안히 가라 네 병에서 놓여 건강할지어다 막 5:34

"아들아, 딸아, 평안하라. 모든 질병과 문제에서 자유함을 얻을 지어다. 세상에 나아가 능력 있는 하나님의 자녀로 살아갈지어다. 모든 문제로부터 자유함을 얻을지어다."

지금 이 글을 읽는 당신에게도 주님께서 말씀하신다.

"누가 내 옷에 손을 대었느냐"(막 5:30).

주님께 나를 불쌍히 여겨달라고 당신의 마음과 손을 주님 앞에 맡겨보라! "천부여 의지 없어서 손들고 옵니다. 주 나를 외면하시면 나 어디 가리까" 찬송가 가사처럼, "세상 어디에도 갈 곳이 없어 주님 앞에 왔습니다. 주님이 나를 박대하시면 내가 어디로 가겠습니까. 주님, 이 시간 제가 주님을 붙듭니다" 고백하라. 그러면 주님이 이렇게 화답하실 것이다.

"아들아, 딸아, 평안할지어다. 온갖 병에서, 고통에서, 문제에서 자유함을 얻을지어다."

내 어머니는 서른에 청상이 되셔서 여인의 몸으로 농사짓고 삽질과 곡괭이질을 하고 밤에는 무거운 행상 보따리를 머리에 이고 이 마을 저 마을 헤매고 다니시다가 늘그막에 경추 디스크가 녹아 붙는 질병을 앓으셨다. 병원에서 수술 날짜를 기다리고 있었는데 막상 수술 날짜가 다가오니 겁이 나셨던 것 같다.

"나 수술 싫다. 수술 잘 돼도 어쩌면 휠체어 타고 평생 살아야 하는데, 나 오늘 죽어도 그렇게 살기 싫다. 하루를 살아도 꼿꼿하게 살다가 가련다. 기도해다오."

어느 날 아침, 온 식구가 금식하며 한마음으로 기도했다.

"하나님, 여인의 몸으로 인생 살기가 고달팠습니다. 병을 얻었습니다. 그 무게를 견디지 못해서 디스크가 녹아 사라졌습니다. 자식들 기르려고 무거운 행상 보따리를 이고 이 마을 저 마을 헤매다가 디스크가 녹아버렸습니다. 하나님이 고쳐주셔야 하지 않겠습니까? 주님이 만져주셔야 하지 않겠습니까?"

놀랍게도, 온 식구의 간절한 기도에 하나님이 응답하셔서 내 어머니는 췌장암으로 별세하실 때까지 디스크로 고생하지 않고, 뛰어다니며 예배를 드리셨다.

아들아, 딸아 평안할지어다. 성령의 능력에 접촉되어 강건할지어다. 세상을 치유하며 살아갈지어다. 너희 공동체를 고치며 살아갈지어다.

3 성령으로 충만한 삶

11
상처 입은 자가 치유자로

이사야서 61장 1-3절

1 주 여호와의 영이 내게 내리셨으니 이는 여호와께서 내게 기름을 부으사 가난한 자에게 아름다운 소식을 전하게 하려 하심이라 나를 보내사 마음이 상한 자를 고치며 포로된 자에게 자유를, 갇힌 자에게 놓임을 선포하며 2 여호와의 은혜의 해와 우리 하나님의 보복의 날을 선포하여 모든 슬픈 자를 위로하되 3 무릇 시온에서 슬퍼하는 자에게 화관을 주어 그 재를 대신하며 기쁨의 기름으로 그 슬픔을 대신하며 찬송의 옷으로 그 근심을 대신하시고 그들이 의의 나무 곧 여호와께서 심으신 그 영광을 나타낼 자라 일컬음을 받게 하려 하심이라

풀잎에도 상처가 있다

정호승 시인이 〈풀잎에도 상처가 있다〉라는 시에서 노래했듯이, 들판에서 자라나는 풀 한 포기에도 상처가 있고 아름답게만 보이는 꽃 한 송이에도 상처가 있다. 생명 있는 것들은 저마다 아픔이 있다. 그러나 줄기에 입은 상처가 풀을 더 강하게 만들고 그 상처가 꽃을 더 향기롭게 한다.

예수 믿는 우리에게도 고난이 있다. 그러나 우리는 그 고난을 약으로 삼아서 성숙해 간다. 상처를 안고만 있으면 그 상처의 피해자로 살게 된다. 그러나 상처를 치료하고 살 때는 상처의 수혜자가 될 수 있다. 내 상처를 거울삼아 상처 입은 누군가를 치료하고 '상처 입은 치유자'로서 사명자로 살아가는 것이 하나님의 뜻이다.

에덴동산에서 쫓겨난 이후, 인간은 사는 것 자체가 저마다의 고통과 맞서 싸우는 일이었다. 젊은이들이 자라서 결혼하고 자식을 낳고 가정을 통하여 하나님이 주시는 분복을 누리는 것이 얼마나 아름다운 일인가? 그러나 그 안에도 상처가 있으니 서로 치료하며 잘 살아가기를 권면한다. 세상에 나아가서 세상을 섬기며 일터를 가꾸며 살아가는 것 또한 아름다운 일이다. 그러나 그 안에도 수고가 있고 또 가시와 엉겅퀴가 있으니 세상을 더욱 잘 섬기기를 바란다.

나이가 들어 하나님이 부르시는 날, 주님 앞에 서는 것도 아름다운 일이지만 그 안에도 상처가 있을 수 있다. 공중에 떠다니는 먼지 한 톨에도 상처가 있다. 스치는 바람과 밤에 부서지는 달빛에도 상처받는 게 인간이다.

상처는 죄를 범한 인간의 운명이기도 하다. 죄로 얼룩진 땅에 죄인으로 태어나 죄를 안고 살아가니 실수하고 넘어지고 상처받고 상처 주면서 살아간다. 나는 내 상처가 아픈데 저 사람은 자기가 더 억울하고 더 아프다고 말한다. 철부지 어린아이는 내 상처만 보인다. 죄인의 눈으로 살아가니 내가 받은 상처는 태산 같고, 내가 준 상처는 티끌같이 여겨진다. 그래서 공동체 안에는 상처받은 사람만 있고 상처 준 사람은 없다.

세상에 우뚝 솟아 큰일 하며 살아가는 잘난 사람은 대단하게만 보이고 상처가 없을 것만 같지만, 높은 나뭇가지가 더 센 바람을 맞는 법이다. 그들 내면에 우는 아이가 있고 혼자 있을 때는 그들도 가슴을 움켜쥐고 울기도 한다.

우선 모든 사람은 육체적인 상처가 있다. 육체를 가진 인간은 건강해 보여도 어딘가엔 병이 있고 아픔이 있다. 오장육부 어딘가에 상처 하나라도 있다.

육체뿐만이 아니다. 인간은 감정적인 동물인지라 걸핏하면 감정이 잘 다친다. 상한 감정의 상처가 건드려질 때마다 아파서 소리를 지른다. 그것을 감성적인 외상, 심리적인 외상, 즉 트라우마(Trauma)라고 한다.

인간은 발달단계에 따라서 욕구가 따뜻하게 충족되어야 하는데 그것이 거절될 때마다 상처로 쌓인다. 이 마음의 상처가 치유되지 않으면 감정이 작동되지 않고 죽어버린다. 별것 아닌 말 한마디에 분노가 폭발하고 한순간 짐승이 되고 자기 인생을 망치는 어리석은 사람이 허다하다. 어제 받은 상처가 오늘 내 인격을 지배하고 내일 내가 가는 길의 문을 닫아 버린다.

가까운 사람들을 건강하고 복되게 하자

《한국 교회 트렌드 2024》의 10가지 트렌드 중 두 번째가 '외로운 크리스천'이다. 사람 관계가 따뜻하지 않은 세상이다. 혼밥 세상이요 각자도생의 시대다. 현대인의 가장 보편적인 질병은 우울증이다. 나이 들어가는 시니어들은 물론이고, 마냥 인생이 즐겁고 행복해야 할 젊은이들도 우울증에 시달린다. 상처, 우울증, 분노가 당연하다는 게 아니다. 우리 그리스도인만이라도 병든 세상에 갇혀 살지 말고, 주의 손과 발 되어 세상을 치유하며 살자는 것이다.

이 감정적인 상처는 주로 가까운 사람에게서 온다고 한다. 우리의 상처는 아프리카 어느 나라의 대통령에게서 받는 것이 아니다. 내 주변에 있는 가장 가까운 사람, 소중한 사람에게서 받는다. 인간은 엄마에게도 상처받는다. 태어나면서 상처가 아파서 앙앙 목놓아 운다. 아이가 태어나면서 깔깔대고 웃었다는 얘기를 들어본 적이 없다. 빙그레 미소 지으며 엄마를 바라보며 태어난 아이도 없다. 배우자, 부모, 자식, 상사, 동료, 부하, 선생님, 친구 중에서도 가장 친한 짝꿍, 그들은 내 인생의 축복이요 기회가 될 수도 있지만 내 인생의 위기가 될 수 있다.

'순기능 가정' 혹은 '역기능 가정'이라는 말을 들어보았는가? 하나님께서 창조하신 가정의 목적을 이루어가는 정상적인 가정, 가족이 그 가정 안에서 행복을 배우며 잘 성장하고 성숙해 가는 가정을 '순기능 가정'이라고 한다.

반면, 정신적으로나 인격적으로 병든 가족 구성원들 사이에서 상처를 주고받으며 감정의 쓴뿌리를 안고 사는 가정을 '역기능 가정'이라고 한다. 이 역기능 가정의 쓴뿌리가 대를 이어 자녀나 그 자녀의 자녀에게 흘러가기도 한다.

도로시 로 놀테(Dorothy Law Nolte)는 〈아이들은 생활 속에서 배운다〉(Children learns what they live)라는 시를 통해 순기능 가정과 역기능 가정이 어떤 것인지를 가장 쉽게 설명했다. 그 시에 따르면, 꾸지람 받으며 자란 아이는 비난을 배우고, 미움받으며 자란 아이는 갈등을 배우고, 두려움 속에 자란 아이는 염려를 배우고, 놀림 받으며 자란 아이는 시기심을 배우며, 수치 속에 자란 아이는 죄책감을 배운다.

그러나 칭찬받으며 자란 아이는 자신감을 배우고, 너그러움 속에 자란 아이는 인내심을 배우고, 격려받으며 자란 아이는 감사를 배우고, 사랑받으며 자란 아이는 배려를 배우며, 관심을 받으며 자란 아이는 자긍심을 배우고, 인정받으며 자란 아이는 자신을 소중히 여긴다.

치유공동체 교회에도 상처가 있다

역기능 가정에서 자라난 사람이 상처를 치유받고 구원받기 위해 교회에 왔다. 교회에 왔다고 금방 치유가 되던가? 속에 상처가 들어 있으니 만나는 사람마다 또다시 상처를 주고받았다. 부정적인 말과 비난의 언어가 많았다. 누군가의 말처럼, 입만 열면 나오는 게 딱 두 가지였다. 첫째는 자기 자랑이요, 둘째는 다른 사람을 향한 욕이다.

이런 사람은 어디를 가도 적응하기 어렵고, 곁에 좋은 사람이 머물 수가 없다. 결국 교회 공동체에도 상처를 남기고 떠났다. 심지어 아예 신앙을 버리고 결국 교회 안티(Anti, 어떤 대상에 대해 반대하는 입장을 지님. 또는 그러한 사람)까지 되어 살아가는 사람도 보았다.

내가 달라지지 않았는데 교회를 옮긴다고 세상이 달라지던가? 그럴 수 없다. 그러나 '저런 나쁜 사람이 있나' 싶어서 가만히 들여다보면 나쁘다기보다 불쌍한 사람이라는 것을 알 수 있다. 병들고 상한 영혼이다.

리더십을 연구한 어느 기관에서 지난 20세기 동안에 정치, 경제, 사회, 문화, 종교 등 여러 영역에서 영웅적 리더십을 발휘한 사람들을 연구했더니 몇 가지 공통점이 있었다.

첫째, 어릴 때 자신이 겪은 불행을 디디고 일어선 사람이었다. 그 중에는 일찍 아버지를 여읜 사람도 꽤 있었다. 어릴 때 모진 상처를 입고 살았지만, 평생 상처 타령을 하지 않았다. 상처의 피해자가 아니라 상처의 수혜자가 되어서 그 상처를 디딤돌로 삼아 우뚝 서 있었다.

둘째, 다른 사람을 설득하는 웅변력, 말의 능력을 가지고 있었다. 그 언어는 언제나 긍정적이고 합리적이었다. 그들 입에서는 어떤 상황에서도 부정적이지 않았다. 누구 때문에 내가 이렇게 고생한다는 책임 전가나 남 탓이 없었다.

셋째, 사람들에게 호감을 주는 깔끔한 외모를 가지고 있었다. 잘생기거나 예쁘다는 것이 아니다. 품격과 멋이 풍기는 외모를 가지고 언제나 단정하고 깔끔했다.

넷째, 변하지 않고 흔들리지 않는 비전과 가치관이 있었다.

마지막으로 다섯째, 그 사람 곁에 다윗, 입다, 홍길동, 주몽처럼 그를 지키고 보호하는 충성된 사람이나 그룹이 있었다. 그의 꿈과 비전을 함께 나누고 실천하는 비전 그룹이 있었다.

몸은 살이 찢어지고 뼈가 부러져도 시간이 흐르면 치료된다. 그러나 영혼의 상처, 마음의 상처는 시간이 흐른다고 저절로 치료되지 않는다. 오히려 점점 더 커지고 번지고 더 깊어진다.

"치료하고 회복하리라!"

나는 상처의 피해자가 아니라 수혜자로 살아갈 것이라고 결단해야 한다. 그 결심이 상처를 치료하는 출발점이다. 상처받는 것은 내 잘못이 아니지만, 상처를 안고 상처 타령하며 살아가는 것은 오롯이 내 잘못이다.

상처 타령이나 하는 사람은 쓰임 받을 수 없다. 내 상처의 책임을 다른 사람에게 전가하고 살지 말라. 내 영혼을 상처 쓰레기통으로 만들지 말라. 내가 만나는 그 사람에게 내 상처를 쏟아서 내 이웃을 쓰레기통 취급하지 말라.

예수님은 우리를 치유하기 위해 오셨다

인간은 누구나 상처를 받지만, 복음 안에서 치료될 수 없는 상처는 없다. 우리의 상처와 질병과 죄를 치료하고 우리를 구원하기 위해서 예수님이 우리 곁에 오셨다.

> 주 여호와의 영이 내게 내리셨으니 이는 여호와께서 내게 기름을 부으사 사 61:1

여기서 '나'는 누구인가? 누가복음 4장에서 예수님은 공생애를 시작하시며 회당에서 이사야서 61장 1-3절을 본문으로 읽으시고, 여기서 구약이 말씀하는 '나'(내게)는 바로 예수 그리스도 자신이라고 단언하신다. 주의 성령과 함께 치료와 구원의 역사를 펼치는 자는 바로 나 예수 그리스도라며, 이사야의 예언이 이제 이루어진다고 말씀하셨다(눅 4:19-21).

"기름을 부으사"는 무슨 말일까? 성령충만과 같은 말이다. 우리 영혼의 그릇이 있고 여기에 기름이 부어진다. 이 기름은 마르지 않으며 계속해서 부어져 흘러넘친다. 가득 찬 기름 항아리는 조금만 흔들거려도 흘러넘친다. 이 기름 항아리로 인해 가는 곳곳마다 기름이 나누어지게 된다. 이것이 성령의 기름 부으심이다.

예수께서 세례를 받으실 때 성령이 비둘기처럼 임했다. 독수리처럼 쏜살같이 내려왔으면 멋질 텐데 왜 성령의 기름 부으심이 왜 비둘기처럼 임했을까? 비둘기는 평화를 상징한다. 이제 전쟁이 끝나고 평화가 선포되었다. 상처와의 전쟁이 끝났다. 지옥, 미움, 모든 죄와의 전쟁이 끝났다. 성령이 비둘기처럼 임하여 예수 그리스도가 이 세상을 정복하고 죄의 문제를 해결하고 우리를 하나님의 백성으로 삼아주실 것이라는 선언이었다.

공생애 시작과 함께 기름을 들이붓듯 성령이 충만히 임하였다. 그리스도의 구원의 능력과 치료의 능력, 회복시키고 세상을 변화시키는 능력이 가는 곳곳마다 흘러넘쳤다. 기름에 불이 붙으면 뜨거워지고 세상이 밝아진다. 모든 것을 소멸시키는 죄와 상처를 불태워 없애버리는 능력이 여기서 나타난다.

그가 채찍에 맞으심으로 우리는 나음을 받았다. 상처는 이미 사라졌다. 주께서 피 흘리심으로 모든 죄는 용서받았다. 그가 우리를 용서했으니 우리도 세상을 용서하고 치유하며 살아가는 것이다. 내 상처는 사라졌다. 불에 타 소각되었다. 주의 승리를 우리 것으로 받아들이자.

용서만이 살길이다

우리 민족이 함께 해결하고 가야 할 민족공동체의 상처가 있다. 일제 강점으로 인해 우리 민족이 일본으로부터 받은 상처다. 나의 학창 시절 근대사는 주로 반일 교육이었다. 그래서인지 내 안에도 일본에 대한 상처와 나쁜 감정이 남아 있다. 우리는 아직 아프기만 한데 일본은 이미 사과도 했고 보상도 했다고 말한다.

그러다가 최근 국제사회의 이념 양극화에 따라서 북중러 공산진영과 한미일 거기다 유럽까지 합친 신냉전 기류가 흐르기 시작했다. 미국이 주도한 일이지만, 한일관계가 급속히 가까워지고 하나가 되었다. 그러나 그건 정치외교적인 이야기이고 우리 국민은 조금은 당황스럽다.

정부의 정치적 결단에 앞서 국민을 설득하고 국민적 상처를 어루만지고 국민적 동의를 얻은 다음에 가도 늦지 않았을 텐데 왜 그렇게 성급했을까 하는 아쉬움이 있다. 국민들은 아직 일본을 용서하지 못했고 가슴에 깊은 상처가 남아 있는데 한미일 협의체가 공고해졌다고 하니, 다행스럽기도 한 한편으로는 당황스럽기도 하다. 이게 상처다.

물론 언제까지 우리가 일본을 미워하고 반일만 외칠 수는 없다. 이스라엘이 야드바셈 홀로코스트 추모관을 세우고 "용서하자, 그러나 잊지는 말자"라고 했던 것처럼 우리도 극일과 승일 정신으로 일본을 넘어서야 한다.

조선업을 그들에게서 배웠지만 우리가 세계를 정복하고 있지 않은가? 반도체도 그들이 앞서 있었지만, 지금은 우리나라가 세계를 정복하고 있지 않은가? 이제 일본 문화가 아니라 아이돌 케이팝(K-POP)이 세계를 정복하고 있다. 그것이 바로 극일, 승일 정신이다.

오래전 〈밀양〉(2007)이라는 영화가 있었다. 주인공 신애(전도연 扮)는 남편을 잃고 아들 준과 함께 밀양으로 이사해 작은 피아노 교습소를 차려서 근근이 살아간다. 그러던 어느 날, 아들 준이 유괴를 당한다. 신애는 있는 재산 없는 재산 다 팔아서 유괴범에게 건네주지만, 그 다음날 아들 준의 시체가 마을 연못에 떠오른다.

알고 보니, 범인은 준이가 다니는 웅변학원 원장이었다. 몇백 번이고 "용서하자"를 선언하는데 잘되지 않아서 교회를 찾아가 신앙생활을 시작한다. 이만하면 은혜를 받았다 싶었다. 용서할 자신도 있었다. 용기를 내 면회를 갔더니 유괴범의 얼굴이 환하게 빛나고 있었다. 자신은 감옥에서 예수를 믿고 용서받았다고 한다.

그 말에 신애는 충격을 받는다. 내적 혼란이 분노로 바뀐다. 예배당을 찾아와 손바닥이 찢어질 만큼 장의자를 두들기면서 몸부림을 친다. 자신을 위로하려고 모인 교회 사람들에게 말한다.

"어떻게 용서를 해요? 용서를 하고 싶어도 난 할 수가 없어요. 이미 용서를 받았다는데 내가 어떻게 다시 용서를 해요? 내가 그 인간을 용서하기도 전에 어떻게 하나님이 먼저 용서할 수 있어요?"

하나님께 반항하고 기행을 일삼다가 결국 자살을 시도한 그녀는 정신 치료를 받고 나온다. 영화의 마지막 장면에 신애는 뒤뜰에서 자기 머리카락을 자르고, 그 머리카락들이 바람에 흩날린다. 마당 한쪽 지저분한 바닥에도 따스하게 햇볕이 내리쬔다. 이 도시가 밀양(密陽)이요 이 따스한 햇빛이 밀양(密陽)이다.

결국은 내 머리에 한 올 한 올 쌓인 상처, 인생 살아가다가 쌓았던 미움, 해결되지 않은 분노, 우울을 하나하나 날려 보내는 그 길만이 내가 사는 길이라는 것이다. 어떻게 내 인생, 음침하고 냄새나는 내 인생이 밀양이 될 수 있는가. 그에 대한 대답은 '용서만이 내가 사는 길'이다. 내 안에 있는 상처에 자유를 주고 날려 보내라는 것이다. 그 길만이 나를 치료하며 자유롭게 하는 길이다.

상처의 피해자로 살지 말고 상처의 수혜자로 살라! 우리는 예수 그리스도 안에서 상처 입은 치유자, 상처가 사명이 되어 이 땅을 치유하는 하나님의 자녀들이다.

12
상처 입은 치유자의 사명

이사야서 61장 1-3절

1 주 여호와의 영이 내게 내리셨으니 이는 여호와께서 내게 기름을 부으사 가난한 자에게 아름다운 소식을 전하게 하려 하심이라 나를 보내사 마음이 상한 자를 고치며 포로된 자에게 자유를, 갇힌 자에게 놓임을 선포하며 2 여호와의 은혜의 해와 우리 하나님의 보복의 날을 선포하여 모든 슬픈 자를 위로하되 3 무릇 시온에서 슬퍼하는 자에게 화관을 주어 그 재를 대신하며 기쁨의 기름으로 그 슬픔을 대신하며 찬송의 옷으로 그 근심을 대신하시고 그들이 의의 나무 곧 여호와께서 심으신 그 영광을 나타낼 자라 일컬음을 받게 하려 하심이라

사역의 출발 : 성령이 임하시면

어릴 때 우리 집 앞에는 토끼풀이라 불렀던 클로버가 많았다. 세잎클로버 가운데서 네잎클로버를 찾기 위해서 친구들과 풀밭을 기어 다니곤 했다. 어쩌다 네잎클로버 하나를 찾으면 다듬돌에 눌러 말린 후 책 속에 소중하게 간직하곤 했다.

네잎클로버는 '행운'이라는 꽃말로 알려져 있다. 클로버 풀밭에서 네잎클로버를 찾을 수 있는 확률은 1만분의 1 정도라고 한다. 클로버는 원래 이파리가 3개지만 자라는 과정에서 상처 입고 생채기가 나면 상처 입은 그 자리에 잎이 하나 더 생겨서 네잎클로버가 된다. 그래서 네잎클로버는 사실 우연히 찾아온 행운이 아니라 상처를 견뎌낸 결과다. 나는 네잎 클로버의 꽃말을 '상처가 가져다준 행운'이라고 바꾸면 어떨까 싶다.

교회 부교역자 가운데 설교 내용에는 모자람이 없는데 말씀의 전달이 조금 부족한 듯한 목사님이 있었다. 조금만 멘토링을 하면 탁월한 설교자가 될 것 같아서 종종 입 모양 만드는 법, 배에 힘을 주는 법과 비언어적 커뮤니케이션(몸동작, 표정 등 신체언어로 전달되는 의사소통)을 가르쳐주었고 그러다가 꾸중하기도 했다. 꾸중을 듣던 그가 눈물을 흘리면서 "목사가 되었는데 설교 잘하고 싶지 않은 목사가 어디 있어요"라고 한 기억이 난다(이후 탁월한 설교가가 되어 좋은 사역지로 부름을 받았다).

누구나 교회를 섬기면 탁월한 목회자로 살고 싶어 한다. 성공하고 싶지 않은 사업가가 어디 있겠으며 공부 잘하고 싶지 않은 학생이 어디 있겠는가. 특별히 하나님 앞에서 누구나 영적인 승리를 하고 하나님 섬기는 일에 큰 열매를 거두며 살기를 원한다. 하나님 앞에 쓰임 받고 싶지 않은 사람은 없을 것이다.

이사야서 61장 1절은 영적 사역자로 출발하려고 할 때 그 출발점, 성공의 문에 들어서는 그 첫걸음이 무엇인가를 알려준다. "주 여호와의 영이 내게 내리셨으니 이는 여호와께서 내게 기름을 부으사"라고 말한다. 사실 이 본문의 말씀은 '메시아 예언'이다.

누가복음 4장 21절에서 예수님이 회당에 들어가셨을 때 회당장이 이사야서 두루마리 성경을 건넨다. 예수님이 두루마리 성경을 쭉 펼치더니 이사야 61장을 읽어 내려가기 시작한다. 그리고 "이 글이 오늘 너희 귀에 응하였느니라"라고 말씀하신다. 이 말씀은 예수님에 대한 예언이고 이 예언이 이제부터 이루어져서 펼쳐지게 될 것이라는 말씀이다.

누가복음 4장 바로 앞에 어떤 내용이 나올까? 3장에 예수님이 공생애 시작과 함께 세례를 받으시는 장면이 나온다. 그때 하늘이 열리고 성령이 비둘기같이 임했다. 그 열린 하늘에서 하나님의 음성이 들려온다.

"너는 내 사랑하는 아들이라 내가 너를 기뻐하노라!"(눅 3:22)

하나님이 기뻐하시고, 성령님이 임하셨다. 그러면 끝났다. 이것이 영적인 승리에 들어가는 첫걸음이며 모든 사역의 출발이다. 예수께서 공생애를 시작하실 때 하나님이 보증하시고 성령이 강림하셨다.

그렇다면, 오늘 우리가 교회를 섬길 때 어떻게 사역을 시작해야 하는가? 영적인 승리를 누리고 싶을 때 어떻게 해야 그 승리가 가능할까? 어떻게 성공적인 삶을 시작하며, 이 세상 한복판에서 하나님이 주시는 복을 누리며 살 수 있을까? 그 답은 말씀에 있다. "주 여호와의 영이 내게 내리셨으니 이는 여호와께서 내게 기름을 부으사"(사 61:1)다.

선지자 사명 : 가난한 자에게

"내게 기름을 부으사"

구약에서 기름 부음을 받고 하나님의 사역자가 된 사람이 세 종류 있다. 선지자, 제사장, 왕이다. 이것이 예수 그리스도의 사명이다. 예수님은 이 땅에 선지자의 사역, 제사장의 사역, 왕의 사역을 감당하기 위하여 오셨다.

교회는 뭘 해야 할까? 교회가 주님의 몸(엡 1:23)이다. 몸은 우리 주님이 하셨던 그 일을 이 땅에서 잘 감당해야 한다. 선지자의 사명, 제사장의 사명, 왕의 권세를 가지고 왕의 사명을 감당하는 게 교회다.

우리가 주님의 제자가 되었다. 하나님이 우리와 함께하셔서 이 땅에 주님이 주시는 복을 펼치려고 할 때 어떤 비전으로 어떤 사역자가 되어야 할까? 바로 선지자, 제사장, 왕적인 사명이다.

첫째가 "가난한 자에게 아름다운 소식을 전하게 하려 하심이라", 선지자의 사명이다. "가난한 자"는 세상에 잘나고 부한 사람들이 많이 있는데 그 가운데 가난한 자만을 의미하지는 않는다. 물론 복음은 사회적인 약자들에게 먼저 전해진다. 그러나 거기서 멈춰지는 게 아니다.

내가 구원받을 수 있는 다른 길이 없다. 내가 이 세상에 은혜를 입을 다른 길이 없다. 내가 살아갈 다른 길이 없다. 하나님 외에는 나는 살길이 없다. 주려 죽게 된 가난한 자기 자신을 발견하는 것, 이것이 가난한 자다. 그래서 마태는 좀 더 쉽게 설명하기를 "심령이 가난한 자"(마 5:3)라고 했다.

어릴 적 우리 집은 참 가난했다. 서른 살 청상(靑孀)인 내 어머니가 연약한 손으로 농사를 지어 가을걷이를 하고 나면 나락, 콩, 깨 온갖 것들을 채권자들이 다 가져갔다. 그러면 철없는 나는 그걸 가져가는 사람들의 포대기를 빼앗아 엎으며 엄마 치맛자락에 얼굴을 파묻고 "엄마, 우리는 뭘 먹고 살아" 하며 통곡했다. 어머니도 몰래 눈물을 닦으며 나를 안고 "우리는 부자 하나님이 먹여주시지. 엄마가장사하고, 공장에서 일해 돈 많이 벌 텐데…" 하며 토닥여주셨다.

그때부터 나는 내가 의지하고 믿을 것은 하나님뿐이고, 하나님 외에는 내게 길이 없다는 것을 알았다. 이것이 가난한 자의 모습이다. 이게 심령이 가난한 자다. 그때 복음에 부유한 자가 된다.

인간은 모두 의에 가난한 자들이다. 모든 사람이 죄를 범하였으매 하나님의 영광에 이를 수 없다(롬 3:23). 의에 가난하여 도무지 의롭게 되는 길이 없기에, 주님께서 구원의 문제를 해결하시고 우리를 의롭다고 일컬어주셨다. 의롭다고 하시며 신분을 바꿔주신 것이 칭의(Justification)다.

모든 인간은 물질에 가난한 자이고 의에 가난한 자다. 인간은 빈손으로 왔다가 가는 인생이며 모두 가난하게 왔다가 가난하게 살아간다. 이 땅에 사는 동안 얻고 누리는 모든 것은 하나님의 것이요 하나님의 은혜다. 곱씹어봐도 내 것은 없다.

우리 인간은 건강에 가난한 자들이다. 아무리 잘 먹고 잘 관리해도 늙고 병드는 걸 어떡하겠는가? 뻔히 아프고 힘이 드는데 알고도 금방 고칠 수 없는 게 병든 내 몸뚱어리다.

우리 인간은 감정적으로 참 가난하다. 내 마음인데 내 맘대로 되지 않는다. 사랑해야 할 자를 사랑하지 않는다. 사랑하지 말아야 할 욕망을 사랑한다. 주님만 품고 살기도 벅차고 감사만 하기도 벅찬 세상인데 온갖 더러운 것, 미움, 원망, 용서치 않음, 썩을 것들을 가득 담고 살아간다. 내 마음인데 내 마음대로 되지 않는다. 사랑에 가난한 자들이다. 그래서 성령이 기름을 부어주셔야 한다.

이와 같이 성령도 우리의 연약함을 도우시나니 우리는 마땅히 기도할 바를 알지 못하나 오직 성령이 말할 수 없는 탄식으로 우리를 위하여 친히 간구하시느니라 롬 8:26

제사장 사명 : 마음이 상한 자에게

기름 부음 받은 자, 즉 상처 입은 치유자의 두 번째 사명은 "마음이 상한 자를 고치며", 제사장의 사명이다.

성경은 의학서적이 아니다. 그러나 성경 안에서 인간의 모든 아픔의 원인이 진단된다. 요즘 융합의학이 유행인데 성경은 인간의 고통에 대한 종합적, 통전적 치유책을 가르쳐준다.

현대 의학에서 마음 상한 것이 만병의 근원이란 것을 안 것은 그리 오래되지 않았다. 마음의 상처는 우리 눈에 보이지 않는다. 인간은 이렇게 더디게 깨닫는데 사탄이란 놈은 인간의 상한 마음을 참 좋아한다. 그 상한 감정, 치유받지 못한 감정을 통해 인간을 실패로 몰아간다. 구원받은 하나님의 자녀인데 자기 백성인 양 사탄은 상처에 붙어서 인생을 실패와 지옥으로 몰아간다.

좋은 품성을 가졌고 신앙생활도 곧잘 하고 세상에서 성공적인 삶을 살고 인간관계도 원만한 사람이라도 상처를 입으면 너무나도 쉽게 자기 인생을 포기해버릴 수 있다. 언론에 알려진 바로는 신앙생활을 잘하는 연예인이라고 했는데 자살해서 우리를 당황하게 할 때도 있었다.

모든 판단에 상처가 기준이 되어 그의 결단과 말이나 모든 것이 정상이 아니다. 그 상처 관리를 잘못해서 곪아 터지면 우울증이 되고 열등감, 비교의식이 된다. 가시덤불이 가슴에 들어앉아 있으면 속에 든 것이 상처뿐이니 그가 말하는 게 또 다른 사람에게 상처를 준다. 자기 자신이 다른 사람에게 상처를 주고 있다는 사실을 모른다. 하나둘 소중한 관계가 무너지고 신앙 인격이 무너지고 인생이 파괴된다. 이게 사탄의 전략이다. 사탄에게 걸려 넘어지면 이렇게 우스꽝스럽게 실패하게 된다.

나의 상한 마음을 가지고 장난하는 사탄을 어떻게 물리칠 수 있을까? 어떻게 상한 마음의 피해자가 아니라 수혜자로 살 수 있을까? 상처 없는 사람은 없다. 그러나 고칠 수 없는 상처도 없다. 문제가 없는 사람은 없지만 해결할 수 없는 문제도 없다.

내가 소개하고자 하는 치료책은 최근에 개발된 신약이 아니다. 오래된 우리 하나님의 약속, 하나님의 말씀이다. 이 안에 치료책이 있다. 치료의 능력, 방법이 있다.

우리 주님이 십자가 위에서 내 모든 상처와 실패와 고난과 허물을 담당하셨다. 십자가가 능력이다. 주께서 채찍에 맞음으로 우리는 나음을 얻었다. 성령은 능력이다. 성령이 오시면 못 고칠 병이 없고, 해결되지 않는 문제가 없다. 성령의 충만을 받을지어다!

우리 예수님은 그 당시에 언급할 수 있는 모든 병을 고쳤다는 성경의 기록이 있다. '각종 병이 든 많은 사람을 고치시며'는 각종, 모든 이름의 질병을 고쳤다는 것이다. 주님이 안쓰러워서 친히 어루만져 고치셨다는 기록이 30번 이상 등장한다.

하나님은 우리에게 "너희가 이 세상을 살아갈 때 두려워하지 말아라. 하나님의 자녀들이 왜 불안해하고 걱정하고 염려하고 공포에 휩싸여 살아가느냐" 하신다. 성경에 두려워하지 말라는 말씀이 365번 나온다고 한다. 1년 365일 두려워하지 말라는 것이다. 어떤 분이 내게 와서 자기가 찾아보니 366번 나오더라고 하기에 이렇게 대답했다. 4년에 한 번 윤달이 있으니 그날도 두려워하지 말라는 뜻이라고.

왜 그 소중한 우리 인생이 도둑맞고 내 인생 아닌 속은 인생을 사는 것일까? 생각해보라. 과수원에서 사과 따기 제일 좋은 때가 언제일까? 주인이 없는 날이다. 우리 속에 주님이 주인으로 계셔야 하는데 그 주인이 안 계시니까, 그 빈자리에 사탄이 와서 사탄이 주인인 양 똬리를 틀고 앉아서 나를 지배하고 조종하는 것이다.

기도 시간마다 예배 시간마다 당신의 아픔과 상처를 우리 주님께 보여드려라. 숨기지 마라. 맡겨라. 고쳐달라고 요청하라. 아프다고 말하라. 주님이 고쳐주신다.

수양회나 어떤 훈련에 가면 조를 구성하고 그 방의 이름을 짓는다. 내가 한 모임에 참석했을 때 우리 방 이름은 '쓰레기통'이었다. 왜 쓰레기통인가? 우리 하나님이 쓰레기통인 것 같다고 발표했다. 우리는 인생 자체가 쓰레기인데, 더 나아가 아픈 쓰레기, 실패의 쓰레기, 미움의 쓰레기, 가져서는 안 되는 것, 냄새나는 것, 썩어 문드러지는 것을 주님 앞에 내어 맡기고 있었다.

그럼에도 하나님은 그 쓰레기들을 다 받으시고 "애야, 네 아픔이 이것밖에 없니? 네 고통이 더 없어? 실패는 더 많지 않았니? 뭐든지 가져오너라" 하시며 빈자리에 은혜를 주신다. 끝이 아니다. 보화를 주시고 승리를 주시고 기쁨을 주시고 희락을 주시고 행복을 주신다. 하나님이 은혜를 주신다.

하나님의 자녀들도 이 세상을 살아갈 때 실수하고 넘어질 때가 있다. 고난이 있고 아픔을 겪는다. 아버지 목사님이 간암 선고를 받고 약 4개월 동안 투병 생활을 하면서 아들 목사님과 주고받은 이야기를 책으로 엮었다. 김동건 목사님의 《빛, 색깔, 공기》라는 책이다. 간암에 걸린 아버지가 아들에게 한 말 가운데 이런 말이 있다.

"예수 믿는 사람이나 안 믿는 사람이나 다 아픔은 있더라. 다 고난이 있더라. 다 실수하더라. 문제없는 사람은 없더라. 그 문제, 고난, 아픔이 있다는 것은 부끄러운 일은 아니다. 그러나 예수 믿는 사람과 안 믿는 사람이 그 상처와 아픔과 고난과 문제를 대하는 태도는 다르더라. 상처에 갇혀 살아가는 것, 실패에 짓눌려 살아가는 것, 문제 때문에 실언만 하고 앉아 있는 것은 부끄러운 일이다. 하나님의 자녀들에게는 그 문제가 비록 해결되지 않을 수 있고, 천천히 해결될 수도 있지만 거기에 갇혀 살지 않는, 문제 자체를 이기는 능력이 있더라."

왕의 사명 : 자유와 놓임의 선포

성령의 기름 부음을 받은 자, 상처 입은 치유자의 세 번째 사명은 왕의 사명이다. 포로 된 자에게 자유를, 갇힌 자에게 놓임을 선포하는 왕이다. 포로 된 자는 노예다. 갇힌 자는 감옥에 갇힌 죄수다. 노예를 놓아주고 죄를 풀어주는 사면권은 왕에게만 있다. 지금도 사면권은 대통령에게만 있다. 이 왕권이 우리 주님께 있고 교회에 있다. 천국의 열쇠가 이 교회에 있으며 하나님의 자녀들에게 있기 때문이다.

예수님이 십자가에 매달리셨다. 힘없는 죄수의 몸으로 채찍에 맞으시고 십자가에 매달리신다. 손과 발에 못이 박히고 머리에는 가시관을 씌우고 창으로 옆구리를 찔러 물과 피를 쏟아내고 "엘리 엘리 라마 사박다니!"(나의 하나님 나의 하나님 어찌하여 나를 버리셨나이까)라고 외치셨다. 힘없이 죽어 실패하는 자처럼 보였다.

그러나 그의 몸에서 뚝뚝 떨어지는 피가 사탄의 머리를 부수어 박살 내었다. 승리를 우리에게 안겨주셨고, 지옥의 문을 해결하셨다. 감옥에 갇힌 죄인들을 놓아주셨다. "진리를 알지니 진리가 너희를 자유롭게 하리라"(요 8:32)라는 말씀대로, 예수 그리스도를 고백하고 예수님의 십자가 죽음이 내 죄를 해결했다고 믿으면 자유가 선포된다. 마귀의 종이 되고 죄악의 감옥에 갇혀 살던 인간의 숙제가 한순간에 해결된다.

"마귀의 포로가 된 저 사람에게 자유를 선포하노라. 죄의 감옥에 갇혀 사는 저 사람을 풀어놓아 다니게 하라. 자유롭게 하라!"

많은 현대인이 돈의 노예가 되어서 살아간다. 복음적인 부자, 복음적인 무소유자가 되어야 그리스도인이다. 가질 만큼 가졌는데 "돈돈돈!" 하며 돈의 욕망에 사로잡힌 노예로 살아간다. 심지어 아무것도 가진 것이 없는데 온갖 관심과 가치판단이 돈이 되어 돈 욕심의 노예로 살아간다.

어떤 이는 하루종일 일하고 돌아오는 남편의 콧구멍이 500원짜리 동전으로 보이더란다. 옆에서 보니 잘생긴 귀가 노란 신사임당으로 보이더란다. 인간의 욕망이 이렇게 무서운 것이다.

상처로 분노의 노예가 되어 살아가는 사람들이 얼마나 많은가? 뭔가에 중독되어서 끊어내지 못하고 중독의 감옥에 갇혀 살아가는 사람들이 얼마나 많은가? 부정의 영에 사로잡혀서 보는 것과 판단하는 것이 다 부정적이다. 이념의 종이 되어 통전적인 시각을 잃어버린 확증편향의 노예들이 이 땅에 얼마나 많은가. 말하는 것도 부정적인 언어에 불평, 원망, 비난, 비판밖에 할 줄을 모른다. 세상에 아무도 마음에 드는 사람이 없다고 한다. 정신 차려라. 그런 사람을 누가 좋아하는가.

심지어 마약의 종이 된 사람들도 점점 늘어나고 있다. 브라질에서 출발하여 돌고 돌아서 우리나라 항구에 온 배의 밑바닥을 점검하다 보니 가마니떼기만 한 시커먼 자루 3개가 나왔다. 그걸 끌어올려서 보니 3,500억 원어치 마약이었다. 한 번에 300만 명 이상 투약할 수 있는 마약을 숨겨오다 발각된 것이다. 마약이 우리 집 가까이 와 있다. 우리 아이들 코앞에 와 있다.

나를 가두고 있는 영적 권세들이 하나님 외에 무엇이 있는가? 나를 아프게 하고 내 앞에 똬리를 틀고 있는 상한 마음의 울타리들, 상한 마음의 가시덤불이 무엇인가? 용서가 안 되는 것은 무엇이며 분단은 무엇이며 미움은 무엇인가?

이 시간에 병든 몸, 깨어진 관계, 세상의 실패, 모두 십자가 밑에 풀어 놓으시길 바란다. 십자가 앞에 내려놓으시길 바란다. 묶여 있는 당신 자신에게 자유를 선포하시길 바란다.

"미움으로부터 너를 놓아주노라. 유혹으로부터 너를 놓아주노라. 상처로부터 자유할지어다."

그때 하나님께서 당신에게 모든 것으로부터 자유로울 희년을 선포해주신다.

"여호와의 은혜의 해와 우리 하나님의 보복의 날을 선포하노라"(사 61:2).

나는 용서하고 원수는 하나님이 갚으신다는 것이다. 나는 내 속에 있는 상처를 주님 앞에 쏟은 것뿐인데 그 자리에 하나님의 나라가 이루어진다. "하나님 아파요. 실패했어요. 내 힘으로 안 돼요" 그랬는데 하나님이 능력으로 나와 함께하신다.

다른 이의 상처를 치유하는 왕

상처 입은 치유자! 이 말이 도대체 무슨 뜻일까? 내 죄가 해결되고 내 상처가 치유되고 내가 자유를 얻는 데서 끝나면 안 된다. 남의 발을 씻겨야 한다. 남의 상처를 치유하는 왕의 권세가 내게 있다. 자기 자신의 존재 가치를 높게 설정하라는 것이다. 상처 입은 사람을 찾아가고 공동체 안의 불쌍한 지체들을 치유하기 시작하는 것이다.

내 아픔만 생각하면 나는 아직도 상처에 갇혀 있는 노예다. 이웃을 섬기고 치유하다 보면 내 상처는 간 곳이 없어진다. 어느덧 나는 성령의 기름 부음을 받은 선지자가 되어 있다. 내가 가는 곳에서 상처가 물러가고 귀신이 두려워 떨며 도망간다. 제사장이 되어 있다. 나는 왕적인 권세를 행하며 살아가게 되는 것이다.

'모든 성도는 사역자다. 모든 성도는 소그룹의 목자가 되어라.'

이것이 내가 섬기는 교회의 비전이다.

고칠 수 있는 상처를 안고 살아가는 모든 것이 치유되기를 바란다. 고칠 수 없는 것들이 있으면 그대로 안고 살아가라. 그 안에 하나님의 뜻이 있다. 장애 안에 갇혀 있는가? 그 안에 신비가 있다. 하나님께서 그것을 통하여, 고칠 수 없는 약점을 통하여 당신을 성숙한 하나님의 제자로 삼아 가신다.

신학자 라인홀트 니버(Reinhold Niebuhr)는 이런 기도를 드렸다.

"하나님, 내가 고칠 수 있는 것은 고칠 수 있는 용기를 주시고 내가 고칠 수 없는 것은 담대히 받아들일 수 있는 평온함을 주시고 내가 고칠 수 있는 것과 고칠 수 없는 것을 분별할 수 있는 지혜를 내게 주시옵소서."

학창 시절 필독서 가운데 《사선을 넘어서》라는 책이 있었다. 일본의 성자요 빈민의 아버지라 불리는 가가와 도요히코(賀川豊彦)의 책이다. 그는 태어나고 보니 엄마가 기생이고 누군가의 첩이었다. 어린아이가 본처의 가족으로부터 구박, 멸시와 천대를 받으며 자랐다.

그의 나이 4세 때 못난 아버지가 세상을 떠나고 그 이듬해에는 어머니마저 세상을 떠났다. 설상가상으로 그는 자라며 폐결핵에 걸리고 안질, 간 질환, 심장병 등 크고 작은 아픔에 시달렸다. 쌓인 거절감, 삶의 회의, 우울증을 이기지 못해 몇 번이고 자살을 생각하기까지 했다.

양지바른 곳에 혼자 웅크리고 앉아 있는데 선교사님과 전도자들이 "하나님은 당신을 사랑하십니다"라고 외치며 지나갔다. 가가와는 그 말에 자리를 박차고 일어나 "하나님은 기생의 자식도 사랑하시나요? 병들어 죽을 몸도 사랑하시나요?"라고 물었다. 그리고 그들을 따라나서서 복음을 듣고 선교사님에게 영어를 배웠다.

21세 때는 병약하여 죽는 줄 알고 임종 예배를 드렸던 그였지만, 자신이 예수님과 함께 십자가에 매달리는 꿈을 꾸고 치유의 기적을 경험한 후 상처 입은 자에서 상처를 고침 받은 자가 되어, 병든 일본 사회와 상처 입은 자들을 치유하는 삶을 살아간다. 많은 책을 쓴 기독교 저술가이자 빈민의 아버지로, 성자로 불리며 칠십이 훌쩍 넘기까지 '상처 입은 치유자'로 산 대표적인 인물이다.

내 어머니는 평생 상처 입은 치유자로 사셨다. 한소망교회 초기 유치부가 생기던 날부터 당신이 몸져누우실 때까지 영유아유치부

교사를 하셨다. 성경을 가르치는 교사가 아니라 우는 아이를 업어 주는 교사다. 허리를 수술해야 한다는데도 자꾸만 아이를 업고 다니셨다.

"엄마, 다리도 불편하고 허리도 불편하시면서 왜 자꾸 아이를 업고 다니세요. 이제 우리 교회도 이만큼 커졌어요. 이제는 교사 내려놓으세요."

그때 우리 어머니 하시던 말씀을 평생 잊을 수가 없다.

"밤늦게 공장에서 돌아오면 네가 동생 운다고 달래다 너도 울고 앉았는기라. 너희 형제가 울면 눈물 꾹 참고 엉덩이 한 짝씩 때리고 잠을 재웠지. 울고 있는 애들을 보면 그때 울고 있던 너희가 생각나. 어미가 못나서 어린 자식들 평생 울리고 살았던 죄값 갚느라고, 죄값 갚느라고…. 내 뒤에 있는 아이는 유치부 아이가 아니고 너희들이란다."

내 어머니는 아픈 허리로도 우는 아이 업어주던, 나를 업어주던 사랑으로 평생을 사셨다. 상처 입은 치유자의 아름다움이 여기에 있는 것이다.

13
상처 입은 치유자

사무엘상 22장 1-5절

1 그러므로 다윗이 그곳을 떠나 아둘람 굴로 도망하매 그의 형제와 아버지의 온 집이 듣고 그리로 내려가서 그에게 이르렀고 2 환난당한 모든 자와 빚진 모든 자와 마음이 원통한 자가 다 그에게로 모였고 그는 그들의 우두머리가 되었는데 그와 함께 한 자가 사백 명가량이었더라 3 다윗이 거기서 모압 미스베로 가서 모압 왕에게 이르되 하나님이 나를 위하여 어떻게 하실지를 내가 알기까지 나의 부모가 나와서 당신들과 함께 있게 하기를 청하나이다 하고 4 부모를 인도하여 모압 왕 앞에 나아갔더니 그들은 다윗이 요새에 있을 동안에 모압 왕과 함께 있었더라 5 선지자 갓이 다윗에게 이르되 너는 이 요새에 있지 말고 떠나 유다 땅으로 들어가라 다윗이 떠나 헤렛 수풀에 이르니라

아둘람 굴에 모인 사람들

심리학 용어 가운데 '샤덴프로이데'(Schadensfreude)라는 독일어가 있다. '샤덴'(불행, 손해)과 '프로이데'(기쁨)이라는 말이 합쳐진 단어로, 타인의 불행, 타인의 손해를 기뻐하는 심리를 말한다. 타인의 불행을 나의 행복으로 느끼는 심술궂은 마음이다.

이런 심보는 타인이 잘될 때 배 아파할 것이다. "사촌이 땅을 사면 배가 아프다"라는 속담이 바로 샤덴프로이데를 보여준다. 원수 같은 사람이 곤경에 처하면 콧구멍에서 콧물이 나오는 게 아니라 참기름이 줄줄 나온단다. 하도 고소해서.

반대로, 다른 사람의 기쁨을 나도 기뻐해주고 다른 사람의 아픔을 나도 아파해주는 마음이 있다. 이때는 기쁨이라는 말을 두 번 반복해서 기쁨을 기뻐한다. 프로이덴프로이데(Freudenfreude), 다른 사람의 기쁨을 내가 더 기뻐해 준다는 뜻이다.

다윗이 블레셋의 거인 장수 골리앗을 무찌른 후 세간에 유행하던 노래가 있었다. "사울이 죽인 자는 천천이요 다윗은 만만"(삼상 18:7)이라는 노래다. 사울의 영양가가 1천 곱하기 1천은 1백만 원쯤 된다면 다윗의 영양가는 1만 곱하기 1만은 1억 정도 된다는 노래다. 돈으로 계산해 보니 느낌이 확 오지 않는가?

이 노래는 여인들 사이에 불리던 일종의 유행가였다. 여인들이 부르는 이 노래 가사에 왕은 상처를 받는다. 사촌이 땅을 사서 내 배가 아픈 샤덴프로이데가 작동된 것이다. 사울은 인생의 모든 자원, 적들과 싸워야 할 군사력, 왕이 가진 모든 권력을 총동원하여 다윗을 쫓아다니는 데 낭비한다. 결국 망하는 건 사울 자신이었다.

어떤 권사님은 〈백만 송이 장미〉라는 트로트 가요를 듣다가 상처를 받았단다. 누구는 백만 송이 꽃을 피우는 사랑을 하는데, 자기 남편은 생일, 결혼기념일이 돼도 장미 한 송이 안 사 왔다고.

'샤덴프로이데'를 대표하는 인물이 사울이었다면 '프로이덴프로이데'를 대표하는 인물로 본문은 다윗을 소개하고 있다. "다윗은 만만"이라는 말은 국가적 만만의 위기에서 나라를 구했다는 칭송이다. 엄청난 성공의 기로를 달리던 어느 날 다윗은 인생의 가장 큰 위기에 부딪힌다. 임금의 샤덴프로이데를 만난 것이다. 이스라엘의 제2인자가 장인 사울의 질투로 하루아침에 반역자의 나락으로 떨어진다.

다윗은 시편 23편에서 이때 당시 자신의 상황이 사망의 음침한 골짜기에 빠졌다고 고백한다. 밤이면 깊은 동굴에 숨어 추위에 떨었고 끼니마다 고픈 배를 움켜쥐고 헤매야 했다. 목숨을 구걸하기 위해서 수염에 침을 질질 흘리며 미친 체하기도 했다. 영웅의 흔적이라고는 찾아볼 수 없는 초라한 신세가 되었다.

본문 앞장인 사무엘상 21장에서는 다윗이 두려워했다는 말이 반복적으로 등장한다. "다윗이 사울을 두려워하여"(10절)와 "가드 왕 아기스를 심히 두려워하여"(12절)다.

그리고 22장의 문이 열리면 "다윗이 그곳을 떠나"라는 말로 시작한다. 이 말은 단순히 지리적 상황을 떠났다는 말만은 아니다. 잘못된 삶의 자세를 떠났고, 자신이 부딪힌 위기를 잘못 해석했던 그 영적인 상태를 떠났다는 말이다. 죽음의 공포와 두려운 마음을 떠났다. 위축될 대로 위축된 초라한 자아를 떠났다.

위기 속에서 하나님에 대한 믿음을 잃어버린 어리석은 자리! 그곳을 떠나 어디로 가는가? "아둘람" 동굴로 들어간다. '아둘람'은 '피난처'라는 뜻이다. 아둘람 동굴로 들어갔다는 얘기는 피난처로 들어갔다는 것이고, 그 말은 피난처 되신 하나님의 품으로 달려 들어갔다는 뜻이다.

아둘람으로 들어가는 그날부터 다윗은 그 자신이 상처 입은 자들의 아둘람이 된다. 다윗이 피난처 되신 하나님께로 달려 들어가는 그 순간부터 자기 자신이 사회적인 약자들의 피난처가 되었다는 의미다.

아둘람 동굴로 몰려든 사람들의 면면이 흥미롭다. 소식을 듣고 제일 먼저 찾아온 사람은 막내 다윗의 일로 생명의 위협을 느끼고 살던 부모 형제자매였다. 그리고 사울의 학정으로 인해 정치적 고통을 받던 사람들, 즉 "환난당한 모든 자"가 찾아왔다. 정치인들이 싸우면 고통은 고스란히 국민이 받는다. 또한 잘못된 경제 정책과 구조적인 모순에 고리대금업자들까지 기승을 부리니 진 빚을 갚을 수 없는 "빚진 모든 자"도 찾아왔다. 썩은 재판, 가진 자들의 억압으로 상처받고 마음에 한을 품고 살던 "원통한 자"들도 몰려왔다.

> 환난당한 모든 자와 빚진 모든 자와 마음이 원통한 자가 다 그에게로 모였고 그는 그들의 우두머리가 되었는데 그와 함께 한 자가 사백 명가량이었더라 삼상 22:2

아둘람 동굴로 몰려든 사람들은 다윗 왕국을 세울 만한 힘 있는 장수들이 아니었다. 머리 맞대고 미래를 함께 의논할 수 있는 대학자들이 아니었다. 왕국이 세워지는 과정에서 뒷바라지할 수 있는 부자들도 아니었다. 당시 사회적인 약자, 상처 입은 영혼이 400여 명이나 몰려왔다. 이들을 통하여 다윗은 깨닫는다. 자신이 왕이 되었을 때 어떤 왕이 되어야 하는지, 무슨 일을 해야 하는지를. 무너지고 상처 입은 이 시대, 이 백성들을 치료하는 상처 입은 치유자가 되기로 결심한 것이다.

이때 지은 시가 시편 57편이다. 표제가 "다윗이 사울을 피하여 굴에 있던 때"다. "하나님! 제가 이제 갈등을 멈춥니다. 내 마음이 확정되고 확정되었습니다. 상처 입은 치유자가 되어서 이 세상을 고치면서 살겠습니다"라는 고백이다.

복음적 상처론

사람은 본디 오장육부인데 놀부는 심술보가 하나 떡하니 붙어서 오장칠부가 되었다고 한다. 놀부는 남의 불행이 나의 행복이요 사촌이 땅을 사면 내 배가 아프다. 불난 집에 부채질하고, 호박에다 말뚝 박고, 똥 누는 놈 주저앉힌다. 에덴동산에서 쫓겨난 모든 인간의 심보는 놀부 같은 샤덴프로이데가 되었다. 상처 잘 받는 체질이 되었고, 내가 다른 사람에게 상처 준다는 사실도 알지 못하고 매일 다른 사람들에게 상처를 준다.

상처는 가까운 데서 온다. 소중한 사람과 사랑하며 살아야 하는데 상처를 주고받는다. 왜 가까운 사람에게서 상처가 올까? 그것이 축복의 통로를 막는 지름길임을 사탄이 잘 알기 때문이다. 가까운 사람에게 받은 상처가 제일 아프고 오래가는 법이다.

가장 가까운 존재가 누구일까? 내가 나에게 상처를 받는다. 하잘것없는 실수, 약점을 평생 기억하고 '나는 이것밖에 안 돼. 나는 희망이 없어. 나는 비참한 존재야' 하며 스스로 자신을 조롱하게 되는 것이다.

축복의 통로인 부모로부터도 상처를 받고, 행복의 공동체인 부부간에도 상처를 주고받는다. 설날 시댁에 모였는데 가난한 집에서 시집온 막내며느리의 상처, 처가에 모였는데 차별대우 받은 셋째 사위의 상처가 있다.

그뿐이 아니다. 늙어가면서 자식에게 받는 상처는 서럽단다. 눈에 넣어도 안 아픈 손주에게도 상처를 받는단다. 팔다리에 관절염이 생기도록 업고 키웠는데 고학년이 되면서 할머니를 데면데면하게 대한다.

직장에서 받은 상처는 어떠한가? 상사에게 받은 상처가 깊고 깊어져서 월요일 출근길이 지옥길이 된다. 어떤 집사님이 남편 옷을 세탁하려고 안주머니를 뒤졌더니 사직서가 나와 눈물이 핑 돌았다고 한다. 그 상처들 고침 받고 구원 얻기 위해서 우리는 교회로 온다. 그렇다고 교회는 상처가 없던가? 사람들 모이는 곳에는 어디 가든 상처가 있다.

어떻게 샤덴프로이데가 아니라 프로이덴프로이데로 살아갈 수 있을까? 상처 없는 사람도 없지만 고칠 수 없는 상처도 없다. 문제없는 공동체도 없지만 고칠 수 없는 문제도 없다. 고칠 수 있는 게 있고 고칠 수 없는 게 있다. 내가 다른 사람을 고칠 수 없고 세상을 바꿀 수도 없다. 원칙이 있다. 내가 바뀌면 세상이 바뀐다. 남편의 구박에 바뀐 아내 없고, 아내의 잔소리에 바뀐 남편도 없다. 자식의 불평에 바뀐 부모 없고, 부모의 꾸중에 바뀐 자식도 없다. 고치고 바꿀 수 있는 건 나 자신밖에 없다.

아내가 무릎이 아파서 휠체어 타고 다닐 때였다. 2, 3일 신경을 못 썼더니 음식 쓰레기가 꽤 많이 나와서 내가 음식 쓰레기를 버리러 갔다. 잘 싸도 냄새가 나서 엘리베이터를 타고 내려가는 동안 동네 사람 탈까 봐 얼마나 조마조마하던지.

우리는 마음속에 쓰레기를 안고 살아간다. 사흘만 안고 사는가? 석 달, 3년, 결혼 초기에 배우자에게 받았던 상처를 30년 동안 끌어

안고 살아간다. 그러니 독한 악취가 속에 가득한 것이다. 든 것이 상처밖에 없으니 입을 벌리면 상처와 악취가 쏟아져 나온다.

곁에 있는 그 사람, 내 남편, 내 아내, 내 자식, 내 부모, 내 형제자매는 내 쓰레기를 쏟아붓는 쓰레기통이 아니다. 이 소중한 사람에게 내 상처를 쏟아내려고 하지 말라. '이 사람은 쓰레기통이 아니다'라는 것을 기억하며 살아가야 한다.

쓰레기를 가지고 갈 곳은 한 곳밖에 없다. 쓰레기를 받아서 해결해주시는 분이 한 분뿐이기 때문이다. 예수님이 십자가 위에서 내 죄짐을 해결하셨다. 내 인생의 상처를 해결하셨다.

기억하라. 주께서 채찍에 맞으심으로 당신의 영적 상처, 마음의 상처, 육체적인 상처, 관계의 상처, 인생의 상처가 다 해결되었다. 쏟아놓으면 주님은 마다하지 않고 받으셔서 동이 서에서 먼 것같이 옮겨주신다. 주님 앞에 나아가면 온갖 상처를 해결해주시는 것이다.

"너의 실수, 약점, 상처, 내가 기억하지 아니하리라. 네가 당해야 할 부끄러움, 뺨 맞고 수염이 뽑히고, 발가벗김을 당하는 것, 내가 다 감당했다."

상처 입은 치유자 다윗

다윗이 받은 상처가 장인 사울 왕에게 받은 것뿐일까? 사실 다윗은 성경에서 이스라엘 백성에게 가장 존경받는 인물 중 하나다. 신구약성경에서 가장 빛나는 인물 한 사람을 선택하라면 아마 다윗을 선택할 수 있을 것이다. 다윗의 이름이 신구약성경에 900번 정도 등장한다. 예수님 이름보다도 더 많이 등장하는 이름이다.

신약성경을 펼치면 "아브라함과 다윗의 자손 예수 그리스도의 계보라"라는 말로 시작한다(마 1:1). 그 계보 안에 등장하는 인물들은 하나같이 약자다. 상처 많고 허물 많은 사람이다. 야곱 같은 인물, 시아버지에게서 자식을 낳은 다말, 기생 라합, 이방 여인 룻이 그러하다. 거기 등장하는 왕 중 상당수가 악한 왕이다.

우리는 다윗이 위대한 인물이라는 선입견을 품고 '다윗만큼은 이 약점 계열과는 상관이 없는 인물이겠지'라고 생각한다. 과연 그럴까? 아니다. 누구보다 다윗은 상처 가운데 태어나 수많은 상처 속에서 살아왔다.

사울을 폐하기로 작정하신 하나님은 사무엘에게 이새의 아들 중에서 하나님이 선택한 인물을 찾아 왕으로 기름 붓도록 명령하셨다. 사무엘 선지자 앞에 일곱 아들이 도열했다. 첫째 아들 엘리압이 등장한다. 보니까 키가 크고 잘생겼다. '그래, 맏아들이 임금인가 보다' 하고 기름을 부으려고 하는데 하나님의 음성이 들린다.

"사무엘아, 그 용모와 신장을 보지 말아라."

그렇게 해서 일곱 아들이 다 지나갔으나 택함 받은 사람이 없었다. 사무엘이 너희 집에 이 일곱 아들이 전부냐고 물으니 그때 아버지 이새가 하는 말 좀 들어보라.

"아직 막내가 남았는데 그는 양을 지키나이다"(삼상 16:11).

이 장면에 아들이란 말이 없다. 다윗이 왕으로 선택되어 기름 부음을 받는 이때의 일이 사무엘상 16장 1절부터 13절까지 기록되어 있는데 1절부터 12절까지 다윗이란 이름이 한 번도 등장하지 않는다. "막내", "그"뿐이다. 그냥 아무개, 거시기다. 다윗이란 존재가 이 집안에서 이런 대접을 받고 살았다는 얘기다.

더 이상한 게 있다. 왕으로 기름 부음을 받았다면 부모 형제들이 두렵고 떨림으로 정중히 대해야 하지 않겠는가? 그다음 사무엘상 17장에서는 아버지 이새가 다윗을 전쟁터에 나간 세 명의 형에게 심부름 보낸다. 전쟁터에 나간 것은 첫째, 둘째, 셋째 아들이고 다윗은 여덟째 막내다. 넷째부터 일곱째까지는 어디 가서 뭐하는지 막내를 전쟁터로 심부름 보낸다.

게다가 아버지 이새는 다윗을 전혀 신뢰하지 않는다. 네가 어디 딴 데로 새지 않았는지, 형님들을 잘 만나고 왔는지 증표를 가져오라고 한다(삼상 17:18). 막내를 전쟁터에 보내면서 "애야, 몸조심해라!" 안쓰러워하는 게 당연하지 않은가? "증표를 가지고 와!" 이게 말이 되는가?

정상적인 형이라면 전쟁터에 나타난 어린 막내를 보고 "다윗, 이곳은 위험해, 빨리 집으로 돌아가라. 아버지 걱정하신다"라고 해야 한다. 그런데 형은 양치기가 양은 어쩌고 건방진 호기심을 가지고 전쟁터에 나타났냐고 막말을 퍼붓는다. 다윗은 집안에서 궂은일이나 도맡아 하는 심부름꾼 정도로 취급받는다. 시편에는 다윗이 자신의 서러움과 울분을 하나님께만 토하는 장면이 수없이 나온다.

"내 부모는 나를 버렸으나 여호와는 나를 영접하시리이다"(시

27:10).

"내가 나의 형제에게는 객이 되고 나의 어머니의 자녀에게는 낯선 사람이 되었나이다"(시 69:8).

"내가 죄악 중에서 출생하였음이여 어머니가 죄 중에서 나를 잉태하였나이다"(시 51:5).

비정상적인 관계 속에서 태어났음을 고백한다.

다윗이 정식으로 왕위에 올랐다. 그러면 신체조건이 좋았던 형님들이 국무총리, 국방부 장관, 참모총장, 야전사령관이 될 법하지 않은가? 그런데 다윗이 왕이 되는 그 순간부터 그의 모든 이야기가 끝날 때까지 일곱 형의 이름이 등장하지 않는다. 그 대신 누나의 자식들 즉, 조카들이 사령관으로 등장한다. 아비새, 요압, 아사헬 모두 누나 스루야와 아비가일(아비갈)의 아들이다.

놀라운 사실이 있다. 사무엘하 17장 25절을 보면 두 누나의 아버지는 다윗이나 일곱 형의 아버지 이새가 아니다. "나하스"로 나온다. 히브리 전승과 탈무드에서는 나하스는 니체벳(Nitzevet)과의 사이에 두 딸 스루야와 아비가일을 낳고 죽었고, 니체벳은 기업 무를 자를 찾아 이새와 재혼했다고 한다(성경적 근거는 충분하지만, 성경적 정설은 아니다).

다윗은 태어나면서부터 이새 가문의 정상적인 아들로 인정받지 못한 것 같다. 출생의 상처 속에서 따돌림당하여 서러움 속에서 자랐다. 아버지를 아버지라 부르지 못하는 홍길동이요 임꺽정이었던 것 같다.

다윗은 사울을 피하여 도망 다니다 아둘람 굴에서 피난처 하나님을 경험한다. 하나님의 따뜻한 품을 경험하고 자신이 왕 된 사명을 새롭게 한다. 시편을 읽어보면 이곳에서 성령의 강력한 임재를 경험하게 된다.

그는 모질고 아픈 상처 속에서 자라 지금 억울한 도망자가 되어서 살지만 그 상처에 파묻혀 살지 않기로 결단한다. '나는 이 백성의 피난처가 되리라. 내가 받은 상처가 끝이 없지만 상처에 갇혀서 살지 아니하리라. 불행한 환경 속에서 자랐지만, 이 불행이 결코 나를 불행하게 만들지 못하게 하리라!'

다윗은 상처보다 크신 하나님을 만났다. 그러고 나서 자신이 치유하고 회복해야 할 이스라엘 백성, 그에게 몰려든 상처 입은 영혼 400명과 함께 다윗 왕국의 기초가 되는 공동체를 건설하기 시작하는 것이다.

'불행한 환경이 내 인생을 불행하게 할 수가 없다. 내가 받은 차별 대우가 이 백성을 연약한 공동체로 건설하지는 않을 것이다.'

우리의 불행한 과거, 오늘의 한 많은 약점과 상처가 하나님의 은혜를 이길 수는 없다. 상처 입은 치유자의 사명은 다윗에게만 있는 것이 아니다. 이 시대를 살아가는 하나님의 자녀들, 은혜받은 사람들, 사명 가진 사람들, 하나님나라 백성이 가야 할 길이 있다면 상처에 갇혀 살지 않는, 상처 때문에 불행하지 않은 상처 입은 치유자의 길인 것이다.

상처 입은 치유자의 노래

평생 찬양으로 하나님을 섬기며 살고 싶은 20대 중반의 청년이 찬양 사역자로 살던 어느 날 피곤하여 병원에 갔다가 만성 골수암 진단을 받았다. 항암치료로 고통스러운 시간을 보낼 때 위로와 사랑으로 다가온 사람이 있었다. 그의 프러포즈에 안 된다고 손을 내젓다가 그 사랑이 귀하여 그 사람과 결혼한다.

그 사람이 고마워 '이 사람의 아이를 낳아야지' 하는 생각이 들었다. 항암치료를 중단하고 아이를 가졌는데, 이 아이를 낳을 때까지 하루하루 살아간다는 게 버겁기만 했다. 뱃속에 생명의 신비를 느끼며 '이 아이가 태어날 때까지 나의 호흡이 살아 있을까?'라는 생각이 들었다. 그래서 노래하기 시작한다.

"호흡마저도 다 주의 것이니"

어떤 호흡인가? 이 아이를 낳고 죽을지도 모르는 호흡이다.

배가 불러올수록 힘겹기만 하다. 암과 싸우며 지쳐가는 자신을 본다. 그래서 또 노래를 만든다.

"작은 고난에 지쳐도 주께 묶인 나의 모든 삶 버티고 견디게 하시네"

작은 고난이 무엇인가? 골수암이다.

문득문득 살아갈 자신감이 뚝뚝 떨어지는 자기의 모습을 보며 다시 노래를 만들어 부른다.

"은혜 아니면 살아갈 수가 없네"

그리고 '은혜 아니면 살아갈 수가 없어요. 하나님, 하나님, 나를 사랑해 주세요.' 울며 기도하고 매달린다. 제발 이 아이를 낳을 때까지만이라도 내 목숨을 살려달라고 울부짖는다. 하나님의 만지시는 손길을 느낀다.

"주 나의 모습 보네. 상한 나의 맘 보시네"

아이가 태어났는데 너무 고맙고 신비했다. 그런데 아뿔사! 아이의 귀가 들리지 않는단다. 어쩌면 말을 못 할 수도 있단다. 이 절체절명의 위기 앞에 선 그녀에게 〈마커스〉에서 찬양 인도를 해달라고 부탁한다.

자기 병과 싸우기도 버겁기만 하다. 아이를 돌보는 것 하나도 내 힘을 벗어나는 일이었다. 거기다가 찬양 사역까지? 그러나 얼마나 기다렸던 일인가. 평생 그 자리에 서게 해달라고 기도했다면 내 몸의 상태와 상관없이 서는 게 옳다고 판단하고 마이크를 잡는다. 이때 부른 노래들이 있다.

"고단한 인생길 힘겨운 오늘도 예수 내 맘 아시네"

암이 낫고 고통이 사라진 것은 아니지만 그녀는 안다.

"이 또한 지나가리라"

하나님 안에서 오늘 죽어도 좋다. 하나님 앞에 결단하고 주어진 사명의 길을 뚜벅뚜벅 걸어간다.

"살아가는 이 모든 순간이 주 은혜임을 나는 믿네"

자신의 모진 상처를 찬양으로 이겨내고 뼈를 갈고 피를 붓고 고통의 눈물을 쏟아 찬양을 한 곡 한 곡 만들어 불렀다.

코로나19 팬데믹으로 고통당하는 한국 교회, 위기 속에 빠진 이 시대, 버거운 하루하루를 살아가는 사회적인 약자들이 이 노래를 부르고 얼마나 커다란 위로를 얻었는가? 이 노래를 부르는 사람마다 치유의 능력을 경험했다. 상처 입은 치유자, 소진영 찬양 사역자의 이야기다.

상처 타령 그만하자. 악취 그만 풍기고 살자. 다윗의 아둘람 공동체 이야기는 우리에게 묻는다.

"너는 무엇으로 네가 속한 공동체를 치유하며 살겠느냐? 너는 네게 맡겨진 이 세상의 약자들, 상처 입은 영혼들을 무엇으로 어떻게 치료하며 살겠느냐? 이 땅에 그리스도인으로 살아가면서 너는 무엇으로 어떻게 세상을 치유하며 살겠느냐?"

14
성령의 은사

고린도전서 12장 3-11절

3 그러므로 내가 너희에게 알리노니 하나님의 영으로 말하는 자는 누구든지 예수를 저주할 자라 하지 아니하고 또 성령으로 아니하고는 누구든지 예수를 주시라 할 수 없느니라 4 은사는 여러 가지나 성령은 같고 5 직분은 여러 가지나 주는 같으며 6 또 사역은 여러 가지나 모든 것을 모든 사람 가운데서 이루시는 하나님은 같으니 7 각 사람에게 성령을 나타내심은 유익하게 하려 하심이라 8 어떤 사람에게는 성령으로 말미암아 지혜의 말씀을, 어떤 사람에게는 같은 성령을 따라 지식의 말씀을, 9 다른 사람에게는 같은 성령으로 믿음을, 어떤 사람에게는 한 성령으로 병 고치는 은사를, 10 어떤 사람에게는 능력 행함을, 어떤 사람에게는 예언함을, 어떤 사람에게는 영들 분별함을, 다른 사람에게는 각종 방언 말함을, 어떤 사람에게는 방언들 통역함을 주시나니 11 이 모든 일은 같은 한 성령이 행하사 그의 뜻대로 각 사람에게 나누어 주시는 것이니라

은사로 서로 섬기며 유익을 맛보라

고양이에게 쫓기던 쥐가 쥐구멍으로 도망쳤다. 그런데 고양이는 돌아가지 않고 쥐가 나오기를 기다리고 있다. 그래서 쥐가 큰 소리로 "멍멍! 멍멍!" 짖었다. '찍찍'이 아니라 '멍멍'이다. 그 소리에 고양이가 깜짝 놀라 도망갔다. 친구 쥐들이 너무나 신기해서 "너 지금 무슨 소리를 낸 거야?" 하고 묻자 그 쥐가 대답했다.

"응, 방언기도 한 거야!"

이 세상을 살아가는 동안 악한 영의 공격을 받을 때가 있다. 인생의 위기를 만나기도 하고, 기도조차 할 수 없는 암담한 상황에 놓일 때가 있다. 이때 방언의 은사를 받은 사람들은 방언으로 기도하여 악한 공격을 이겨내고 위기 상황을 떨쳐내고 자리를 박차고 벌떡 일어나는 경우를 자주 보곤 한다.

'성령의 은사'라는 말에 교회 안에서 광신도 혹은 신비주의자들을 떠올리는 사람이 있다. "개도 방언을 한다"라고 하던 어느 기도원이 생각나기도 한다. 이 세상에 성령의 은사 총판을 차려놓고 은사를 나눠줄 수 있는 사람은 아무도 없다.

어떤 사람들은 "우리가 지금은 거울로 보는 것같이 희미하나 그 때에는 얼굴과 얼굴을 대하여 볼 것이요 지금은 내가 부분적으로 아나 그때에는 주께서 나를 아신 것같이 내가 온전히 알리라"(고전 13:12)라는 말씀을 들어, 신구약성경 66권이 완성된 다음에는 고린도전서에서 말하는 성령의 은사가 사라졌다고 주장한다. 소위 '은사 중단주의' 사상이다. 그래서 성령의 은사를 말하는 사람들이나 교파를 이단시하기까지 한다.

진보적인 신학 쪽에서는 은사를 사모하는 사람들을 시대 감각도 없고 사회의식도 없는 개인 체험주의자로 치부하기도 하고, 어떤 사람들은 방언하지 못하는 사람을 성령 받지 못한 사람으로 취급하고 무시하기도 한다. 심지어 성령의 은사를 모르는 사람의 구원을 의심하기까지 한다. 이 모두 극단적인 생각이다.

신앙생활에서 가장 중요한 것은 구원의 확신이다. 성령이 아니고서는 예수님을 주님이라 부를 수 없다(고전 12:3). 구원의 확신이다. 구원받은 그다음은 '어떻게 신앙을 이어갈 것인가?', '어떻게 이웃과 교회를 섬기며 살 것인가?', '어떻게 이 험한 세상의 악한 공격을 물리치고 살 것인가?'의 문제다.

'은사'라는 말을 신비하게 생각하지만, 영어로는 'gift'(선물)다. 하나님이 은혜로, 거저 주시는 선물이라는 뜻이다. 은사가 구원과 관계되는 것은 아니지만, 건물을 짓는 데 다양한 기술자와 건설 장비가 필요하듯 교회에도 다양한 은사와 은사를 가지고 섬기는 분들이 필요하다.

가시를 밟아 왼쪽 발바닥에 가시가 박히면 어떻게 되는가? 발바닥에서 가장 멀리 떨어진 입이 "아야!" 하며 소리를 지른다. 일단 엉덩이가 땅바닥에 털썩 주저앉는다. 왼손이 왼발바닥을 잡고 뒤집으면 눈은 바쁘게 움직이며 가시를 찾는다. "가시 발견!" 뇌로 신호를 보내면 오른손이 달려들어 가시를 뽑아 버린다. 놀고 있던 오른발이 버려진 가시를 질끈 밟는다. 이것을 '유기체'(많은 부분이 일정한 목적 아래 통일·조직되어 그 각 부분과 전체가 필연적 관계를 가지는 조직체)다.

은사로 서로 돕는 것이다. 서로 지체(肢體, 팔다리와 몸)라는 것이다. 내가 만든 얘기가 아니다. 고린도전서 12장은 유기체가 서로 어떻게 협력하는가를 말씀한다. 발바닥 가시 이야기는 이것을 어린아이도 알아듣게끔 구연한 것뿐이다.

은사를 모르고 신앙생활을 하겠다는 것은 군인이 무기도 없이 전쟁터에 나가겠다는 것과도 같다. 은사를 헬라어로 '카리스마'(χάρισμα)라고 하는데 '카리스'는 은혜, '마'는 선물이라는 말이다. 4절을 원문으로 보면 "은사"가 '은사들'을 가리키는 복수형 '카리스마톤'(χαρισμάτων)으로 되어 있다.

영적 전쟁에서 은사는 전쟁터에 나가는 군인들에게 나눠주는 무기와도 같다. "구원받은 백성들아! 내가 너희에게 은사를 주노니 이 은사를 가지고 영적 전쟁에서 승리하며 살아야 한다. 서로 도와야 한다. 교회를 잘 섬기고 하나님께 영광을 돌리려무나!" 이것이 성령의 은사다.

은사는 우리 신앙생활에 어떤 유익을 줄까? 은사를 경험하는 사람들을 많이 만나 면담했는데 그 가운데 몇 가지 공통점이 있었다.

첫째, 무엇보다 나 자신에게 유익을 준다.

은사를 경험하면 '아, 하나님이 살아계셨어!', '하나님이 나를 구원하셨네', '하나님이 나를 사랑하셔서 구체적으로 내게 역사하고 계시는구나!'라고 느끼며, 은사로 이웃과 교회를 섬기는 가운데 하나님이 나를 쓰시고 나를 통해 역사하시는 것을 깨닫게 되어 신앙적 자존감이 살아난다.

둘째, 은사는 자기 자신뿐 아니라 한 걸음 더 나아가서 교회 공동체에도 유익을 준다. 각자 은사를 받은 대로 서로를 섬기고 교회를 섬길 때 교회가 평안하고 성장하게 된다.

셋째, 은사로 섬길 때 내 삶 속에서, 그리고 교회 안에서 하나님의 뜻이 이루어진다. 은사는 하나님으로부터 온 것인데 나도 유익을 얻고 교회 공동체에 유익을 끼치다 보면 하나님께 영광이 된다.

은사의 주인

'선물'(膳物)의 원래 뜻은 제사상에 올리는 고기를 말한다. '밥상, 식사, 베풀다'의 뜻을 가진 '선'(膳)이라는 글자는 '肉'(고기)과 '善'(좋다)으로 구성되어 '좋은 고기', 즉 '정성스럽게 준비한 음식'을 의미한다. 제사상 고기는 평소엔 쉽게 접하기 어려운 신선한 양질의 고기를 정성껏 준비하여 사용하는 법이다.

옛날 어른들은 농사를 짓다가 귀하고 좋은 것이 나오면 임금님에게 바쳤다. 평생 처음 보는 큰 무를 얻자 이것은 자기가 먹어서는 안 된다고 생각해 임금님에게 가져다 바치고, 호박 농사를 짓다가 쌀가마니만 한 호박이 달리자 임금님에게 바쳤다.

임금님도 종종 충성스러운 신하에게 하사품이라 하여 선물을 내렸다. 태조는 개국 공신들에게 초상화(공신영정)를 선물했고 세조는 신숙주에게 포백(布帛, 옷감과 비단)과 술을 하사했다. 이에 신숙주는 꿇어앉아 두 손으로 받고 "감히 성은을 잊지 않고 더욱 충성하겠다"라며 배례(拜禮)를 올렸다. 이것이 선물을 받은 사람의 자세가 아니겠는가?

사육신(死六臣)의 한 사람인 성삼문이 세조에게 불려갔다. 세조가 "그대는 내가 주는 녹을 먹고 살면서 왜 내게 충성하지 않는가?"라고 묻자 그는 "나는 왕위를 찬탈한 그대를 왕으로 인정하지 않소. 그대가 갖다 놓은 곡식들은 내 손가락 하나 닿지 않고 창고에 버려져 있으니 당장 가져가시오"라고 대답했다. 임금이 준 선물을 거절하는 것은 선물 준 임금을 거절하는 것이다. 그를 인정하지 않는 것이다.

하나님께 은사를 받았을 때 감사하고 충성을 다하여 섬기면 하나님을 나의 왕, 나의 주님으로 모시고 사는 것이다. 은사를 받았는데 이것을 어디 깊이 넣어둔 채 활용하지 않고 섬기지 않는다면 은사를 주신 분에게 불경죄를 범하는 것이다. 은사는 귀한 것이지만 한편 두려운 것이다. 은사를 받았을 때는 거기에 대한 열매가 있어야 한다. 이게 달란트 비유다.

성령의 은사를 많이 받았다는 사람 중에 이 은사를 심부름꾼 정도로 생각하는 사람이 있다. 요술램프 지니처럼 생각하고 "금 나와라 뚝딱! 은 나와라 뚝딱! 병 고쳐져라 뚝딱!" 하는 식으로 도깨비 방망이처럼 생각한다. 은사를 주신 분이 나의 왕이요 내 주님이신 걸 모른다. 자신이 주인인 줄 알고 은사를 종으로, 은사 주신 분을 종으로 착각하고 살아간다.

은사가 성령의 주권 아래 있다는 말은 곧 은사는 하나님의 말씀인 성경의 주권 아래 있다는 말이다. 성령의 은사가 아무리 신통해도 성경에 없는 것은 안 되는 것이다.

성경은 연구하지 않고 말씀을 살피지 않으면서 은사를 달라고 하고 은혜를 달라고 떼만 쓰는 사람이 있다. 한번은 "성경을 연구하고 살피면서 기도하세요"라고 했더니 그 분이 "아이고, 목사님. 저는 덮어놓고 믿어요"라고 대답해서 "안 됩니다. 펼쳐놓고 믿으세요"라고 유머로 대답해주었다. 하나님의 말씀은 펼쳐놓고 살피고 연구하면서 믿어야 한다. 성경이 허락하는 범위 안에서, 성경에 있는 사역을 감당해야 한다.

성령의 은사가 무엇일까? 이 말씀은 기가 막힌 정의를 내린다. 이보다 더 정확한 정의는 없다. "각 사람에게 성령을 나타내심"이다.

> 각 사람에게 성령을 나타내심은 유익하게 하려 하심이라 고전 12:7

성령의 은사가 내게 임했지만, 그 은사 자체가 성령이 나에게 나타나신 모습이다. 곧 성령을 섬기듯이 은사를 가지고 교회를 섬겨야 한다.

내가 원하는 것을 내가 원하는 때에 달라고 떼를 쓰는 것, 그것을 받아서 내 목적을 따라 내가 원하는 방법으로 사용하고 살아가는 것은 교만이다. 성령님은 그분이 원하시는 사람에게 그분이 원하시는 은사를 주셔서 그분의 목적과 그분이 원하는 방법을 따라서 섬기도록 하신다. 이것을 따르는 것이 겸손이고 순종이다.

나는 목사인데, 목사는 직임이면서 은사다. 목사의 은사가 없는 사람은 성도들을 무너뜨린다. 교회를 무너뜨린다. 목회가 은혜롭지 않다. 목사가 되는 것도 중요하지만 하나님으로부터 목사의, 목사로서의 직무를 감당하기 위한 많은 은사를 받아야 한다.

장로와 집사 또한 그것은 직임이지만 교회를 섬길 때는 은사를 받아서 섬겨야 한다. 그리고 예의를 갖춰야 한다. 성령으로 받아 품격이 나타나야 한다. 은사로 섬기지 않으면 교회를 어지럽힌다. 성령 받고 은사 받아서야 그 직무가 은혜가 되고 하나님 앞에 영광이 되는 것이다.

성령이 임하셔서 인을 치시고 보증을 하신다, 예수를 그리스도로 고백하게 하신다, 구원을 받았다. 성령세례를 받은 것이다. 구원의 확신이 온 것이다. 이것은 왔다 갔다, 주었다 빼앗는 게 아니다. 참되게 거듭난 성도는 끝까지 믿음을 지키며, 궁극적으로 구원을 잃지 않는다.

그러나 은사는 꼭 그런 것은 아니다. 내가 원하는 대로 오는 것이 아니며, 나는 원하지 않았는데도 주실 때가 있고, 원하는데도 안 주실 때가 있다. 내가 소홀히 여길 때 소멸될 수도 있고 빼앗길 때도 있다. 은사를 받았다는 것은 감사한 일이지만 두렵고 떨리는 일이다. 대단히 조심스러운 일이다.

은사의 종류

성령의 은사가 몇 종류나 될까? 은사에 관해서 성경에는 고린도전서 12장, 로마서 12장, 에베소서 4장에 주로 나오는데 공통된 은사를 정리해 보면 약 20여 개 된다.

이 세 곳 외에도 성경 여러 곳에서 대접의 은사(벧전 4:9,10), 순교의 은사와 구제의 은사(고전 13:3), 독신의 은사(평생 결혼하지 않고 하나님의 일을 감당하는 것을 사명으로 여기고 살아감, 고전 7:7) 등의 은사가 나온다. 그래서 어떤 이는 27개, 어떤 이는 그 이상을 주장하기도 한다.

이 책에서는 고린도전서 12장 3-11절에 나오는 성령의 9가지 은사를 중심으로 설명해보려고 한다. 성령의 나무는 한 그루다. 주님도 한 분이시고 하나님도 한 분이시고 교회도 하나고 성령도 한 분이시다. 나무는 하나다. 그 나무에는 가지 3개가 뻗어 있고 가지마다 열매가 3개씩 따로 맺혀 있다.

첫 번째 가지에는 계시와 관계된 은사가 달려 있다. 지식의 말씀, 지혜의 말씀, 영 분별의 은사다. 두 번째 가지에는 언어와 관계된 성령의 은사들이 달려 있다. 방언의 은사, 통역의 은사, 예언의 은사다. 세 번째 가지에는 권능과 관계된 은사들이 매달려 있다. 믿음의 은사, 병 고침의 은사, 능력 행함의 은사다.

① 지식의 말씀의 은사

'지식'의 은사가 아니라 '지식의 말씀'의 은사다. 하나님께서 그분의 백성과 교회를 돌보시기 위해 누군가에게 친히 알려주셔서 알게 되는 은사다.

하나님께서 사울을 왕으로 부르시기 위해 사무엘에게 지식의 말씀을 주셨다. 그래서 암나귀를 잃어버린 사울이 찾아오자 사무엘은 본 적도 없는 그 암나귀를 찾아주었다. 아람과 이스라엘이 전쟁할 때 하나님은 엘리사에게 아람 군대의 작전과 군대 이동 상황을 알려주셨다. 초대 교회에서 아나니아와 삽비라가 감동을 받아 밭을 팔았는데 하나님께 드리면서 일부를 슬쩍 감추고 교회와 사도들을 속였다. 이때 하나님은 베드로에게 지식의 말씀을 주셔서 초대 교회를 정결하게 지키신다. 이런 사건들은 모두 '지식의 말씀의 은사'에 속한 일이다.

② 지혜의 말씀의 은사

그 유명한 솔로몬의 재판에서 나타나는 지혜의 말씀이다. 솔로몬이 "칼을 가져오너라. 서로 자기의 아이라 주장하니 두 토막을 내라"라고 하자 아기 엄마가 애끓는 마음으로 "살아 있는 아이를 저 엄마에게 주세요"라고 말했다. 진짜 엄마를 찾은 지혜의 재판이다.

예수님이 이 땅에 계시는 동안에 교권주의자들이 예수님을 딜레마에 빠뜨리기 위해 "가이사에게 세금을 바칠까요, 말까요?"라는 질문으로 함정을 놓자 예수님은 "가이사의 것은 가이사에게, 하나님의 것은 하나님께 바치라"라고 대답하셨다.

간음 현장에서 끌려온 여인이 있다. "모세의 율법에 의하면 이런 여인을 돌로 치라 명하였거늘 선생은 무엇이라 하겠소?"라는 물음에 예수께서 땅바닥에 글을 쓰시고, 사람들이 묻기를 그치지 않으니 일어나서 "죄 없는 자가 먼저 돌로 치라"라고 말씀하셨다. 그 말에 사람들이 다 도망갔다. 이게 바로 지혜의 은사다.

③ 영 분별의 은사

지금 우리 시대, 그 어느 때보다 꼭 필요한 은사가 이것이리라. 진짜에는 언제나 가짜가 있다. 이단들이 교회를 어지럽히는 작태가 있는데 이때 영 분별의 은사가 있어서 "사탄아, 물러가라!" 외치며 사이비 이단을 물리쳐야 한다.

이단은 '끝이 다르다'(異端)라는 뜻이다. 그만큼 처음에는 많은 부분이 비슷하여 분별하기가 어렵다. 이단은 거기에 빠진 사람이 자기 혼자 망하는 게 아니라 공동체를 망치고 가정을 너무도 어렵게 하기 때문에 처음부터 분별을 잘하는 것이 중요하다. '이것이 그러한가' 하고 진리의 말씀에 비춰보아 분별하는 한편, 영 분별의 은사를 달라고 기도해야 한다.

④ 발성 언어와 관계된 방언의 은사

사도행전에 색다른 방언이 나타난다. 나는 우리말을 하는데 들는 사람들은 각 나라에서 몰려온 사람들이 각자 자기 나라의 말로 알아듣는 것이다. 신학자들은 이것을 외국어 방언이라고 한다.

고린도전서 12장 10절에 나오는 방언은 은사 방언이다. 배운 적이 없는 말을 하기 시작하는 것이다. 내 영이 하나님의 영과 대화하는 것인데 듣는 사람이 무슨 말인지 모른다. 이것이 바로 방언의 은사다.

하나님이 살아계시고, 그 하나님이 내게 역사하셔서 이게 가짜가 아니라는 것을 방언하는 사람은 안다. 흉내 내는 방언, 가짜 방언 말고 내 영이 하나님의 영에게 말씀을 드리는 방언을 받고 나면 하나님을 경험하게 된다.

⑤ 방언 통역의 은사

성경은 방언이 교회에 유익을 주기 위해서는 통역의 은사가 필요하다고 말씀한다. 통역은 번역과는 다르다. 번역은 한마디 하면 한마디 하는 것이지만 통역은 길게 했는데 메시지가 하나일 때도 있고 짧게 방언했는데 거기에 있는 각 사람에게 주시는 말씀이 있을 때가 있다. 외국어를 잘하는 능력을 말하는 것은 아니다.

⑥ 예언의 은사

'예언'이라고 말했을 때 미래를 점치는 점쟁이라고 생각해서는 안 된다. 예언의 은사는 어느 한 시제에 한정되지 않는다. 과거에 일어난 일인데 현재 하나님이 말씀하실 때가 있다. 현재에 부딪힌 많은 상황 속에 하나님이 친히 말씀하실 때가 있다. 미래에 아직 일어나지 않은 일을 말씀하실 때도 있다. 그 목적이 분명하다.

고린도전서 14장 3,4절에 따르면 예언은 교회의 덕을 세우며 권면하며 위로하는 은사를 말한다. 교회를 덕스럽지 않게 하는 사람들이 있을 때 예언하는 사람이 하나님의 말씀으로 그 사람을 권면한다. 낙심한 사람, 절망하고 좌절한 사람들을 일으켜 세운다. 잘못된 길을 가는 사람들, 비틀거리는 사람들, 믿음에 시험 든 사람들에게 그런 행태들을 하나님의 말씀으로 권면한다. 그뿐만 아니라 상처받아 쓰러지고 넘어졌을 때 하나님의 말씀을 전해서 치료하고 위로하는 것이다.

⑦ 믿음의 은사

권능의 은사로 믿음의 은사가 있다. 믿음이 겨자씨 한 알 만큼만 있어도 태산을 옮긴다고 했다(마 17:20).

나 자신을 돌이켜 보면 그 험한 세월을 어떻게 이겼을까 싶다. 아무것도 없는 상황에서 교회를 개척하고 지금의 견고한 교회로 세우기까지 위기 없는 날이 언제였는지 모를 정도로 숱한 고난과 시련과 어려움이 있었다. 그러나 그 위기를 극복하고 나면 하나님은 언제나 더 좋은 길로, 희망의 길로 인도하셨다. 그게 무엇인가? 우리가 잘나서가 아니다. 하나님이 믿음의 은사를 주셨다. 고마운 은사가 많이 있는데 그 가운데 믿음의 은사가 참 고맙다는 생각이 든다.

⑧ 병 고치는 은사

좀 더 정확하게 말하면 '각종 병을 고치는 은사들'이다. 하나님은 야훼 라파, 치료의 하나님이시다. 예수께서 이 땅에 오셔서 병든 자를 고치는 사역을 얼마나 많이 감당해주셨는가? 어두움 속에 빛이 오면 어둠이 물러가듯이 성령의 임재와 함께 언제나 치유의 역사, 병들을 고치는 은사가 일어나게 된다.

다른 은사는 다 단수인데 이 은사는 복수형으로 사용되었다. 이는 질병의 종류나 은사의 나타나는 방식이 다양하기 때문인 것으로 보인다. 모든 성도에게 보편적으로 주어지는 은사라기보다는, 특정한 사람에게 주어진 특별하고 특수한 은사로 보아야 할 것이다(고전 12:30).

그러나 온전한 건강은 하나님나라에 가야 있는 것이다. 이 땅에서는 하나님의 자녀들이 은사를 받아 공동체를 살리고 가정을 살리고 사람을 세워서 또 다른 사역지로 그들을 보낸다. 기도했는데 낫지 않을 때가 있다. 오히려 병 중에 연약한 모습 그대로 하나님께 더 큰 영광을 돌리고 그 품성을 다듬어 갈 때는 하나님이 기다리게 하실 때도 있다. 병 고침의 은사들이다.

⑨ 능력 행함의 은사

홍해가 갈라진다. 여리고성이 무너진다. 요단강이 갈라진다. "태양아 너는 기브온 위에 머무르라 달아 너도 아얄론 골짜기에서 그리할지어다"(수 10:12)라고 기도할 때 우주의 운행이 멈추는 능력이 나타나기도 한다. 이렇듯 자연의 질서를 넘나드는 은사가 능력 행함의 은사다.

은사는 은사의 주인이 하나님이시니까 하나님의 뜻대로 받아서 하나님의 뜻대로 사용해야 한다. 그런데 이 말을 듣고 어떤 사람들은 가만히 있으면 은사가 오는 줄로 안다. 은사는 예배드리고 사모하고 갈망할 때 나타나는 것이다.

주일날 교회는 안 오고 집에서 부부가 큰 소리로 싸우는데 방언이 뻥 터져서 방언으로 부부 싸움을 하는 그런 일은 없다. 주일예배도 안 오고 금요 기도회도 안 오고 골프장에서 "나이스 샷!" 하는데 쭈욱 날아가 떨어지는 골프공을 타고 성령님이 임재하시고 지식의 말씀이 나타나는 일은 없다.

성령의 은사를 다루는 결론은 이 말씀이다.

> 너희는 더욱 큰 은사를 사모하라 내가 또한 가장 좋은 길을 너희에게 보이리라 고전 12:31

"9가지 은사 다음에 10번째 가장 좋은 은사가 '사랑의 은사'다"라고 하기보다는 이런 은사를 활용할 때 어떤 길로 가고, 어떤 기준에서 은사를 활용해야 하느냐에 대한 답이다. 그 답은 사랑으로 하라는 것이다.

하나님을 사랑해서 해야지 자기를 자랑하면 안 된다. 교회를 사랑해서 은사를 써야지 자기과시용으로 사용해서는 안 된다. 사회적인 약자들과 이웃들을 사랑해서 일해야지 자기 과시용으로 이 일들을 해서는 안 된다. 사랑의 길로 이 일들을 감당하라는 것이다.

은사를 대하는 태도

성령의 나타나심에 대해서는 경외감을 가져야 한다. 은사를 받아 사용하는 사람 중에 덕을 세우지 못하는 사람들이 있을 수 있다. 그렇다고 은사가 잘못되거나 나쁜 것은 아니다. 아기 씻은 물이 더럽다고 물과 함께 귀한 아기까지 버리면 되겠는가. 아기는 건져 놓아야 한다. 은사가 잘못된 게 아니니, 그것은 그것대로 소중히 여기고 잘못된 행태들을 갖다 버려야 하는 것이다.

성령의 은사를 받아 누린다는 사람들에게도 조심할 것이 있다. 자기가 남들보다 신앙의 경지가 높아서, 더 헌신적이라서, 자기 인격이 아름다워서 성령의 은사가 많이 나타났다고 생각하면 안 된다. 겸손해야 한다. 오히려 모자라서 주시는 것이다. 뭘 몰라서 하도 섬기지 않으니까 은사를 주어서 하나님나라를 섬기도록 하는 것이 겸손이다.

은사는 참 재미있다. 돈은 나누어주면 그만큼 줄어드는데 성령의 은사는 나누어 섬길수록 많아지고 더 강해진다. 더 아름답게 쓰임 받는다. 그것이 은사의 신비다.

'나는 어떻게 살면 좋을까? 어떻게 교회를 섬기면 좋을까?' 할 때 마음속에 끌리는 곳이 있다면 그게 은사일 때가 많다. "복음을 전하자! 때와 상관이 없고 방법도 상관없다. 전도하자!" 그러면 가슴이 뜨거워서 내 발이 저절로 따라다닌다면 이 사람은 복음 전하는 은사가 있을 수 있다.

은사를 받은 것은 어떻게 확인될까? 은사로 섬기면 열매가 나타난다. 예를 들어, 누가 몸이 아프다고 하자 기도해주고 싶은 마음이 생겨 조심스럽게 기도했는데 병든 자가 낫기 시작한다. 중보기도에서 병든 자를 위한 기도 시간이 길어진다. 누가 병원에 입원했다고 하면 찾아가 기도해주고 싶은 마음이 생긴다. 기도해주었더니 신유의 은사가 나타나기 시작한다. 열매가 나타나는 것이다.

마지막으로 중요한 것은 교회가 인정해야 한다는 것이다. 자기 혼자 받아 저 혼자 뛰어다니는 것이 아니고 교회가 인정할 때 그 은사가 아름다운 것이 된다.

트라이앵글 테스트(Triangle Test)가 있다. 머릿속에 무슨 생각이 지나갔다. 내가 이 일을 해야지, 싶어 무슨 계획을 한다. 은사를 받아서 교회를 섬긴다. 중요한 자리에서 하나님나라를 섬기고 살아간다. 이것이 진짜인지 가짜인지 트라이앵글 삼각형 테스트를 해보라는 것이다.

첫째, 당신이 말하는 그것, 당신이 교회를 섬기는 그것은 성경적 근거가 있는가? 아무리 귀해도 성경에 근거가 없으면, 그래서 성경이 당신에게 확신을 주는 것이 아니면 잘못된 것이다.

둘째, 하나님께 영광이 되는가? 성경에 근거가 있더라도 하나님께 영광이 안 된다면, 자기가 드러나고 교회를 어지럽힌다면 잘못된 것이다.

셋째, 교회 공동체에 유익한가? 성경적 근거도 있는 것 같고 하나님께 영광이 되는데 교회 공동체에 유익하지 않다면 이것도 잘못된 것이다. 교회에 유익하고 당회가 인정하고 격려해야 진짜가 된다.

이것이 트라이앵글 테스트다.

  성령의 은사는 아름답고 신비하고 귀한 것이지만 이런 모든 원리를 몸에 잘 익힐 때 더욱더 하나님께는 영광이 되고 교회는 평안해지며, 내가 가는 곳마다 아름다운 열매가 맺혀서 하나님 앞에 설 때 면류관을 쓰게 될 것이다.

15
성령의 열매

요한복음 15장 1-8절

1 나는 참포도나무요 내 아버지는 농부라 2 무릇 내게 붙어 있어 열매를 맺지 아니하는 가지는 아버지께서 그것을 제거해 버리시고 무릇 열매를 맺는 가지는 더 열매를 맺게 하려 하여 그것을 깨끗하게 하시느니라 3 너희는 내가 일러준 말로 이미 깨끗하여졌으니 4 내 안에 거하라 나도 너희 안에 거하리라 가지가 포도나무에 붙어 있지 아니하면 스스로 열매를 맺을 수 없음같이 너희도 내 안에 있지 아니하면 그러하리라 5 나는 포도나무요 너희는 가지라 그가 내 안에, 내가 그 안에 거하면 사람이 열매를 많이 맺나니 나를 떠나서는 너희가 아무것도 할 수 없음이라 6 사람이 내 안에 거하지 아니하면 가지처럼 밖에 버려져 마르나니 사람들이 그것을 모아다가 불에 던져 사르느니라 7 너희가 내 안에 거하고 내 말이 너희 안에 거하면 무엇이든지 원하는 대로 구하라 그리하면 이루리라 8 너희가 열매를 많이 맺으면 내 아버지께서 영광을 받으실 것이요 너희는 내 제자가 되리라

갈라디아서 5장 22,23절

22 오직 성령의 열매는 사랑과 희락과 화평과 오래 참음과 자비와 양선과 충성과 23 온유와 절제니 이같은 것을 금지할 법이 없느니라

육체의 열매와 성령의 열매

젊을 때는 교회 안에서 사역을 많이 잘 감당하는 사람들이 귀하게 보였다. 또 그분들이 있어서 교회가 크게 성장했고 그분들 덕분에 교회가 행복했다. 나이를 먹고 나니까 그분들이 귀하고 또 귀하지만 한 분 한 분 품성이 눈에 들어온다. 교회 안에 품성이 아름다운 사람들이 있어서 교회가 평안히, 든든히 서가는 모습을 보며 오늘도 마냥 행복하다.

내가 '성령론 연구'를 해보지만 사실 성령은 연구의 대상이 아니다. 성령님은 우리가 모시고 사는 나의 하나님이요 내 인생의 주인이 되시는 분이다. 성령님은 탐구의 대상이 아니라 우리가 순복하고 살아야 할 대상이며 우리가 경험해야 할 대상이다. 그래서 나는 '성령'이란 말보다는 '성령님'이란 말을 더 좋아하고 자주 사용한다.

《안녕하세요, 성령님》(Good Morning Holy Spirit)이라는 책에서 저자 베니 힌은 매일 성령님과 함께 살며, 그분의 음성을 듣고 그분의 품성을 닮아가는 것이 신앙생활이라고 말한다. 성령님은 내게 말씀하시고 매일 내게 선한 일을 행하시는 인격이다.

'성령'이라는 말을 들을 때 제일 먼저 어떤 단어가 떠오르는가? 많은 사람이 성령의 능력, 성령의 은사를 떠올린다. 한국 교회의 많은 성도가 "내게 능력 주시는 자 안에서 내가 모든 것을 할 수 있느니라"(빌 4:13)라는 구절에서 "내게 능력 주시는 자"를 성령으로 이해한다. 이미 성령의 은사에 대해서는 비교적 잘 안다. 관심도 많고 체험도 있다. 그러나 성령님의 인격, 혹 성령의 열매에 관해서는 잘 모르고 관심도 적다.

하나님은 사람을 그분의 형상대로 창조하셨다. 에덴동산에서 하나님과 교제하며 하나님을 닮아 하나님의 열매를 맺으며 살도록 지으셨다. 그러나 어느 날 아담과 하와는 불순종의 열매로 선악과를 따 먹고 타락했다. 그때부터 태어나는 모든 인간은 하나님의 형상이 아니라 범죄하고 타락한 아담의 형상을 따라 태어난다.

> 아담은 … 자기의 모양 곧 자기의 형상과 같은 아들을 낳아 … 창 5:3

> 여호와께서 이르시되 나의 영이 영원히 사람과 함께하지 아니하리니 이는 그들이 육신이 됨이라 … 창 6:3

하나님의 형상을 잃어버린 인간은 육신 또는 육체(창 6:3, 개역한글)가 되었고, 하나님은 그들이 거듭나기 전까지 영원히 함께하지 않겠다고 말씀하셨다. 육신이 된 인간에게 맺히는 열매도 너무나 분명하다. 갈라디아서 5장 22, 23절에서 성령의 열매를 언급하기 바로 전에 육체의 열매들이 나온다.

> 육체의 일은 분명하니 곧 음행과 더러운 것과 호색과 우상 숭배와 주술과 원수 맺는 것과 분쟁과 시기와 분냄과 당 짓는 것과 분열함과 이단과 투기와 술 취함과 방탕함과 또 그와 같은 것들이라 전에 너희에게 경계한 것같이 경계하노니 이런 일을 하는 자들은 하나님의 나라를 유업으로 받지 못할 것이요 갈 5:19-21

이 말씀 바로 뒤에 9가지 성령의 열매들이 이어지는데 이 육체의 일들은 복수인 반면, 성령의 열매는 9가지나 되지만 단수다. 구원받은 하나님의 자녀들에게 주시는 성령님의 품성적 선물이 곧 '성령의 열매'다.

열매, 예쁘고 유익한 품성

열매는 하나님께서 에덴동산에서 사람에게 주신 최초의 양식이다.

> 여호와 하나님이 그 사람에게 명하여 이르시되 동산 각종 나무의 열매는 네가 임의로 먹되 … 창 2:16

'오미자'는 지름이 1센티미터 남짓 되는 붉은 열매인데 그 속에 단맛, 신맛, 쓴맛, 짠맛 그리고 매운맛까지 다섯 가지 맛을 품고 있다고 하여 이름이 오미자(五味子)다.

오미자는 폐 기능을 보호해주어 기침, 가래, 만성기관지염, 인후염, 편도선염에 좋고, 오래전부터 자양강장제로 이용되었다. 특히 머리를 맑게 해주고 건망증을 개선해준다. 오미자의 신맛은 입이 마르고 갈증이 심한 사람에게 특효약이다. 하나님은 이렇듯 열매 하나에 다양한 맛과 약효를 담아두셨다.

하나님께서 그분의 자녀들에게 나눠주시는 품성을 열매라고 정의해 주신 것이 참 재미있다. 열매는 맛있다. 예쁘고 색도 다양하다. 몸에도 유익하다. 이게 바로 열매다.

하나님은 갈라디아서 5장 22,23절의 '성령의 열매' 9가지 안에 다양한 맛, 예쁜 색깔을 담아주셨다. 단수 열매인데 9가지, 아니 그 이상의 수없는 맛이 성령의 열매, 즉 그리스도인의 품성 안에 담겨 있다는 말씀이다. 성령의 열매를 쪼개 보면 그 안에 세 개의 방이 있고, 그 안에 각기 세 개씩 열매가 담겨 있다.

첫 번째, 하나님과의 관계 속에서 하나님을 닮은 품성이 담겨 있다. 사랑과 희락과 화평이다. 두 번째, 이 세상을 살아가면서 내 곁에 있는 소중한 사람들과의 관계 속에서 맺히는 열매가 있다. 오래 참음과 자비와 양선이다. 세 번째, 하나님의 자녀는 이 땅에 살아가며 하나님을 섬기고 교회를 섬기고 세상과 이웃을 섬긴다. 이 섬김 현장에서 나타나는 열매가 있으니 충성과 온유와 절제다.

① 사랑

가장 먼저 나타나는 열매인 사랑은 모든 열매의 으뜸, 중심이 되는 열매다. 하나님께서 독생자를 보낸 아가페 사랑, 그 사랑을 깨닫고 우리도 복음을 전하고 사람의 영혼을 소중히 여기는 사랑이 아가페다.

② 희락

희락은 환경이나 세상적인 조건과 상관없이 예수 믿고 오는 기쁨으로 하나님의 자녀들에게 맺히는 열매다.

③ 화평

이누이트족(에스키모인이라고도 불린다)은 화평을 참 재미있게 설명했다. 화평은 '원수와 화목하게 지내는 것'이다.

④ 오래 참음

사랑은 눈물의 씨앗이 아니다. 사랑 장이라 불리는 고린도전서 13장에 보면 사랑은 오래 참고 모든 것을 참으며 모든 것을 견딘다고 했다. 그리스도인은 인내를 통해서 하나님의 선을 이루어 가고, 합력하여 유익을 만들어가는 사람이다.

⑤ 자비

사회적인 약자들에게 베푸는 선의다.

⑥ 양선

내가 가진 좋은 것을 나누는 것이다. 복음 없는 사람들에게 복음을, 배고픈 사람에게 양식을 나누고, 외로운 사람에게 친구가 되어 주는 것이다.

⑦ 충성

'착하고 충성된 종'의 반대말은 '악하고 게으른 종'이다. 충성의 반대는 악한 것이다. 착한 것은 작은 일을 소중히 여기는 것이다. 주님이 소중히 여기는 것을 나도 소중히 여기는 것이다. 믿음 생활에서 변덕 부리지 않고 끝까지 감당하는 것이 충성이다. 주님의 즐거움에 참여하는 사람이 누구인가? 충성된 사람이다.

⑧ 온유

길들인 맹수다. 길들지 않은 호랑이, 사자는 동물원에 가야 볼 수 있고 집에서 함께 살 수 없지만, 반려견 등 길들인 동물은 주인의 품에서 잠이 들고 주인의 밥상에서 같이 밥을 먹는다. 온유는 언어가 부드럽고 얼굴이 부드러운 것이다.

⑨ 절제

9가지 열매, 즉 모든 품성을 담는 그릇이다.

모든 것이 가하나 모든 것이 덕을 세우는 것은 아니다. 한국 교회는 그동안 빨리 성장했다. 잎사귀가 무성하다. 큰 교회도 많다. 그러나 세상에 비난거리가 되어가기도 하는 것은 왜인가? 열매가 없어서다. '그리스도인다움'이라는, 열매가 갖는 향기와 맛이 있어야 세상을 감동시킬 수 있다.

성령의 은사와 성령의 열매

고린도전서 12장의 '성령의 은사'도 9가지를 대표적으로 들어 설명했는데 갈라디아서 5장의 '성령의 열매'도 9가지를 대표적으로 콕 집어내 설명하고 있다. 이 두 성경 다 사도 바울이 기록한 책으로, 성령의 9가지 은사와 9가지 열매를 대비시키는 절묘한 조화를 이루고 있다.

성령의 은사나 성령의 열매나 모두 성령님이 주신다는 점에서 공통성과 유사성이 있다. 은사도 열매도 그 근원 뿌리는 한 분 성령님이시다. 은사도 열매도 구원받은 백성에게 주시는 선물이다.

> 복 있는 사람은 … 그는 시냇가에 심은 나무가 철을 따라 열매를 맺으며 그 잎사귀가 마르지 아니함 같으니 그가 하는 모든 일이 다 형통하리로다 시 1:1,3

시편 1편에 '시절을 따라 열매 맺는 나무'가 나온다. 시냇가에 심은 나무다. 이 나무를 1절에서는 "복 있는 사람"이라고 했다. 시냇가에 던져졌거나 우연히 솟아난 나무가 아니다. 누군가 의도적으로 계획적으로 심은 나무다.

하나님은 우리를 구원하셔서 하늘의 시민권을 주시고, 이 땅에서 하늘 백성답게 살아가도록 남겨두셨다. 즉, 하나님은 우리를 하늘나라 백성으로 삼아, 이 세상 속에 심으시고 그분의 뜻에 따라 열매 맺는 삶을 살도록 계획하셨다.

구원받은 백성이 반드시 맺는 열매가 있다. 지상 명령으로 땅끝까지 복음을 전하라고 해서서 맺는 전도의 열매. 한 가정에 어린아이 한 명만 교회에 나와도 거기서 열매가 나타나 온 가족이 구원을 얻는 역사가 일어난다. "주 예수를 믿으라 그리하면 너와 네 집이 구원을 받으리라"(행 16:31), 이 열매가 맺히게 되는 것이다.

성령의 품성의 열매는 "하나님을 사랑하라. 이웃을 사랑하라" 이 계명을 순종할 때 맺힌다. 이것이 계명의 전부다.

성령의 은사와 성령의 열매는 목적이 같다. 덕을 세우고 교회를 세우는 것이다. 트라이앵글 테스트를 사용해 보라는 것이다.
① 은사와 품성을 주셨을 때 그것이 성경적인 근거가 있는가?
② 하나님께 영광이 되는가?
③ 교회에 유익한 덕이 되는가?
여기에 맞아야 은사가 제대로 된 것이고 제대로 된 품성이다.

성령의 은사와 성령의 열매는 공통점도 있지만 분명한 차이점도 있다. 은사는 성령의 나타나심, 즉 성령의 능력 자체다. 그러나 열매는 예수 안에 있는 그분의 품성이 내 안에 맺혀 나의 품성이 된 것이다.

은사는 모든 사람이 다 똑같은 것을 받는 게 아니다. 각 사람에게 합당한 은사를 다양하게 나누어주신다. 또한 모든 은사를 다 받을 수 있는 것도 아니다. 그러나 열매는 크든 작든 하나님의 자녀라면 누구나 모든 열매를 다 맺어야 하고, 키워가야 한다.

은사는 일시적이지만 열매는 영원하여 이 땅에서 맺고 천국까지 가져간다. 은사는 이 땅 지상교회에서 필요한 것이지만 열매는 천국에서도 서로 나누어야 할 본질이다.

예수님에게 붙어 있기 싸움

어떻게 내 안에 성령의 열매가 맺히게 될까?

구원받은 하나님의 자녀라면 '내가 빌런이 되겠다!'라며 스스로 자기가 악당이나 가룟 유다가 되어보겠다고 하는 사람은 없을 것이다. 열매 맺고 싶지 않은 나무가 어디 있겠는가? 문제는 내가 '좋은 열매를 많이 맺어야지' 마음먹는다고 하루아침에 성령의 열매가 주렁주렁 매달리는 게 아니라는 것이다.

정답이 있다. 좋은 나무가 되면 좋은 열매가 맺힌다. 사과나무에 사과가 달리고 배나무에 배가 달리듯이 좋은 나무에 좋은 열매가 맺힌다. 내가 성령의 사람이 되면 성령의 열매가 맺히는 것이다.

한 방 탁 쏘아주고 싶은데 어느 날 그게 참아진다. 내 안에 없는 품성인데 오래 참음의 열매가 맺혔다. 지금까지 당해보지 못한 환경에서 어려움을 겪고 옛날 같으면 절망, 좌절, 폭망까지 올 인생의 위기를 만났는데 기쁨이 내 안에서 사라지지 않는다. '언제 내가 달라졌지? 희락의 열매가 내 안에 있네' 하고 깨닫게 된다. '내가 저 사람하고도 화평하게 잘 지내네?' 하며 어느 날 훌쩍 성장한 자신을 보고 스스로 놀라게 된다.

  원수 맺은 사람들, 내 뒤통수를 사정없이 내리치는 사람들을 보면서 용서가 되는가? "용서해야지!" 백번 외친다고 용서되는 게 아니다. 겨울에 쌓인 눈이 봄 되면 자연스럽게 녹아내리듯, 예수님을 사랑하고 말씀을 묵상하는 가운데 미움이 내 안에서 언젠가 사라지고 없다. 이게 성령의 열매다.

  잘못된 생각, 부정적인 생각, 심지어 더럽고 추한 생각들이 내 머리, 내 입술을 떠나지 않는다. 이것을 고쳐달라고 기도해도 잘 고쳐지지 않았는데 예수님을 사랑하고 교회를 섬기고 하나님 말씀을 묵상하는 가운데 그런 생각들이 사라졌다. 입을 열면 은혜의 말, 긍정적인 말이 나온다. 복음의 언어가 터져 나온다. '언제부터 내가 이렇게 달라졌지?' 이게 바로 성령의 열매다.

  요한복음 15장에는 열매 맺는 포도나무 가지 이야기가 나오는데 여기에는 "열매를 맺어라"라고 윽박지르는 말씀이 없다. 명령형이 등장하지 않는다. 성령의 열매는 강요와 율법이 아니라 은혜다.

  이 15장 1-11절에서 가장 많이 등장하는 말씀에 해답이 있다. "내 안에 거하라"라는 말씀이다. 그 열한 절 안에 무려 열 번이나 등장한다.

  성령의 열매는 "열매를 맺어라!", "열매를 맺읍시다!"라고 구호를 외치는 것으로 맺어지는 게 아니다. 그리스도인들은 가지가 포도나무에 착 달라붙어 있듯이 예수님에게 착 달라붙어 있으면, 하나님의 말씀 안에 착 달라붙어 있으면, 성령 안에 거하면, 저절로 열매가 맺힌다. 이게 열매 맺는 길이다.

어릴 때 나는 '교회에 잘 나가는 개구쟁이'였다. 청소년 시절에는 '예수 잘 믿는 말썽꾸러기'요 '교회에 잘 나가는 문제아'였다. 말썽 피우고 들어오는 내게 할머니는 "너 계속 말썽 피우면 너희 엄마, 신랑 얻어서 도망간다"라고 협박하셨다. 그 말에 '아버지도 우리 곁을 떠났는데 엄마도 떠나면 어떡하나' 하는 생각이 들어서 엄마 치마끈과 내 허리끈을 묶어 놓고 잠을 잤다. 그걸 알고 안쓰러웠던지 내 어머니가 나를 꼭 껴안고 "엄마는 내 새끼 두고 어디 안 가"라고 말씀해주셨다. 그 말씀을 기억하면 지금도 내 마음이 따뜻해져 온다.

기억하라. 당신이 구원받아 하나님의 자녀가 되었으면 우리 하나님, 우리 예수님, 성령님이 "내 새끼 두고 어디 안 가", 우리를 버려두지 않으신다. 홀로 이 세상 살아가도록 내버려두지 않으신다.

영원을 사모하라

요한복음 15장은 성령이 부어주시는 품성을 포도나무 가지에 달리는 열매로 표현하고 있다. 포도나무의 사명은 오직 열매에 있다. 포도나무는 나무라고 하지만 실은 포도덩굴이다. 포도나무는 관상용이 아니다. 볼품이 없고, 더구나 재목으로 쓰이기엔 턱없이 부족하다. 포도나무는 오직 열매를 위해 존재하는 나무다. 그 어떤 과목보다 많은 열매를 힘겹게 매달고 있는 모습은 참으로 아름답다. 하나님의 자녀들도 과제가 있다면 열매를 맺는 데 있다.

열매 맺는 삶을 강조하면서 성경은 늘 꽃과 열매를 비교, 대조한다. 꽃은 일시적이고 순간적인 세상 가치를 대변하고 있다. 성경에 '꽃'이라는 단어는 40번 가까이 나온다. 반면 열매는 200번 이상 등장하며 항상 영적, 궁극적, 종말적인 하나님나라의 가치를 설명하고 있다.

꽃을 구하는 인생은 순간적 행복을 구하다 허무만 느끼게 된다. 조용필의 노래 〈난 아니야〉의 후렴에 "난 아니야 꽃이 아니야"라는 가사가 나온다. 우리 그리스도인이 가요를 부르려면 이 노래를 불러야 할 것 같다. 그렇다. 우린 열매다, 꽃이 아니라.

> 그러므로 모든 육체는 풀과 같고 그 모든 영광은 풀의 꽃과 같으니 풀은 마르고 꽃은 떨어지되 벧전 1:24

이 땅에서 우리의 육체는 풀잎처럼 쇠하여진다. 이 땅의 모든 자랑과 영광도 떨어지고 심지어 우리의 정신도 쇠약해진다. 마지막까지 남는 것, 천국까지 함께 가는 것은 구원의 열매, 전도의 열매, 품성의 열매, 주님을 닮은 것이다. 영적인 것만 영원히 남는다.

치매에 걸린 88세 어머니와의 대화를 담아 1천만 조회 수를 기록한 유튜브 영상이 있다. 이 어머니는 자기가 누구인지도 모른다. 아들 이름을 대도 모르고 오늘 뭘 먹었는지도 기억하지 못한다. 여러 질문을 하다가 예수님이 누구냐고 묻자 이 어머니는 또렷하게 "예수는 나의 구세주. 내 마음에 살아계시고 나를 집(천국)으로 데리고 가실 분"이라고 대답했다. 이 어머니는 치매에 걸려도 이 아름다운 신앙고백을 기억하고 있다. 그것이면 다 된 것 아닌가?

기억이 오락가락할 때가 있는가? 자녀 이름도 깜빡깜빡할 때가 있는가? 그리스도인 중에도 '내가 치매에 걸리면 어쩌나' 걱정하며 사는 분이 있다. 그러나 기억하라. 예수는 내 구세주, 내 안에 살아 계시는 분, 그리고 나를 천국으로 인도해 가실 분이다. 그분이 부어 주신 열매, 구원의 열매를 안고 우리가 하나님나라에 가서 영원히 함께 살 분이다.

우리 그리스도인이 사모하고 또 사모해야 하는 건 영원한 하나님의 나라다. 오직 예수, 오직 성령, 오직 영적인 삶이다. 그러므로 성령의 은사를 부어주시는 자리, 성령의 품성을 부어주시는 그 자리를 사모하고 놓치지 말아야 한다.

우리가 거듭났을 때 땅바닥에 돋아나는 풀잎 한 포기가 얼마나 신비했는가? 가을에 물든 단풍잎이 얼마나 아름다웠는가? 어제 떠올랐던 태양인데 전혀 다른 태양을 느껴본 적이 있는가? 이것이 바로 육체적으로 영적으로 성령의 품성, 우리 삶의 변화가 일어나게 된 것이다.

수양회 등에서 경험한 성령의 임재하심이 내 안에서 부정적인 것을 태풍으로 날리듯이 날려 보내고, 내 삶에 변화가 일어나는 경험을 하지 않았는가? 육신의 질병이 떠나고 마음의 상처가 떠나고 영혼의 온갖 진통이 떠나는 변화를 경험하지 않았는가? 그때 오는 은혜가 성령의 품성, 변화의 모습이다.

한번은 주일 3부 예배를 마치고 내려가는 길에 성도님 한 분과 엘리베이터를 타고 내려가는데 그 성도님이 나를 쳐다보더니 "목사님~" 하고 부르셨다. 가슴이 철렁 내려앉아서 "어려운 일이 있으세요?"라고 했더니 이분이 마스크 위로 눈이 붉어진 채 "좋아서요. 목사님이 좋아서요. 우리 교회도 좋고 예배도 좋아요. 은혜가 좋고 우리 예수님이 좋아서요" 하시는 게 아닌가.

예배 한 번이 우리를 바꿀 수 있다. 우리가 드리는 한 번 한 번의 예배가 우리에게 변화를 일으킬 수 있다. 예배를 통해 성령의 품성이 맺히는 아름다운 모습을 보고 하늘을 향하여 "예수님!" 하고 불러 보지 않겠는가? 예수님이 "왜 그러니?" 하시면 "예수님, 좋아서요!"

16

성령과 전도

사도행전 1장 8절
오직 성령이 너희에게 임하시면 너희가 권능을 받고 예루살렘과 온 유대와 사마리아와 땅끝까지 이르러 내 증인이 되리라 하시니라

나는 하나님나라의 사자

어느 날 새끼 사자가 엄마 사자에게 물었다.

"엄마, 우리 사자는 왜 목의 갈기털이 이렇게 무섭게 생겼어?"

"우리는 밀림의 왕이니까!"

"엄마, 우리는 왜 이렇게 발톱이 강하게 생겼어?"

"밀림을 질주하며 밀림을 다스려야 하니까!"

"엄마, 우리는 왜 이렇게 이빨이 날카롭게 생겼어?"

"먹이를 발견하는 순간 단번에 끝내야 하니까!"

"그런데 엄마, 우리는 왜 이렇게 동물원에서 놀고만 있어?"

오늘 교회는 동물원에 웅크리고 앉아 있는 사자처럼 야성을 잃고 위축되어 살고 있지 않은가? 세상을 질주하는 대신 교회 안에서 빈둥빈둥 투덜거리며 살고 있지는 않은가?

언젠가 집사님들과 운동을 끝내고 식사를 하는 자리가 있었다. 모처럼 목사님을 만났으니 한번 여쭤봐야겠다고 생각했는지 젊은 집사님 한 분이 "목사님, 예수 믿으면서 술 담배 하면 지옥 갑니까?" 하고 물었다. "술 담배 한다고 지옥 가지는 않습니다" 했더니 이 집사님, 식사 자리가 끝날 때까지 어찌나 신나 하던지. 지금도 그 얼굴이 생생하다.

젊은 집사님에게 날카롭게 지적할 수는 없어서 참았지만, 그 집사님에게 해주고 싶은 말이 목구멍까지 올라왔었다. "집사님, 언제까지 술 담배 문제로 고민하는 그 수준에서 신앙생활을 하시겠습니까? 하나님의 자녀가 되어서 세상을 어떻게 멋지고 당당하게 살아갈지, 주제를 높이며 살면 어떻겠습니까?"라는.

당신은 하루를 보내며 어떤 말을 가장 많이 하고, 무슨 일을 하는 데 가장 많은 시간을 보내는가? 가장 근심하고 걱정하는 주제는 무엇인가? 하루하루 매일의 루틴(routine, 규칙적으로 하는 일의 통상적인 순서와 방법)이 모여서 습관이 된다. 습관이 쌓이면 세상 사람들이 말하는 운명, 인생이 결정된다.

로댕(Auguste Rodin)의 작품 〈생각하는 사람〉(Le Penseur)은 본래 〈지옥의 문〉(La Porte de l'Enfer)이라는 대형 조각군의 일부로 시작되었다. 이 주인공은 전도자다. 무엇을 그렇게 깊이 고민하는지 근육과 얼굴에 핏줄이 울퉁불퉁 솟아 있다. 지옥에 가게 될 백성들을 어떻게 천국으로 되돌려 보낼 수 있을지 고민에 빠져 있다. 옛 믿음의 선진들은 밥을 먹어도 잠을 자도 '어떻게 복음을 전할 것인가?'를 고민했다.

어떤 부자가 금괴를 사 모았는데 창고에 가득해졌을 때 하나님이 그를 천국으로 부르셨다. 이 부자는 하나님께 가는 건 좋은데 모은 금괴가 아까워 한 보따리 짊어지고 천국 문에 들어섰다. 문지기가 뭐냐고 해서 자랑스럽게 보따리를 풀어 보여주니 문지기가 껄껄 웃으며 물었다.

"보도블록을 왜 가져왔어요?"

성경에 보면 천국에 가면 성의 길은 "맑은 유리 같은 정금"(계 21:21)으로 되어 있어 황금길을 걷는다고 한다.

성령님이 내게 임하실 때 오는 가장 위대한 변화는 가치관이 달라지는 것이다. 고민거리가 달라지고 관심이 달라지는 것이다. 이 세상을 살 때는 그렇게 귀하게 보이던 것들이 하나님 앞에서 시시하게 느껴지고 입맛이 달라지는 차원이 오는 것이다.

이 땅에서 하찮은 것들이 하나님나라에서 소중해지는 것이 가치관의 변화다. 이 세상에서 크게 보이던 사람들이 하늘 앞에서 작은 자로 설 수도 있고, 이름도 알려지지 않은 이 땅의 작은 자들이 하나님 앞에서 큰 자로 설 수도 있다.

성령으로 충만할 때 땅의 즐거움이 시시해진다. 성령과 함께라면 고난도 잠깐이다. 그것이 주를 위한 고난이라면 고난도 영광이다. 영원한 것만 하나님 앞에서 기억된다는 것을 잊지 말아야 한다.

나는 일시적인 땅의 문제만 끌어안고 살아야 할 존재가 아니라 하나님께서 이 땅에 보내신 하나님나라의 사자라는 자기의식, 정체의식이 있어야 한다.

오직 성령이 임하시면

성경은 약속의 책이다. 구약성경에 많은 예언이 기록되어 있는데 그 예언을 요약하면 "메시아가 오신다" 그리고 "성령이 오셔서 그 메시아를 믿게 하신다"라는 약속이다.

신약성경에도 많은 예언의 말씀이 있는데 그 예언을 요약하면 "예수님은 다시 오신다" 그리고 "마지막 날에 성령이 임하여 이 땅에 교회를 세우시고 복음이 전해지고 택한 백성들이 인치심을 받아서 하나님의 백성이 된다"라는 약속의 말씀이다.

성경의 예언을 하나로 요약하면 이 땅에 살아갈 때 하나님의 백성이 되게 하시려고 하나님께서 성령을 보내주신다, 그리고 그 성령님이 우리의 모든 삶 속에 동행하시고 하나님나라까지 인도하신다는 약속이다. 성령이 임하게 되면!

> 내가 진실로 진실로 너희에게 이르노니 나를 믿는 자는 내가 하는 일을 그도 할 것이요 또한 그보다 큰일도 하리니 이는 내가 아버지께로 감이라 요 14:12

우리가 하는 일이 주님이 이 땅에서 감당하던 것과 본질적으로 달라지지 않는 은혜를 받는다는 것이다. 성령이 임하시면!

예수께서 승천하시기 전에 말씀하셨다.

> 보혜사 곧 아버지께서 내 이름으로 보내실 성령 그가 너희에게 모든 것

을 가르치고 내가 너희에게 말한 모든 것을 생각나게 하리라 요 14:26

무엇이 생각나게 한다는 것일까? 예수님의 얼굴이 생각나게 하신다는 걸까, 벳새다 들녘에서 먹던 보리떡과 물고기 맛을 생각나게 한다는 뜻일까? 십자가와 부활의 의미가 생각난다는 것이다. 내가 이 땅에 왜 존재해야 하는지, 주님이 말씀하신 지상명령, 가장 소중한 것이 무엇인지가 생각난다는 것이다.

많은 사람이 성령이 임하시면 내 삶의 환경이 달라질 것으로 기대하는데, 성령이 임하면 내 환경이 아니라 내가 달라지는 것이다. 내 삶의 목적이 달라지고 내 생각, 내 비전, 내 가치관이 달라지는 은혜를 입게 된다. 이 모든 약속, 가치를 담은 말씀이 사도행전 1장 8절의 말씀이다.

오직 성령이 너희에게 임하시면 너희가 권능을 받고 예루살렘과 온 유대와 사마리아와 땅끝까지 이르러 내 증인이 되리라 하시니라

이 말씀을 성서 신학자들은 '사도행전의 배꼽'이라고 한다. 이 말씀으로부터 교회가 태어나고 전도가 태어난다. 이 말씀으로부터 구원의 역사가 태어나고 선교가 태어난다. 이 말씀은 구원받은 성도의 목적이다. 마태복음 28장 19,20절 말씀을 이 세상을 향한 주님의 많은 명령 가운데 최고의 명령, 지상명령(至上命令)이라고 한다. 그런데 이 사도행전 1장 8절은 주님의 지상 유언의 말씀이다.

증인 된 삶이 왜 내 인생의 목적인가

성령이 충만히 임하시면 복음으로 살아가는 것이 얼마나 귀한 것인가를 알게 된다.

첫째, 복음 전도는 하나님의 자녀들에게만 주어진 거룩한 사역이다. "천사도 흠모하겠네"라는 찬송가 가사도 있듯이 이 복음 전도로 말미암은 상급이 얼마나 귀하고, 하나님나라 면류관이 얼마나 아름다운 것인지. 복음 전도는 그분의 자녀들에게만 주신 명령이요 누구에게도 빼앗기지 않는 사역이다.

둘째, 어떤 사람에게는 복음을 전할 사람이 유일하게 나 하나일 수 있다. 내가 복음 전도의 기회를 놓치면 그는 지옥에 갈 텐데 그 핏값을 내게서 찾으시겠다는 것이다. 그래서 "예루살렘과 온 유대와 사마리아와 땅끝까지 이르러"라고 하셨다. 우리 가정 안에서, 우리 공동체 안에서, 내 손이 닿는 곳에서부터 복음이 전해져서 땅끝까지 관심을 가지고 살아가게 되는 것이다.

셋째, 복음 전도가 아무리 귀해도 내가 이 땅에 살아 있는 동안에만 할 수 있는 사역이다. 내가 죽어 천국에 가든지, 그가 죽어 지옥에 가든지, 복음을 전할 기회는 사라진 것이다. 이 세상에 사랑이 많고 많지만, 최고의 사랑은 복음을 전하는 사랑이다. 효도가 귀하고 많지만 최고의 효도는 복음을 전하는 효도다. 자녀 교육이 귀하고 귀하지만 최고의 교육은 복음을 전하는 교육이다.

다른 잘못은 용서받을 수 있으나 성령을 거역한 죄는 사함이 없다. 용서가 안 되는 것이다. 사랑하는 내 가족과 내 이웃, 즉 하나님이 내게 맡겨주신 영혼들이 성령을 거역하고 복음을 거절하는 일은 용서할 수 없는 것이다.

참 가난했던 이 나라가 이렇게 잘사는 나라가 된 이유가 무엇일까? 세계 선교 역사상 유례가 없을 만큼 급성장한 한국 교회의 존재 가치가 어디에 있는 것일까? 21세기 분단된 조국에서 우리가 살고 있는 이유가 무엇일까? 땅끝까지 복음을 전하고 제사장 한국 교회가 되도록, 우리가 그 사역을 감당하는 데 목적이 있는 것이다.

눈을 들어 밭을 보라! 눈을 들면 세상이 무엇으로 보이는가? 추수할 밭으로 보여야 한다. 20세기를 갈무리하고 21세기를 맞이하면서 성령 받고 복음의 사명을 가진 사람들이 기도하다가 본 창문 하나가 있다. 지구본 가운데에 한 지역이 갑자기 눈에 들어오기 시작했다. 한두 사람에게 들어온 게 아니다.

세계 선교를 위해서 중보기도하는 많은 사람 가운데 들어온 이 창문은 북위 10도에서 40도 사이에 있는 지역이다. 인구가 가장 많은 중국, 인도를 포함해서 전 세계 인구 3분의 2 정도, 70-80억 인구 중 40-45억 인구가 살고 있는 땅이다. 이곳을 '10/40 Window'라 한다.

이 지역에 수많은 사람이 있다. 힌두교, 불교, 이슬람교가 뿌리내리고 있는 이 지역에서 교회가 번창하고 복음 선교의 열정이 있는 나라가 바로 대한민국이다. 마지막 때, 한국 교회에 10/40 Window의 사명이 있다는 것을 세계인들이 알고 있다.

위기 시대에 권능이 임한다

성령님이 친히 행하신 기적의 열매가 한국 교회다. 오천 년 역사 가운데 가장 위중한 때에 하나님께서는 이 땅에 선교사들을 보내고 교회를 세우기 시작하셨다. 고난받는 민초와 걸음을 같이하며 교회는 날로 성장했다. 교회의 성장과 함께 민주화와 경제 성장이 동시에 일어났다. 세계 선교 역사상 유례를 찾기 힘들 만큼 한국 교회의 성장은 기적적이었다.

그러나 안타깝게도 급성장하던 한국 교회가 너무도 빨리 위기를 맞고 침체의 늪에 빠져 허우적거리고 있다. 이런 위기를 맞게 된 데는 여러 가지 복합적인 위기 상황이 있다. 이름하여 복합 위기, 다중적 위기, 전방위적 위기라고 한다.

한국을 비롯한 세계 선진국 모든 나라에서 종교 인구가 급감하고 있다. 교회에 대한 사회의 인식이 급속히 나빠지고 신뢰도가 추락했다. 설상가상으로, 저출생 초고령 사회로 들어서며 생물학적인 성장, 출생에 의한 성장이 멈춘 수축사회로 접어들었다.

지금 한국 사회는 양극화의 위기로 한국 교회에 못자리가 되는 작은 교회들이 무너지고 있다. 이는 코로나19 팬데믹을 거치면서 더욱 확연해졌다. 나눠 먹을 파이는 점점 작아지는데 먹어야 할 사람은 늘어났다. 이것을 축소 사회라고 한다. "마지막 때에 믿는 자를 보겠느냐! 세상이 너를 핍박할 때, 세상이 너를 비난할 때, 믿는 자가 점점 더 줄어들고 위축될 때 믿는 자를 보겠느냐!" 종말론적인 상황이 축소 사회다. 선교의 위기 상황이다.

2024년 4월 '축소 시대가 달려온다'라는 포럼을 통해 나는 사회 현상에 대한 새로운 이해와 분석을 할 수 있었다. 나는 지금 한 걸음 뒤로 물러날 때가 되었다. 불이 나면 "불이야!" 소리 지르는 사람이 한 사람은 있어야 하겠다는 생각이 든다. 길이 없을 때 먼저 길을 발견한 사람이 산꼭대기에 서서 "저기다! 저기로 가면 길이 있다!"라고 외쳐 알려주어야 한다면 그 일을 내가 해야 하지 않을까 하는 사명을 느꼈다.

우리가 기억해야 할 사실이 있다. 주님께서 "내가 내 교회를 세우리라"라고 말씀하시던 그때도 교회는 무릉도원에 세워진 것이 아니었다. 아무 고난도 시련도 부족함도 없는 궁궐 한복판에 세워진 것도 아니었다. 처음부터 교회는 악한 시대에, 악한 세상 가운데 세워지는 것이다. 찬 바람이 부는 위기의 땅에 세워지는 것이다.

말씀하신 그곳은 가이사랴 빌립보였다. 가이사랴는 당시 황제의 이름이고 빌립보는 이 도시 분봉왕의 이름이다. 황제의 신상, 황제의 신전이 위용을 자랑하며 그 도시에 우뚝 서 있고, 이방 왕이 섬기던 우상들이 즐비했다. 기독교에 대해, 교회에 대해 호의적이지 않은 도시였다.

교회는 오늘 우리가 말한 축소 시대 못지않게 위기의 시대, 대적의 땅에 서게 된다. 세상이 악하고 시대가 위기라서 세상을 구원할 수 없었다고 평계할 수가 없다. 내 신앙이 뜨겁지 못한 것은 세상이 악하기 때문이라고 심판대 앞에서 말할 수 없다는 뜻이다.

기억하라. 우리가 복음 들고 성령충만하여 사명 가지고 비전을 품고 세상으로 나아가면 음부의 권세가 이기지 못하리라. 교회는 복음 없이는 절대로 세상을 이길 수 없다. 복음 들고 나아가면 주님은 절대 나 혼자 하도록 내버려두시지 않는다.

"험한 세상에서도 너 혼자 외롭게 피 흘리고 쓰러지도록 내버려두지 않는다. 세상 끝날까지 내가 너와 함께하리라!"

증인이 되리라!

오직 성령이 너희에게 임하시면 너희가 권능을 받고 예루살렘과 온 유대와 사마리아와 땅끝까지 이르러 내 증인이 되리라 행 1:8

이 구절이 얼마나 중요한 말씀인지 아는가? 바로 이어지는 9절은 예수님이 이 말씀을 마치고 올려져 가서 보이지 않게 되었다고 말씀한다. 예수님이 하늘로 올라가시기 전에 마지막으로 하신 말씀이 8절 말씀이다. 주님이 이 땅에 계시는 동안에 마지막으로 남긴 말씀, 유언의 말씀이 8절이고, 그 약속은 너는 이 세상에 '증인'이 되리라는 것이다.

이 말씀은 마지막 때 승리를 위한 주님의 전략이다. 그 전략은 오직 성령이 임하는 것이다. 전도는 내 힘으로 할 수 없다. 우리 재주로 하는 게 아니고 우리 경험이나 지식으로 하는 것도 아니다. 성령이 임하여 우리를 권능 있는 하나님의 자녀로 세우는 것이다. 이 세상을 정복하는 승리자로 권능을 주시는 것이다. 하나님의 자녀 된 권세, 하나님나라의 권능을 받은 증인이 되는 것이다.

"너 예수 믿었지. 기도했지, 너 증인이 돼야 한다"라는 얘기가 아니다. "증인이 되어라! 증인 되라니까!"라는 명령도 아니다. "증인이 되리라!"라는 약속이다. 네 존재, 정체성을 분명히 하라는 것이다. "너는 하나님나라의 증인이다. 이 세상에 발을 붙이고 살아도 하나님나라의 증인이다. 밥을 먹어도 사람을 만나도 하나님의 증인이다. 예배를 드려도 하나님의 증인이다." 자기 존재를 확실하게 하라는 것이다.

예수님은 마지막 때 교회의 승리를 우연이나 행운에 맡기지 않으셨다. 명장이 전쟁터에서 전투의 멋진 승리를 위해 전략을 세우듯이 우리에게 전략을 주셨다. 사탄에게 빼앗긴 영토를 되찾는 작전, 어떤 위기 상황 속에도 음부의 권세가 이길 수 없는 교회의 승리 전략, 이 땅의 모든 교회가 잃어버린 하나님의 백성을 찾는 승리의 전략이 여기에 있다. 우리를 하나님나라의 증인 삼으시는 것이다.

하나님이 일하시는 방법, 예수님이 멋진 꿈을 꾸고 이 세상에 그 꿈을 펼치시는 전략이 무엇인지 아는가? 하나님의 일하시는 방법은 사람이다. 당신이 전략이다. 하나님나라의 계획은 당신이다. 내가 하나님의 백성과 하나님의 제자, 증인이 되는 게 하나님의 전략이라는 것이다.

그 유명한 영화 〈쉰들러 리스트〉(Schindler's List, 1993)를 아실 것이다. 오스카 쉰들러(Oskar Schindler) 한 사람 덕분에 수많은 유대인이

히틀러의 학살에서 살아남는다. 전쟁이 끝나고 이 사람들이 오스카 쉰들러와 헤어져야 할 시간이 다가왔다. 그에게 감사를 표하고 싶은데 가진 것이 없으니 많은 사람이 자신들의 금니를 뽑아 금반지를 만들고 거기에 이렇게 새겨 놓았다.

'한 영혼을 구한 것은 우주를 구한 것이다. 한 영혼을 살린 것은 세상을 살린 것이다.'

우리 모두의 심비(心碑)에 이 말씀을 함께 새겨두자!

"한 영혼을 살린 것은 세상을 살린 것이다."

17
성령충만과 순교

사도행전 1장 6-11절

6 그들이 모였을 때에 예수께 여쭈어 이르되 주께서 이스라엘 나라를 회복하심이 이때니이까 하니 7 이르시되 때와 시기는 아버지께서 자기의 권한에 두셨으니 너희가 알 바 아니요 8 오직 성령이 너희에게 임하시면 너희가 권능을 받고 예루살렘과 온 유대와 사마리아와 땅끝까지 이르러 내 증인이 되리라 하시니라 9 이 말씀을 마치시고 그들이 보는데 올려져 가시니 구름이 그를 가리어 보이지 않게 하더라 10 올라가실 때에 제자들이 자세히 하늘을 쳐다보고 있는데 흰옷 입은 두 사람이 그들 곁에 서서 11 이르되 갈릴리 사람들아 어찌하여 서서 하늘을 쳐다보느냐 너희 가운데서 하늘로 올려지신 이 예수는 하늘로 가심을 본 그대로 오시리라 하였느니라

기독교의 십자가 정신

기독교의 한 가지 상징이 있다면 그것은 십자가다. 예수께서 십자가에 달려 우리를 구원하셨기 때문이다. 교회는 예수께서 달리시고 피 흘리신 십자가의 그 피 위에 세워져 있다. 언제나 예수를 믿는 성도들의 피를 머금고, 성장하고 든든히 서가는 것이다. 교회가 부흥되는 지역을 찾아가 보면 순교의 피가 흐르고 있음을 발견하게 된다.

기독교에는 십자군 정신이 있고 십자가 정신이 있다. 십자군 정신은 기독교가 세상에 위용을 자랑하고 힘을 과시하고 정복하기를 원하는 마음이다. 그러나 십자가 정신은 낮아지고 섬기고 죽는 정신이다. 기독교는 핍박받는 종교이자 가난하고 낮아지는 종교다.

일본 땅의 기독교인들이 핍박받고 순교한 현장을 찾아가 본 적이 있다. 당시 일본 사람들이 예수 믿는 사람들을 얼마나 잔인하게 죽였는지 모른다. 예수 믿는 사람들을 잡아 발바닥 껍질을 벗기고 마을과 도시를 끌고 다니면서 너희들도 예수 믿으면 이렇게 된다고 시위를 했다. 그러다 예수 믿는 사람이 죽으면 그냥 버렸다.

예수를 믿는 사람 중에 어린아이가 한 명 있었다. 끝까지 예수님을 배신하지 않고 남쪽 어느 마을에 도착한 그 아이는 작은 십자가가 세워져 있는 것을 보더니 그 십자가를 향해 달려갔다. "내 십자가!" 꼬마는 십자가를 붙들고 통곡했고, 거기에 매달려 죽었다.

바닷가에서는 바닷물이 밀려간 자리에 말뚝을 박고 거기에 예수 믿는 사람들을 묶어 놓았다. 시간이 지나면 바닷물이 출렁이면서 밀려온다. 묶인 사람들은 바닷물이 머리를 넘어서면서 수장당했다.

마을마다 예수 믿는 사람들의 목을 치고 "저들은 부활한다고 하니 부활하지 못하게 하자"라면서, 목을 베어 피가 흥건히 고인 자리에는 몸뚱어리만 묻고 머리는 다른 데로 옮겨서 묻었다.

독한 사람들은 예수 믿는 사람들을 큰 바위 위에 패대기쳐서 죽였다. 그 마을에 찾아갔을 때 보니 습도가 높아서 길거리의 돌 하나까지 전부 다 이끼가 끼어 있는데 예수 믿는 사람들을 죽인 그 바위는 이끼가 끼지 않고 하얀 천을 깔아 놓은 것처럼 하얗게 되어 있었다. 그런데 마을 사람들은 그 모습을 보면서도 예수를 믿지 않을 만큼 강퍅해져 있었다.

일본에 가면 십자가를 찾기가 쉽지 않다. 십자가를 발견하고 달려가 보니 교회당이 아니고 결혼 예식장이었다. 내 마음에 의구심이 일었다. '순교는 선교의 피, 복음 전도의 피라고 하는데 일본에서 그렇게 엄청난 순교를 당했는데도 일본은 왜 아직도 복음에 척박한 땅

인가?'

　인터넷을 찾아봐도 대답이 없고, 책을 찾아봐도 신통한 대답이 없었다. 마음속에 의문이 풀리질 않았다. 내 나름대로 '이곳은 순교를 당한 땅이기 이전에 하나님의 백성들, 하나님을 믿는 사람들을 너무나도 잔인하게 잡아 죽여 순교시킨 땅이다. 전 세계 어디보다도 혹독하고 잔인하고 모질게 하나님의 자녀들을 죽였기 때문에 하나님은 촛대를 옮기시고, 복음의 피를 거두어 가셨다'라고 해석이 되어 새벽예배 시간에 순교지를 함께 순례하는 사람들에게 그 마음을 나누었다.

성령님이 오셔야 땅끝까지 전할 수 있다

　마지막에 순교 탑이 세워진 광장에서 기도하다가 "하나님! 이 땅을 버리지 마십시오"라고 그 땅을 위하여 눈물로 기도할 때 갑자기 눈앞에 한 그림이 지나갔다. 우리가 복음을 전하면서 북쪽을 향하여 달리기 시작한다. 지구를 한 바퀴 도니 마지막에 걸리는 땅이 일본이다. 이번엔 반대로 남쪽을 향해 달리며 복음을 전한다. 지구를 한 바퀴 돌아서 마지막에 걸리는 땅은 바로 북한 땅이다.

　성경에 땅끝까지 복음을 전하라고 했는데 일본과 중국, 북한이라는 이 지구 마지막 땅에 복음을 전할 나라는 우리, 한국 교회밖에 없다. 일본 땅과 북한 땅에 복음을 전하지 못한다면, 주님 앞에서 섰을 때 우리가 주님의 지상명령에 순종한 교회요 주님의 지상명령을 따르는 백성이라고 말할 수 있겠는가?

그렇다면 강퍅한 저 사람들에게 어떻게 복음을 전할 수 있는가? 우리의 힘으로는 불가능하다. 성령님이 오셔야만 이 모든 일이 가능하다.

성경을 연구하는 사람들이 신구약성경에 예언의 말씀이 32,500개라고 말한다. 구약성경의 수많은 예언을 요약하면 예수님, 즉 메시아가 오신다는 예언과 마지막 때가 되면 성령을 물같이 부어주신다는 약속, 이 두 가지로 요약할 수 있다.

신약성경에 많은 예언의 말씀이 있지만 역시 두 가지로 요약할 수 있다. 첫 번째는 예수님이 다시 오신다는 재림의 약속이요, 두 번째는 마지막 때에 성령이 오셔서 당신의 백성을 구원하신다는 약속이다. 신구약성경의 공통된 예언은 마지막 날에 성령이 임하신다는 것이다.

언제 우리가 예수를 믿었는지 모르지만, 오늘 죽어도 우리가 천국에 들어가고, 예수가 메시아요 구세주요 하나님이 우리 아버지라는 사실이 저절로 믿어진다. 이게 이상한 일이요 신비다. "성령으로 아니하고는 누구든지 예수를 주시라 할 수 없느니라"(고전 12:3)라고 하신 말씀처럼, 성령이 아니고서는 예수가 믿어지지 않는다. 예수가 메시아라는 사실이 믿어지면 성령이 오신 것이다. 성령이 오셨기 때문에 믿어진다.

"오직 성령이 너희에게 임하시면" 저절로 권능을 받는 일이 일어난다. '너희가 권능을 받는다'라는 말은 권능을 받으라는 명령형이 아니다. 그러므로 윽박지르는 말씀도 아니다. 마지막 때에 성령이 임하게 되면 모든 사람이 저절로 권능을 받는다.

권세를 가진 사람은 권력을 가졌다고 한다. 돈을 많이 가진 사람은 재력을 가졌다고 말한다. 공부를 많이 하고 지식을 가진 사람은 실력을 가졌다고 한다. 완력을 쓰는 사람에 대해서는 폭력이란 말을 쓴다. 그러면 영적인 힘, 영적인 실력은 무엇인가? 그게 바로 권능이다.

성령이 임하시고 권능을 받고 나면 어떻게 살아가게 되는가? "증인이 되리라"라고 하신다. 이 말 역시 명령형이 아니고 윽박지르는 말도 아니다. 성령이 임하게 되면 저절로 권능을 받는데 그 권능으로 우리의 권세를 폭력으로 행사하는 게 아니라 "증인이 되리라", 저절로 증인이 된다고 말씀한다.

사도행전 1장 8절 말씀은 굉장히 중요하다. 예수님이 이 땅에 오셔서 수많은 말씀을 가르치셨다. 십자가에 달려 돌아가셨다가 부활하셨다. 얼마간 또 말씀을 증거하고 이적과 기사와 표적을 행하셨다. 승천하기 전에 마지막 말씀을 남기고 감람산에서 제자들이 보는 앞에서 홀연히 하늘로 올리워 가신다.

천사들이 "너희들이 본 그대로 예수님 오실 거야"라고 말하기 직전, 주님이 이 땅에 계실 때 마지막으로 남긴 말씀이 이 8절이다. 그러니 적어도 우리가 하나님의 자녀라면 예수님의 마지막 말씀은 간직하고 지키며 살아야 하지 않겠는가.

성령과 순교

성령을 받으면 증인이 된다. 이 '증인'을 원문에서는 '마르투스'라고 표현한다. 이 말은 생명의 존재 가치가 예수를 증거하는 데 있다는 뜻이다. '순교자'(martyr)라는 단어가 이 '마르투스'에서 유래되었다. "오직 성령이 너희에게 임하시면" 후에 "너희가 내 증인이 되리라"라는 말씀은 "너희가 순교자가 되리라"라고 번역해도 틀린 말이 아닐 것이다.

왜 증인과 순교자가 같은 말이 되었을까? 성령께서 임하여 하시는 일이 예수님을 증거하는 일이기 때문이다. 예수님이 기적을 많이 행하셨다는 것을 증거하는 게 아니고 십자가를 증거하는 것이다. '예수님이 십자가에 달려 돌아가셨고, 그로 말미암아 너희 죄는 사함 받았고, 너는 하나님의 자녀가 되었다. 믿는 자는 구원을 얻는다' 이것을 증거하는 것이다.

"예수 믿고 사랑으로 살아라!"라는 말을 들을 때 우리는 손양원 목사님을 떠올린다. 손 목사님은 아들을 죽인 원수를 용서하고 그를 자기 아들로 삼았다. 사랑으로 살아가다가 사랑의 순교자가 되셨다. 이 모습이 예수 믿는 사람이 살아가는 삶의 자세다.

신앙의 위기가 왔을 때 어떻게 살아야 하는가? 주기철 목사님은 신앙의 증인으로 살다가 신앙의 순교자가 되셨다. '믿어야 하나 말아야 하나?' 하는 갈림길 앞에 있을 때 우리는 생명을 내어놓고 예수님을 증거하고 살아야 한다. 신앙의 후배로서 우리는 손양원 목사님과 주기철 목사님을 한국 교회의 양식으로 인정하고 살아간다.

예수님의 제자들도 성령을 받고 증인으로 살다가 대부분 순교자가 되었다. 성령이 오시면 환경이 바뀌고 부자가 되는 게 아니다. 존재가 바뀌는 것이다. 사람이 바뀌고 인격이 바뀌는 것이다. 삶의 목적이 달라지고, 내 생명의 존재 가치가 달라진다.

오늘 우리나라에서 예수 믿는다고 죽는 사람은 없다. 그러면 순교자가 되라는 말이 무슨 말일까? 살아 있는 순교자로 사는 것이다. 삶으로 증인이 되어 살아가는 것이다. 증거하지 못하게 하는 모든 상황 속에서 예수님을 증거하다가 죽는 것이고, 죽이는 사람이 없을 때는 삶을 통하여 예수님을 증거하며 살아가는 것이다.

입으로, 몸으로, 내가 가진 삶의 환경으로, 시간으로, 물질로, 은사로, 사상으로, 내가 가진 사회적인 지위로 예수님을 증거하는 것이다. 그걸 위해 생명을 바쳐서 살아가는 것이 증인이요 순교자다.

감수성이 예민했던 시절, 백지 같은 내 심장에 새겨주셨던 거창고등학교 교장 전영창(全永昌) 선생님의 설교를 기억한다. 그 분이 교장으로 섬기실 때, 아니 돌아가실 때도 지금의 나보다도 나이가 훨씬 적었다. 이제 그 분보다도 훨씬 더 나이가 들고 보니 그 분의 설교와 교훈이, 그리고 그 분의 삶이 무엇을 의미하는지 조금은 이해가 된다.

"영광이 있는 곳에 가지 마라. 네가 많은 것을 가졌을 때, 네가 오를 만큼 올라갈 때, 너의 권리를 주장하지 말고 낮아지고 죽어라. 단두대가 기다리는 곳으로 가거라. 고난이 기다리는 곳으로 가거라. 손해 보는 자리로 가거라.

많은 사람이 손가락질 한 자리로 가거라."

'아, 살아 있는 순교자로 살라는 뜻이구나!' 그걸 깨닫게 된다. 그리스도인의 삶은 살아 있는 순교자로 살아가는 삶이다. 불의와 타협하지 않으려고 하다가, 부정부패에 오염되지 않으려고 하다가, 내가 가진 기득권을 다 포기하고 살아가는 것이 바로 살아 있는 순교자로 사는 삶이다.

순교자는 예수 때문에 생명을 잃어버린 사람이다. 예수 때문에 무엇을 얻는 것이 귀할 수 있다. 예수 믿고 이 땅에서 많은 것을 얻고 살아가는 것도 예수 믿는 분복이다. 그러나 예수 믿고 얻는 것이 있는가 하면, 잃는 것도 있다. 얻은 것은 이 땅에 분복이고, 잃는 것은 하나님나라에 분복이 된다.

예수 믿고 기도하고 내가 통찰을 얻어서 많은 것을 누리고 살아가는 것도 소중할 수 있지만, 그것을 가지고 하나님나라에 가는 것은 아니다. 그것이 이 땅에서는 기쁨이 되고 감사가 되고 행복이 될 수 있으나 하나님나라에는 예수 믿고 잃어버린 것, 포기한 것, 내려 놓은 것만이 남는다. 얻은 것이 이 땅의 가치라면 잃은 것에는 영원한 가치가 있다. 그게 면류관이요 칭찬이다.

시간과 생명은 소중하다. 다른 사람을 위하여 내 시간을 포기하는 것은 자비롭다. 그러나 하나님을 위하여 살아가고, 하나님나라를 위하여 내 시간을 포기하는 것이 바로 신앙이다.

물질을 나를 위해서 쓰는 것은 귀한 일이다. 잘 벌어 잘 쓰는 것만큼 소중한 게 어디 있겠는가? 이웃을 위해 쓰는 것은 구제요 선교다. 하나님나라를 위해 쓰고 하나님나라를 위해 포기하는 것은 순교요 신앙이다.

은사와 재주를 세상에서 나를 빛내기 위해서 쓸 수도 있지만 신앙은 하나님나라를 위하여 내 은사와 재주를 하나님 앞에 드리며 살아가는 것이다. 많이 가질수록, 높은 자리에 오를수록, 하나님 앞에 섰을 때 책임이 크다. 그것을 하나님나라를 위하여 내려놓고 포기하는 것이 순교다. 얼마든지 누릴 수 있지만 포기하는 것이 순교자의 삶을 사는 것이다. 이것만이 하나님나라에 남는다.

기독교 역사를 살펴보면, 세월이 갈수록, 물질문명이 발달할수록, 잘 먹고 잘살수록 교회가 위기를 겪었다. 왜 그런가? "마지막 때에 믿는 자를 보겠느냐?"라고 주님이 말씀하셨던 그 시대가 오늘 내가 살아가는 이 시대가 아닐까 싶어서 두렵고 떨린다.

오늘날 교회에 능력과 권능이 없는 이유는 무엇인가? 예수 믿고 얻으려고 하는 사람이 너무 많기 때문이다. 예수 때문에 잃기 위해서가 아니라 얻기 위해서 오는 사람이 너무 많아졌기에 교회가 세속적인 종교로 전락했다. 무당 종교로 전락하여 진지한 순교의 싸움이 없다.

죽으려고 하는 사람, 잃으려고 하는 사람, 내려놓으려고 하는 사람이 점점 사라지고 있는 것이 우리 시대의 위기다. 얻기만을 바라는 사람은 번영신학, 성공신학을 따르는 것일 수 있다. 죽으려고 하는 사람, 내려놓으려고 하는 사람, 포기하려는 사람, 살아 있는 순교자로 살고자 하는 사람이 십자가 신학, 순교의 영성을 가지고 살아간다.

순교의 땅에서

"예수님이 목사라면 큰 교회 목회하기는 영 글렀다"라는 말이 있다. 교회 왔다가 예수님의 설교를 듣고서는 남기보다 도망가는 사람이 훨씬 더 많기 때문이다. 이제 나눌 이야기는 참 쉽지 않다. 쓰는 나도 힘들고 읽는 독자도 편하지 않다. 이게 진짜이기 때문이다.

2021년 10월 22일, 한국교회총연합 총회장이 되고서 첫 외부 일정은 전남 영광군의 야월교회에 가는 것이었다. 야월교회는 호남 지역에서 신학교를 세우고 많은 교회를 개척한 유진 벨(Eugene Bell) 선교사가 1908년에 세웠다.

6·25 당시 공산군은 4개월도 안 되어 호남 지역으로 급속하게 밀려 들어왔고, 영광군도 예외는 아니었다. 당시 야월교회는 어린아이와 임부까지 출석 교인이 65명이었는데 그 65명 가운데 한 명도 남지 않고 모두 순교했다.

공산군은 먼저 교회 리더들, 열심이 특심인 사람 다섯 명의 목에 바위를 매달고 바닷물이 밀려간 자리에 집어 던져 바다에 수장시켰다. 나머지 60명은 굴비처럼 엮어 뒷산으로 끌고 올라가 삽 한 자루씩 주고 구덩이를 파게 시켰다. 그 큰 구덩이에 60명을 생매장하려는 목적이었다. 살아 보겠다고 엉금엉금 기어 나오는 사람들은 죽창으로 찌르고 발로 걷어차 구덩이로 밀어 넣었다. 그 현장이 60명이 생매장당한 순교지다.

그 지역에서는 야월리를 일컬어 '예수 믿고 망한 동리'라 부른다. 사람들이 지나가다가 '망한 동네'라고 불렀다. 세월이 흘러서 그때 마을에 살던 어린아이들이 자랐다. 부모가 예수를 안 믿어 교회를 안 다녀서 살아남은 아이들이다. 순교 현장을 목격한 그 아이들이 자라서 다시 교회를 재건했다. 지금은 야월리에 280세대 정도 사는데 100세대 정도가 교회에 나온다. 야월리 주민의 35퍼센트 이상이 교회에 출석한다.

전 교인이 순교한 지 38년이 지났다. 그 교회에 부임한 배길양 목사가 순교자들의 이름을 기억해야겠다 싶어 동사무소에 갔다가 깜짝 놀랐다. 그때까지 65명이 호적상으로는 다 살아 있었기 때문이다. 모든 교인이 죽어 사망 신고를 해줄 사람이 없었던 것이다. 배 목사님으로 인해 38년 만에 사망 신고가 되었다. 목사님은 그들의 이름을 발굴하기 시작했고, 그들의 죽음의 현장에서 사례를 모으기 시작했다.

야월교회에 '순교영성훈련센터' 준공 감사 예식이 있었다. 이 중요한 시간에 총회장이 역사적인 현장도 보시고 말씀을 선포해주시기 위해 꼭 내려와야 한다고 하셔서 교단 총회장 외부 첫 일정으로 야월교회를 찾아갔다. 곳곳에 이렇게 쓰여있었다.

"용서하자. 그러나 그 끔찍했던 그 순교의 현장을 잊지는 말자."

우리도 그렇게 살자. 그분들 계신 곳에 우리도 가자. 용서하자. 그러나 끔찍했던 순교의 현장을 잊지는 말자. 우리도 그렇게 살자. 그렇게 죽어 그들 계신 곳에 우리도 가자.

오직 성령이 너희에게 임하시면 권능을 받는다. 부자 되는 권능이 아니다. 병이 낫는 권능이 아니다. 순교자가 되는 권능이요 순교자로 살아갈 힘이 생기는 권능이다. 손해 보고도 기뻐하는 힘이 생기는 권능이다. 예수님 닮은 길, 예수님이 가신 길을 걸어갈 수 있는 권능이다.

초기 교회에 한 망나니가 있었다. 예수 믿지 않겠다고 말하면 살려주고, 끝까지 예수 믿겠다고 하면 칼춤을 추다가 사정없이 목을 댕강댕강 치는 일을 했다. 그런데 언젠가부터 이 망나니 눈에 이상한 게 보이기 시작했다. 분명히 목을 쳤는데 목이 땅에 떨어지지 않고 천군 천사들이 빛으로 달려왔다. 그 목이 땅에 떨어지기 전에 그 영혼을 사뿐히 받아서 빛의 세계로 옮겨 가는 걸 보았다.

어느 날 예수 믿는 한 사람이 무릎을 꿇고 죽음을 기다리고 있었다. 망나니가 칼춤을 추기 시작하자 이 사람이 자리에서 벌떡 일어나 "나 예수 안 믿을래요!" 하고 외쳤다. 그때 망나니가 말했다.

"그대가 이 칼을 잡아라. 그대가 앉은 자리에 내가 앉겠다. 나는 예수를 믿을 것이고 그대는 내 목을 쳐라!"

이 땅에 살아가다가 순교자가 될 기회가 아무에게나 주어지지 않는다. 순교는 오직 성령이 주시는 은사요 영광이다. 이 땅에 살아가다가 우리에게 순교할 기회가 주어졌다는 것은 성령의 은사요 엄청난 복을 받은 것이다. 그러나 명심하라. 이 복이 누구에게나 오는 것이 아니다.

  이 복을 함께 누리는 데 어떤 길이 있는가? 순교자의 삶을 사는 것이다. '항상'은 최후와 통한다. 항상 증인으로 살아가는 사람은 복음을 증거하며 죽을 것이다. 순교자의 삶을 사는 사람은 순교로 주님 앞에 서게 되는 것이다. 오직 성령이 너희에게 임하시면 순교의 권능이 저절로 주어진다. 그리고 증인의 삶, 살아 있는 순교자의 삶을 살 수 있게 된다.

18
성령세례, 성령충만

사도행전 1장 3-8절

3 그가 고난받으신 후에 또한 그들에게 확실한 많은 증거로 친히 살아계심을 나타내사 사십 일 동안 그들에게 보이시며 하나님나라의 일을 말씀하시니라 4 사도와 함께 모이사 그들에게 분부하여 이르시되 예루살렘을 떠나지 말고 내게서 들은 바 아버지께서 약속하신 것을 기다리라 5 요한은 물로 세례를 베풀었으나 너희는 몇 날이 못 되어 성령으로 세례를 받으리라 하셨느니라 6 그들이 모였을 때에 예수께 여쭈어 이르되 주께서 이스라엘 나라를 회복하심이 이때니이까 하니 7 이르시되 때와 시기는 아버지께서 자기의 권한에 두셨으니 너희가 알 바 아니요 8 오직 성령이 너희에게 임하시면 너희가 권능을 받고 예루살렘과 온 유대와 사마리아와 땅끝까지 이르러 내 증인이 되리라 하시니라

예수 안에 있는지, 밖에 있는지

고(故) 이어령 선생이 젊은 시절에 쓰신 수필집 《아들이여 이 산하를》에 나온 이야기다. 어느 마을에 수염을 길게 기르신 할아버지가 계셨다. 한 어린이가 이분에게 "할아버지는 주무실 때 수염을 이불 속에 넣고 주무십니까, 아니면 이불 위에 걸쳐 놓고 주무십니까?" 하고 물었다. 30년 동안 달고 다닌 수염인데도 밤에 수염을 어찌하고 자는지 금방 생각이 나지 않았던 할아버지는 "얘야, 미안하지만 오늘 밤에 잠을 자 보고 내일 대답하마"라고 대답했다.

그날 밤, 할아버지는 일찌감치 저녁을 들고 이불속에 들어가 잠을 청하는데 그 큰 수염 바구니를 이불 속에 넣고 자려니 답답한 게 잠이 오지 않았다. 수염을 꺼내 이불 위에 걸쳐놓고 자려니 쓸쓸한 게 도무지 잠이 오지 않았다. 밤새도록 수염을 이불 속에 넣었다 뺐다, 답답 쓸쓸, 쓸쓸 답답, 그러다가 밤을 지새웠다는 얘기다.

우리 그리스도인 가운데도 교회 안에는 와 있는데 자신이 예수 안에 있는지 예수 밖에 있는지, 믿음 안에 있는지 믿음 밖에 있는지, 오늘이 내 인생에 마지막 날이라면 내가 천국 안에 있을 것인지 천국 바깥에 있을 것인지, 헷갈리기도 하고 확신이 없는 분이 종종 있다.

예수께서 십자가에 달려 죽으셨다가 사흘 만에 부활하셨다. 승천하기 전 40일 동안 제자들 곁에 머무실 때 "너희는 예루살렘을 떠나지 말고 아버지께서 약속하신 것을 기다려라. 그리하면 성령으로 세례를 받으리라"라고 말씀하셨다.

"성령으로 세례를 받으리라"(행 1:5)라는 말씀을 쉽고도 보편적인 말씀으로 풀어보면 언제나 세례는 구원과 관계되어 쓰이는 단어다. 너희가 구원받은 하나님나라 백성임을 분명히 해주겠다는 것이다.

구원은 내가 만든 것이 아니라 성령께서 주시는 것이므로 왔다 갔다, 얻었다 빼앗겼다 하는 것이 아니다. 이것이 성령으로 세례를 받으리라는 말씀이다. 너희 믿음에 성령이 인을 치고 보증이 되신다는 약속이다.

성령세례와 권능

사도행전 1장 3-8절에는 승천하시기 전 예수님과 제자들이 나눈 짤막한 대화가 소개된다.

예수님의 십자가 죽음은 제자공동체에 엄청난 충격이었다. 예수님은 죽은 자를 살리셨고 도시락 하나로 오천 명을 먹이셨다. 듣지도 보지도 못한 이적과 기사를 행하시던 예수께서 어찌 그토록 무력하게 잡히고 십자가에 달려 돌아가실 수가 있단 말인가.

제자들은 예수께서 로마를 물리치고 이스라엘을 구원하여 다윗의 영광을 회복하실 줄 알았다. 그런 예수님이 이토록 허무하게 돌아가시다니? 그들은 허탈감, 절망감과 함께 자신들도 잡혀 죽을지 모른다는 두려움과 공포를 느꼈다.

그런데 돌아가신 예수께서 사흘 만에 부활하셨다. 죽은 사람이 어떻게 다시 살아난단 말인가? '그러면 그렇지. 예수님이 허무하게 죽으실 분이 아니지.' 예수의 부활을 목격한 제자들은 전보다 더 큰 희망을 품었다. 더 큰 자신감과 기대를 가졌다. 그렇듯 가슴 부푼 제자들이 함께 모여 있는 자리에 주님이 찾아오셨다.

"주님, 우리가 그토록 기다리던 일, 주께서 이스라엘 나라를 회복하심이 이때입니까?"

터무니없는 이 질문에 예수님은 "그렇게 가르쳤건만, 어리석은 자들아, 너희는 구원론을 오해하고 있구나. 너희는 하나님나라를 크게 잘못 알고 있구나"라고 제자들을 나무라지 않으셨다. 오히려 우문현답, 어리석은 질문에 정성스럽게 대답하신다. 곧 보혜사 성령이 임하시면 어리석은 제자들을 가르치셔서 이들이 점차 깨닫게 될 것을 아셨기 때문이다. 그리고 다시 중요한 말씀을 하신다. 세상이 어찌 되든 너희는 분명한 목표와 사명을 가지고 살아야 한다는 것을.

이르시되 때와 시기는 아버지께서 자기의 권한에 두셨으니 너희가 알

바 아니요 오직 성령이 너희에게 임하시면 너희가 권능을 받고 예루살렘과 온 유대와 사마리아와 땅끝까지 이르러 내 증인이 되리라 행 1:7,8

여기 두 단어가 등장한다. '성령으로 세례를 받는다'와 '권능을 받는다'의 동사다. 성령을 받는 것과 권능을 받는다는 말은 같은 말일까, 다른 사건을 말하는 것일까? 이 구절은 교회사 속에서 대단히 중요한 말씀이 될 것이다. 첫째, 성령이 오셔서 흔들리지 않는 구원의 확신을 주신다. 그리고 둘째, 권능을 받는다. 목숨을 걸고 땅끝까지 복음을 전하는 사명을 감당하게 된다는 말씀이다.

복음이 전해지는데 유약한 촌부들을 두고 주님이 약속과 예언을 하신다. 너희가 복음을 전함으로 말미암아 예루살렘, 유대, 사마리아 찍고 런던, 파리, 워싱턴, 뉴욕 찍고 서울, 대전, 목포, 부산 찍고 전 세계 도시에 교회가 설 것이고, 하나님을 아버지로 믿는 사람들, 하나님의 백성이 세계 도처에 가득하게 될 것이라고. 지금이야 당연해진 말씀이지만 그 당시엔 제자들에게 허풍처럼 들릴 수 있는 말씀이었다.

성령세례와 성령충만

"성령으로 세례를 받으리라"

1900년 동안 이 주제가 기독교 신학의 중심 주제로 부상한 적이 없다가 2천 년 만에, 20세기 초에 일어난 오순절 운동의 영향으로

"성령으로 세례를 받으리라", 이 '성령세례'라는 말이 널리 퍼져가기 시작했다.

'성령세례'란 말이 무엇인가를 두고 복음주의 개혁교회(장로교회)와 오순절교회(순복음교회)의 해석이 달라 신학계에 뜨거운 감자가 되었다. 잘못 만지다간 너무 뜨거워 화상을 입는다. 한때는 한국에서도 이 일로 순복음 교단이 이단 논쟁에 휘말리기도 했다. 40-50년 전 총회 때마다 이 교단의 대표적인 한 분이 이단인가 아닌가 하는 논쟁이 늘 있었다.

지금은 그렇지 않다. 신학적인 교리를 통하여 서로 이해하고 조화를 이루고 있다. 내가 가장 자주 만나는 친구 한 사람이 이 교단의 대표적인 목사님이다. 신학적인 논쟁으로 싸우지 않고, 함께 바른 신학의 길을 모색하고 한국 교회에 대한 논의를 늘 함께한다.

성경에 '성령세례'에 관해 일곱 번 정도 언급되지만 '성령세례'라는 명사형 표현은 없다. 단지 '성령으로 세례를 받는다'라고 서술될 뿐이다. 물론 동사형으로 나오는 단어를 명사형으로 사용하는 자체가 잘못은 아니다. 그러나 이 단어를 교리화하고 편협하게 단정적으로 사용하는 것은 잘못이 될 수 있다. 그들 교리에 분명 성경적인 근거는 충분히 있으나 단정적이고 확실한 근거는 못 되기 때문이다.

장로교인, 심지어 장로교 목사 중에도 "성령세례가 무엇인가?"라고 했을 때 흔들리지 않는 구원의 확신이 아니라 은사 체험, 심지어 방언을 받는 것이라고 이해하는 분들이 있다. 분명히 복음주의 개혁교회 입장에서 볼 때 신학적으로 단정하듯 결론 내리는 것은 문제가 있다.

성경에서 성령에 관한 용어들은 정의를 내리거나 교리화하여 사용하고 있지 않으며, 오히려 한 가지 용어가 다양한 의미를 가지고 사용되기도 한다. 용어는 다른데 같은 의미로 쓰이기도 한다. 그래서 성경에서는 성령에 관해 "성령 받는다. 성령을 주신다. 성령충만을 받는다. 성령이 임하신다. 성령을 부어주신다. 기름을 부으신다. 성령이 감동하신다. 성령으로 세례를 받는다" 등 참 다양하게 표현된다.

사도 바울은 12권이 넘는 그의 서신서에서 '성령세례'라는 표현을 잘 사용하지 않는다. 그가 "성령 받는다"라고 할 때는 구원, 칭의와 관계된 말로 가장 많이 사용했다.

> 성령으로 아니하고는 누구든지 예수를 주시라 할 수 없느니라
> 고전 12:3

> 누구든지 그리스도의 영이 없으면 그리스도의 사람이 아니라 롬 8:9

갈라디아서 3장에서는 성령을 칭의, 즉 의롭다고 인정받는 구원론과 연결하고 있다.

그렇다고 성경 모든 곳에서 이 "성령 받는다"라는 말이 구원론에 한정되어 사용되는 것도 아니다. 특히 누가가 기록한 누가복음과 사도행전에서는 다양한 표적과 은사와 연결되어 있다.

그래서 성령충만이 무엇이고 성령세례가 무엇이라는 것인가?

성령충만은 신앙생활의 다양한 영역에서 쓰인다. "술 취하지 말라 이는 방탕한 것이니 오직 성령으로 충만함을 받으라"(엡 5:18)와 같이, 성화와 거룩한 삶과 연결되고 있다. 성령세례란 성령충만을 경험하여 흔들리지 않는 구원의 확신을 갖게 되는 것이다. 그리고 난 다음에 성령에 대한 경험들이 다양한 은사 경험, 신앙 체험으로 이어진다.

사도행전 1장 8절에서 오직 성령이 너희에게 임하시면 너희가 권능을 받고 땅끝까지 복음을 전하게 된다고 하셨다.

종합해 보면, 성령의 충만을 받는다고 말할 때,

① 흔들리지 않는 구원의 확신을 포함한다.

② 죄를 이기는 거룩한 삶이 동반된다.

③ 성도가 받는 능력, 은사로 이어진다.

④ 성도에게 맺히는 품성적인 열매, 성령의 열매가 나타난다.

⑤ 복음 전도의 열정과 능력을 말한다. 잃은 영혼을 찾았을 때 오는 큰 기쁨과 구원의 감격과 연결되어 사용된다. 예수님을 믿고 나면 감격해서 우는데 웃음이 난다. 좋아서 웃는데 눈물이 흐른다. 예수님을 믿는 사람들은 항상 좋아서 울다가 웃다가, 웃다가 울다가를 반복한다.

이에 더하여 사도행전 1장 8절에서는 성령이 임하면 증인이 된다고 한다. 이 '증인'은 '순교자'와 같은 뜻이라고 앞에서 언급했다. 기독교 역사 속에서 모든 전도자는 예수를 위해 죽는 순교를 가장 큰 면류관이요 영광으로 알았다. 이것이 성령충만을 경험한 사람의 모습이다.

내가 속한 '대한예수교장로회 통합측 교단'의 가장 큰 뿌리는 미국 북장로교회다. 북장로교회 초기 선교사 중에 프레드릭 밀러(Frederick S. Miller), 우리 이름으로 민로아(閔老雅) 선교사님이 계신다. 서울에서 청주까지 오가며 복음을 전한 분이다.

민로아 선교사님은 1892년에 아내 안나 밀러 선교사와 함께 조선 땅에 발을 디뎠다. 다섯 자녀 중 넷째와 다섯째인 두 아들을 이 땅에서 잃었는데 1898년에는 아내마저 복막염으로 세상을 떠났다.

그는 18세기 영국의 조셉 하트(Joseph Hart) 목사가 1757년에 작사한 〈Come, ye sinners, poor and needy〉라는 찬송가를 한국어로 번역해 1905년 출간된 『찬셩시』 제52장에 〈쥬는 풍셩홈〉이라는 제목으로 소개했다.

시련 속에서도 복음을 전한 그는 "당신이 이 힘든 중에도 기쁘게 전하는 그 예수는 누구요?"라고 묻는 이들에게 이 찬송을 알려주고, 불러주었을 것이다. 예수님은 이런 분이시라고.

> 예수 누구신고 ᄒᆞ니 우는 쟈의 위로와 빈ᄒᆞᆫ자의 풍셩이며
> 쳔ᄒᆞᆫ쟈의 놉흠과 잡힌쟈의 노힘되고 우리 깃븜 되시네
> (예수 누구신고 하니 우는 자의 위로와 가난한 자의 풍성이며
> 천한 자의 높음과 잡힌 자의 놓임 되고 우리 기쁨 되시네)

이 곡은 찬송가 96장 〈예수님은 누구신가〉로 전해지며 "예수님은 누구신가?"라는 질문에 대하여 예수 안에 모든 대답이 다 있다고 대답한다.

오늘 죽어도 좋다

지금까지 살펴본 대로, 성경은 성령세례를 가장 먼저 경험하는 성령충만의 사건, 구원의 확신으로 설명하고 있다. 이때 다양한 은사가 동반되기도 하고 방언이 일어나기도 한다. 성령이 임하실 때 능력이 나타나고 은사가 임할 수 있다.

방언은 금하지 말아야 하지만 방언을 해야만 성령세례를 받은 것은 아니다. 성경은 "다 병 고치는 은사를 가진 자이겠느냐 다 방언을 말하는 자이겠느냐"(고전 12:30)라고 말씀한다. 또한 주의 이름으로 귀신을 쫓아내고, 선지자 노릇 하고, 큰 권능을 행했더라도 불법을 행하는 자, 즉 구원받지 못한 자로 쫓겨나 슬피 울게 되리라고 말씀하셨다.

구약의 사울은 예언의 능이 있었으나 멸망했다. 십자가상 한편 강도는 아무런 경험도 없었지만 구원받았다(눅 23:43). 구원은 오직 하나님의 영역이요 신비다.

결론적으로, 성령으로 세례를 받는다는 게 뭘까? 성령이 임하셔야 예수가 구세주이심을 믿게 되고, "예수님은 나의 주님이십니다!"라고 고백할 수 있다. 성령이 임하셔야 하나님을 아버지라 부를 수 있다. 그 고백과 함께 성령님이 "너는 내 아들이다, 내 백성이다" 하며 인을 치신다. 구원이 흔들리지 않도록 성령님은 항상 내 안에 계셔서 보증이 되신다. 성령이 오시면 나는 하나님의 자녀가 되고, 성령님이 양자 됨을 확증해 주신다.

성령세례로 구원의 확신을 얻은 사람이 갖는 가장 큰 은혜요 마지막 은혜가 있다. 죽음이 두렵지 않다. 오늘이 내 인생의 마지막 날이라고 할지라도 두렵지 않다. 천국에서 눈을 뜰 것을 믿기 때문이다.

2013년 10월 영국의 한 경매장에서 볼품없는 낡은 바이올린 한 대가 15억 원이라는 거액에 낙찰되었다. 타이타닉호의 악단장이던 월레스 하틀리(Wallace Hartley)의 바이올린으로, 진품 스트라디바리우스가 아닌 모조품 악기였다.

그로부터 약 100년 전인 1912년, 2천여 명을 태운 초호화 여객선 타이타닉호가 북대서양을 지나다 거대한 빙산과 부딪혀 침몰하기 시작했다. 아비규환 같은 아수라장 속에서 월레스와 일곱 명의 단원은 당황하거나 두려워하지 않고 배가 침몰하는 마지막 순간까지 〈내 주를 가까이하게 함은〉이라는 찬송가를 연주한다.

33세의 악단장 월레스의 바이올린은 그의 약혼녀 마리아가 약혼 기념으로 선물한 것이었다. 물이 목까지 차오르는 마지막 순간, 월레스는 연주를 멈추고 조심스럽게 바이올린을 가방에 넣었다. 그는 그 가방을 가슴에 묶고 "내 영혼을 주께 맡깁니다"라는 고백과 함께 차가운 바닷속으로 사라졌다.

며칠 뒤, 그의 시신은 바이올린 가방과 함께 수습되었고, 이 바이올린은 이후 유족에게 전달되었다. 그리고 한 세기가 지난 어느 날, "윌레스에게, 약혼자 마리아"라는 문구가 새겨진 이 바이올린이 영국의 한 다락방에서 발견된 것이다.

많은 그리스도인이 영화 〈타이타닉〉 속 수많은 명장면 가운데 이 단원들이 〈내 주를 가까이하게 함은〉 찬송가를 당당하게 연주하는 장면을 가장 인상적인 장면으로 꼽았다.

무엇이 이것을 가능케 했을까. 바로 확실하고도 분명한 구원의 확신이다. 이것이야말로 성령으로 세례를 받은 사람들에게 주어지는 축복이다. 구원의 확신은 이렇게 신비하고 귀하다. 이 세상 삶이 끝나는 날, 천국의 삶이 시작될 것을 믿기 때문이다.

예수 믿은 것을 생각하면 좋아서 운다. 울다가 웃는다. 성령이 임하시어 성령세례를 받고 성령과 동행하는 자의 아름다운 모습이다.

성령으로 세례를 받은 사람은 이 땅에서 살아갈 때 발바닥은 땅에 붙어 있지만, 영혼은 하늘에서 살아가는 사람이다. 그런 우리는 지구가 천만번 깨져도 빼앗기지 않는 구원의 확신으로 살아가는 하나님의 자녀들이다.

19
성령님이 세우신 그 교회

사도행전 2장 42-47절

42 그들이 사도의 가르침을 받아 서로 교제하고 떡을 떼며 오로지 기도하기를 힘쓰니라 43 사람마다 두려워하는데 사도들로 말미암아 기사와 표적이 많이 나타나니 44 믿는 사람이 다 함께 있어 모든 물건을 서로 통용하고 45 또 재산과 소유를 팔아 각 사람의 필요를 따라 나눠 주며 46 날마다 마음을 같이하여 성전에 모이기를 힘쓰고 집에서 떡을 떼며 기쁨과 순전한 마음으로 음식을 먹고 47 하나님을 찬미하며 또 온 백성에게 칭송을 받으니 주께서 구원받는 사람을 날마다 더하게 하시니라

교회의 아우라, 초대 교회

만일 당신이 타임머신을 탈 수 있다면 뭘 해보고 싶은가? 나는 2천 년 전으로 휙 날아가서 이 땅에 오신 예수님을 만나 뵙고 싶다. 그리고 오순절 다락방으로 가서 성령님이 임하시던 그 자리에 앉아 보고 싶다. 사도행전의 '처음 교회'의 모습을 보고 싶다.

이런 상상을 하는데 성령님이 내 마음속에 이렇게 말씀하시는 듯했다.

'좋아, 큰돈 들일 것 없다. 그 돈 있으면 헌금해라. 성경 안에 내가 다 담아 놓았다. 타임머신이 아니라 오직 성경(Sola Scriptura)이니라!'

오래전 독일의 평론가 발터 벤야민(Walter Benjamin)이 사용한 '아우라'(Aura)라는 미술 철학 용어가 있다. 신약성경에는 나오지 않는 헬라어인데, 원본 예술작품에서 풍겨 나오는 품격이나 영감을 의미한다. 모조품이나 복제품에서는 도무지 느낄 수 없는 진품의 향기,

그 고고함이다.

교회의 아우라! '성령의 공동체'였던 초대 교회에는 아우라가 있었다. 당시 로마도, 유대교도, 백성들도 초대 교회를 우습게 볼 때 성령님이 강림하여 교회의 아우라가 무엇인지를 가르쳐주셨다. 이때 교회의 아우라를 본 사람들은 교회를 두려워했다고 기록되어 있다.

> 사람마다 두려워하는데 사도들로 말미암아 기사와 표적이 많이 나타나니 행 2:43

사도행전 2장은 성령님이 임하셔서 초대 교회를 운행하실 때 교회에 어떤 역사가 있었는가를 보여준다. 한마디로 우리가 그토록 보고 싶은 '주님의 심장 속에 있는 바로 그 교회', 즉 교회의 아우라를 보여준다. 성령님이 세우신 바로 그 교회의 모습을 본문의 성경 말씀을 통하여 좀 더 깊이 들여다보자.

4복음서가 닫히고 사도행전의 문이 열리면 예수께서 승천하시고 성령이 임하신다. 베드로는 이 사건이 이미 구약에 예언된 사건이요 교회 시대의 시작이라고 선언한다. 그리고 본문에는 성령님이 세우신 바로 그 교회의 실체가 나온다.

사도행전의 기자는 처음 교회의 시작과 부흥을 보면서 매우 흥분하고 대단히 감격해한다. 성도가 증가하는 숫자를 소개하는 장면에서 한글 성경은 이 흥분된 분위기를 잘 번역해주고 있다.

> 모인 무리의 수가 약 백이십 명이나 되더라 … 행 1:15

주님의 명령을 따라서 오순절 다락방에 모인 무리의 수가 약 백이십 명'이나' 되었다고 한다. 이 말에 주목해보자. 베드로의 설교를 들은 사람들이 세례를 받았는데 "이날에 신도의 수가 삼천'이나' 더하더라"(행 2:41)라고 한다. 4장으로 가서 보면 "말씀을 들은 사람 중에 믿는 자가 많으니 남자의 수가 약 오천'이나' 되었더라"(행 4:4)라고 한다.

감탄의 용어 "이나"가 3번에 걸쳐 사용된 후 사도행전에서 더는 '수'를 헤아리지 않는다. 아니, 부흥의 결과로 교회의 수적 성장이 너무 크게 빨리 일어나 헤아릴 수가 없었을 것이다. 성령님이 세우신 바로 그 교회를 보고 나면 이런 기쁨, 이 감격과 흥분이 있다.

바로 그 교회

> 그들이 사도의 가르침을 받아 서로 교제하고 떡을 떼며 오로지 기도하기를 힘쓰니라 행 2:42

가르침을 받아 다시 말씀 앞으로

이런 감격 속에서 저자가 발견한 첫 번째 처음 교회의 모습은 "사도의 가르침을 받아"(행 2:42)에 있다. 건물이 좋다거나 특정한 사도가 설교를 잘하더라는 것이 아니라 '성도들이 설교를 잘 듣더라'다.

성령충만한 교회는 다시 말씀 앞으로 돌아온다. 성령의 임재를 경험하고 더 큰 흥분, 더 큰 감동을 기다리기보다는 하나님의 말씀을 듣는다. 신비를 경험한 사람들이 신비주의에 빠지는 게 아니라 신앙의 뿌리요 기준인 정경(正經, Canon), 다른 말로 성경의 말씀에 귀를 기울인다. 이것이 건강한 교회이며 사도행전이 말하는 처음 교회다. 이단 사설에 빠지거나 자극적인 유튜브에 빠져 허우적거리는 것이 아니다.

가끔 은혜받았다고 영상을 들고 와서 "목사님, 이것 좀 들어보세요. 성경을 기가 막히게 쪼개요. 능력의 사도입니다. 이런 진실한 목사가 어디 있을까요?"라고 하는 교인들이 있었다. 지난 30년을 돌이켜보면 그 사람들은 거의 예외 없이 독한 독버섯인 이단들이었다.

"가르침"(διδαχή)은 원어를 보면 단수로 되어 있다. 예수 그리스도의 피 묻은 십자가 복음이다. 복음이란 신통방통한 것이 아니라 단순하고 분명한 것이다. 반면, "사도"(ἀποστόλων)는 복수로 되어 있어 정확하게는 "사도들"이 된다. 어떤 목사가 전해도 복음은 하나다. 성경의 진리는 하나이며, 말씀은 하나다.

"기가 막히게 말씀을 쪼개요"라고 하길래 "귀가 막혀서 그렇습니다. 귀를 열고, 쪼개지 말고 통째로 잡수세요"라고 말했다. 몸담은 교회에서 은혜를 받아야 건강한 크리스천이다.

예수께서 가르쳐주신 바로 그 말씀을 사도들의 입을 통해 듣는다. 이것이 신언(神言)의 전달, 하나님의 말씀을 실어 나르는 설교다.

여기 모인 사람 중에는 사도들보다 많이 배운 지성인도 있었다(행 17:11). 율법을 전문적으로 연구하고 구약성경 가르치는 것을 직업으로 삼고 있던 사람도 있었고, 허다한 제사장 무리도 있었다(행 6:7). 그러나 모두 성령충만하여 성령의 음성을 듣는 데 교만하지 않았다.

신앙인이 망하는 길이 '만'자 4형제 때문이다. 자만(自慢), 오만(傲慢), 거만(倨慢), 교만(驕慢). 그리고 이웃사촌이 방만(放漫)이다. 여기에 걸려들면 신앙의 건강을 잃게 된다.

건강한 사람은 입맛이 좋다. 어떤 음식도 맛있게 먹고, 먹은 음식은 소화도 잘 시킨다. 소화된 음식이 흡수도 잘 된다. 영적으로도 마찬가지다. 영적으로 건강한 신앙인은 말씀을 들을수록 배고파하고 목말라한다. 사도의 가르침을 받아 설교를 맛있게 들었다. 이게 초대 교회의 모습이었다.

그(The) 교제, 그(The) 기도

초대 교회 성도들은 성령님의 임재를 경험했다. 그리고 사도들이 전하는 그 말씀 앞에 무릎을 꿇었다. 성도들은 더 신비한 말씀을 찾아 기도원에 올라가고 유튜브를 헤매고 다니지 않았다. 성령충만할수록, 말씀을 깊이 깨달을수록, 서로 돌보고 사랑하는 성도의 교제에 집중했다.

"서로 교제하고 떡을 떼며"라는 부분을 원문으로 보면 '테 코이노니아'(τῇ κοινωνίᾳ)로, 교제 앞에 정관사 'The'가 붙어 있으며, "교제하고 떡을 떼며" 사이에 '그리고'(and)라는 접속사는 없다.

여기에 깊은 뜻이 있다. 이 구절에서 말하는 "교제"란 초대 교회 성도라면 누구나 알고 있는 '바로 그 교제'라는 뜻이다. 다락방에 모여 함께 사랑으로 죄를 고백하고 서로 용서하며 서로의 약점과 허물을 덮어주던 바로 그 교제다.

떡을 떼었다는 말이 식사 자리, 술자리를 같이했다는 말이 아니다. 세상 모임에서는 입만 열면 자기 자랑을 하든지 아니면 남의 흉을 본다. 목장, 순 등 당신의 소그룹 모임 교제에 사탄이 틈타지 못하도록 주의하라. 부정적인 말이 틈타지 못하도록 하고, 돈 빌리고 곗돈 오가는 일이 없도록 각별히 유념해야 한다. 신령한 '바로 그(the) 교제'가 있어야 한다.

그다음 이어지는 말씀이 "오로지 기도하기를 힘쓰니라"다. 기도에 진심이었다는 뜻이다. 원문에는 이 '기도' 앞에도 정관사(The)가 붙어 있어 '바로 그 기도'가 된다. 이 또한 깊은 뜻이 있다. 어떤 기도였을까? 오순절 다락방에 있었던 바로 그 기도다.

기도라는 말도 복수로 기록되어 있으니 '그 기도들'이다. 어디서 누가 기도하든 성령의 응답이 나타나는 기도다. 집에서 기도하든, 교회에서 기도하든, 혼자 기도하든, 함께 기도하든 바로 그 기도, 성령의 임재가 있었던 그 기도다. 예수 이름으로 구하면 즉시 시행하리라 하던 약속이 이루어지는 기도다.

바로 그 예배, 바로 그 소그룹으로 모이는 가정교회. 그리고 거기에서 일어나는 교제에 정관사 The를 붙인다. 성령님과 함께하는 그 교제, 성령님이 살아 역사하시는 그 교제다. 거기에서 일어나는 기도에 정관사 The가 붙은 기도다. 성령과 함께 드리는 그 뜨거운 기도, 그 기도가 초대 교회에 있었다고 기록하고 있다.

오오! 놀라운 교회

성령님이 세우신 바로 그 교회를 본 사람들(교회 안에 들어온 신도든지, 교회 밖의 세상 사람이든지)의 반응이 43절에 기록되어 있는데 이 반응이 매우 흥미롭다.

> 사람마다 두려워하는데 사도들로 말미암아 기사와 표적이 많이 나타나니 행 2:43

이 구절에서 "사람마다 두려워하는데"를 영어 성경에서는 "Everyone was filled with awe"(NIV), "Everyone kept feeling a sense of awe"(NASB)로 번역했다.

두려워했다는 말을 'be afraid'(무서워하다)가 아니라 'awe'(경외감, 발음이 [ɔː]로 난다)로 표현한 것이다. 경외감을 가지고 "오오!" 하고 놀랐다는 것이다. 말씀을 전하는 사도들로 말미암아 기사와 표적이 많이 나타났다. 초대 교회는 기적이 일상화된 교회였다.

나는 우리 성도들에게 이런 말을 자주 했다.

"예수 믿고 기도하다가 기적을 경험해보았습니까? 예수 믿고 기적을 모른다면 그게 기적입니다."

목사의 한 사람으로서 오늘날의 교회를 초대 교회와는 사뭇 다르게 만들었다는 죄책감 때문에 역사 앞에 송구한 마음이 있다. 처음 교회는 세상이 교회를 보고 awe, "오오! 놀랐다!"라고 했는데 오늘날 교회는 너무 빨리 변하는 세상을 보고 놀라고 있다.

홍해와 요단강을 가르고 전진하는 하나님의 역사 앞에 가나안 족속들은 간담이 녹고 정신을 잃을 만큼 놀랐다. 어지러운 세상에서, 세상이 보고 존경하고 경외감을 느끼는 교회가 있어야 하지 않겠는가? 그런 교회가 이곳저곳에 나타나야 하지 않겠는가? 예수 이름 앞에 귀신이 두려워 떨고 도망가야 제대로 된 교회 아니겠는가? 기적이 일상화된 교회가 도시마다 한두 곳은 있어야 세상 사람들이 '아, 교회란 저런 것이구나' 하고 깨닫지 않겠는가? 그런데 나는 오늘날 우리 한국 교회를 생각하면 자꾸 눈물이 난다.

> 믿는 사람들이 다 함께 있어 모든 물건을 서로 통용하고 또 재산과 소유를 팔아 각 사람의 필요를 따라 나눠주며 행 2:44,45

이어지는 이 말씀은 사유 재산이 없는 공산사회를 만들었다는 것이 아니다. 서로 약자를 돌보았다는 것이고, 교회와 하나님의 선교를 위해서 아까울 게 없었다는 뜻이다.

성령충만의 열매가 영적, 정신적으로만 맺히는 게 아니다. 성령충만 받고 혼자 기뻐하는 데서 끝나지 않는다. 시간과 몸, 은사와 물질이 하나님의 나라를 위해서 드려지는 헌신, 봉헌으로 맺혔다. 에베소서의 성령충만 또한 부부관계, 부모자식관계, 직장생활에서 그 열매가 맺혔다.

미국의 칼럼니스트 조셉 마테라(Joseph Mattera) 박사는 오늘 교회가 사도행전 교회에서 배우는 교훈 8가지를 설명하고 있다. 그중에 한 가지가 퍽 재미있다.

"죽을 가치가 없는 믿음은 믿을 가치가 없다."

내 생명을 바칠 수 없는 종교라면 잘못된 것이라는 것이다. 내 시간이, 내 물질이, 내 은사가, 내 환경이, 믿음을 위해서 희생할 가치가 없다면 네가 가진 믿음은 믿을 가치가 없다는 뜻이다.

성전에서도 집에서도

나는 우리 교회를 개척해 목회해 오면서 "주님의 심장 속에 있는 바로 그 교회"를 지향해 왔다. 성경과 성령이라는 두 레일 위를 균형 있게 달리는 교회가 되도록 힘썼고 사도행전 2장 46,47절 말씀을 근거로 하여, 마치 새가 한 날개로만 날지 않고 두 날개로 날듯이 공예배와 목장 모임이 함께 이루어지도록 했다.

초대 교회는 날마다 성전에 모이기를 힘썼을 뿐 아니라 집에서도 모였다. 여기 "집에서"의 원어 '카트오이콘'(χατοἶχον)은 어느 한 집에서, 혹은 집과 집을 돌아가며 모였다는 뜻이다.

앞에서 언급한 조셉 마테라는 "죽을 가치가 없는 믿음, 희생할 가치가 없는 믿음은 믿을 가치도 없다"라고도 했다. 우리 집에서 목장 모임을 할 때는 희생할 것들이 많이 있다. 시간이 죽어야 한다. 집이 어질러지고, 그릇이 깨진다. 장롱이 상하거나 벽지가 손상된다. 손해가 필요하다.

코로나19 팬데믹을 겪으면서 보았다. 위기 시대에 생명력 있는 교회는 목장과 소그룹이 살아 있는 교회였다. 교회는 어떤 위기에 처해도 예배와 교제, 기도와 전도, 돌봄과 섬김이 가능해야 건강한 교회다. 성령님이 세우신, 주님의 심장 속에 있는 그 교회는 예배를 드리고 나가는 교인들이 "바로 이 맛이야!"라고 할 수 있는 교회, 소그룹 모임에서까지 그렇게 감격할 수 있는 교회라고 믿는다.

교회가 크냐 작으냐의 문제가 아니다. 마지막 날 주님이 재림하셔서 우리 교회의 예배와 목장 모임의 문을 열어보고 "그래! 바로 이 교회야. 내가 세우길 원했던 교회가 이거야" 하시면 우리는 잘 믿은 것이다. 그러나 우리의 예배 또는 목장 모임의 문을 열어보고 "이게 아닌데?" 하신다면 우리가 잘못하고 있다는 것이다.

중산마을에서 아담한 중식당을 경영하는 젊은 사장 내외가 있다. 때 묻지 않은 그 순진한 믿음이 그들을 전도한 지역 목자와 지역 내 목자들에게 오히려 감동을 주는 새 신자 부부다.

'주지 목사님'(불신자가 담임목사를 이르는 말)이 자기 식당을 한 번만 방문해주시면 솜씨를 발휘해 짬뽕 한 그릇 대접하고 싶다고 청하셔서 오후 5시, 손님이 덜 오는 조용한 시간에 식당을 찾아가니 지역 목자와 지역 내 목자들이 모두 설렘으로 기다리고 있었다.

이 목자들은 참 오랫동안 이 가정을 지극정성으로 돌보고 전도했다. 식당이 주일에도 영업하던 터라 목장 모임, 지역 모임, 회식 기회가 있으면 이곳 식당에서 모이면서까지 이 가족을 영적 가족으로 품었다. 식당을 운영하다 보면 정작 본인들은 때를 놓쳐 굶기가 일쑤인 것을 알고 집에서 음식을 만들어 이 젊은 내외를 먹이곤 했다.

그러던 어느 날 드디어 전도의 기회가 왔다. 사장의 손목에 문제가 생겨 폐업하게 되었는데 목장은 물론 지역의 식구들이 찬양과 프로그램을 준비하고 폐업 감사 예배를 드렸다. 서너 달쯤 후 다시 개업했는데 개업 예배에서 강력하게 복음을 제시하고 도전하여, 전에 쉬던 월요일에 문을 열고 대신 주일에는 쉬고 교회에 나오기로 하여 결국 첫발을 내디뎠다.

교회에 일찍 도착해 이들을 예배당으로 안내를 했다. 예배당 문이 열리고 지역 목자 권사님이 "예배하는 곳, 기도하고 찬송하는 곳이지!"라고 알려주자 새 신자 부부는 "가슴이 두근거리고 눈물이 날 것 같아요. 몸에 소름이 돋아요"라고 말했다.

사실 이 가족은 내가 30년 이상 교제하면서도 전도로 열매 맺지 못한 분들이었는데 지역 목자들의 섬김과 교제로 이렇게 전도의 열매를 맺으니 가슴 속에 큰 감동이 있었다. '이것이 교회구나! 이것이 목장이구나! 이것이 공동체구나! 이것이 관계 전도구나!'

성령님이 세우신 바로 그 교회를 섬기고 있는가? 그런 당신은 복 있는 사람이다!

20
성령충만은 감사 충만

에베소서 5장 15-21절

15 그런즉 너희가 어떻게 행할지를 자세히 주의하여 지혜 없는 자같이 하지 말고 오직 지혜 있는 자같이 하여 16 세월을 아끼라 때가 악하니라 17 그러므로 어리석은 자가 되지 말고 오직 주의 뜻이 무엇인가 이해하라 18 술 취하지 말라 이는 방탕한 것이니 오직 성령으로 충만함을 받으라 19 시와 찬송과 신령한 노래들로 서로 화답하며 너희의 마음으로 주께 노래하며 찬송하며 20 범사에 우리 주 예수 그리스도의 이름으로 항상 아버지 하나님께 감사하며 21 그리스도를 경외함으로 피차 복종하라

감사가 없으면

이 시대를 탈종교 시대, 탈교회 시대라고 한다. 종교와 교회의 위기 시대에도 성장하는 교회가 있다. 독일의 신학자이자 사상가 위르겐 몰트만(Jurgen Moltmann)이 예견한 것처럼 성령론적인 교회다.

19세기 이전까지 성령론은 신학의 대주제나 관심사가 되지 못했다. 성령론을 신학의 주제로 처음 다룬 사람은 무디신학교 초대 교장이던 성공회 신부 R. A. 토레이다. 예수원 대천덕 신부의 조부이기도 한 그는 19세기 전 세계 성령운동에 불을 붙인 분이다.

그가 미국, 영국, 호주, 중국까지 다니며 일으킨 부흥 운동의 영향력 아래 1903년 원산 대부흥 운동이 일어났고 1907년 평양 대부흥 운동이 이어졌다. 일제 강점기, 우리 민족에게 아무 희망이 보이지 않던 그 무렵에 성령님이 오셔서 꿈과 희망을 주신 사건이다.

토레이는 성령과 감사의 관계를 설교하며 "성령충만은 곧 감사충만"이라고 역설했다. 하나님은 당신의 자녀들이 행복하기를 원하신다. 행복이 어디에 있을까? 흔히 사람들은 환경 속에, 곳간 속에, 통장 안에 행복이 있다고 생각하지만 행복은 우리 마음 안에 있다.

성령님이 오셔서 하시는 가장 큰 일은 우리를 구원하시는 일이요 우리의 마음을 변화시키는 일이다. 인생을 살다 보면 어려움을 만난다. 환경이 이래저래 꼬일 때가 있다. 그러면 하나님께 기도하는데 하나님은 환경을 변화시키기 전에 우리 마음을 변화시키신다.

사람 관계가 얽혀서 그 사람을 위하여 기도할 때가 있다. 가족을 위한 기도가 대표적이다. 심지어 원수를 위하여 기도할 때가 있다. 그러면 그 사람들을 변화시키기 전에 먼저 내 마음을 변화시키는 것이 성령님의 사역이다.

언제 성령님이 우리 가운데 오실까? 우리 마음에 감사가 가득히 쌓일 때다. 역으로 성령님이 우리 가운데 충만히 오시면 우리 가운데는 감사가 충만해진다. 그러므로 성령충만은 곧 감사 충만이다.

성령충만이 먼저일까, 감사 충만이 먼저일까? 이는 '닭이 먼저냐 계란이 먼저냐'라는 질문과 같다. 감사는 성령충만의 씨앗인 동시에 열매다. 감사가 충만할 때 성령이 강력하게 임재하는데 이때는 씨앗이 되고, 성령충만이 임할 때 감사가 충만해지는데 이건 열매다.

문학가 오스카 와일드(Oscar Wilde)의 산문시집 《Poems in Prose》에 실린 〈The Doer of Good〉은 예수 그리스도께서 이 땅에 잠시 내려와서 그분의 공생애 사역 중에 고침을 받은 네 사람을 만나는 이야기다.

극도로 방탕하게 사는 한 남자에게 예수님은 왜 이렇게 사는지 묻고, 그는 자신이 나병환자였는데 그리스도께서 고쳐주셨다고 대답한다. 창녀를 탐하는 남자에게는 왜 그런 식으로 여자를 바라보느냐고 물으시는데 그는 눈이 멀었으나 지금은 볼 수 있다며 또 무엇을 보아야 하겠느냐고 묻는다. 예수님은 그 여자에게도 가서서 왜 죄 가운데 살고 있는지 물으신다. 마지막으로 울고 있는 한 남자에게 오셔서 왜 우는지 물으시자 그는 자기가 죽은 자 가운데서 살아났으나 우는 것 외에 무엇을 해야 하느냐고 되묻는다.

이 책은 무엇을 말하고 싶었을까? 어떤 은혜를 입어도 감사를 잃어버리면 행복하지 않더라는 것이다. 이 험한 세상, 감사를 잃어버리면 불평꾼, 원망꾼이 되고 만다.

일본의 신학자 우찌무라 간조(內村鑑三)는 〈저주받은 심령〉이라는 제목의 설교에서 "하나님이 인간을 저주하실 때 질병으로, 가난으로, 고통으로 저주하지 않는다. 그 마음에 감사를 빼앗는다. 감사를 잃어버리고 살아가는 게 심령의 저주다"라고 말했다.

말세에 이르면 사람들이 어떤 품성을 가지고 살아가게 되는가? 감사하지 않는다. 디모데후서 3장에 감사가 사라지는 모습이 나오고, 로마서 1장에서도 감사하지 않는다고 말씀한다.

> 너는 이것을 알라 말세에 고통하는 때가 이르러 사람들이 자기를 사랑하며 돈을 사랑하며 자랑하며 교만하며 비방하며 부모를 거역하며 감사하지 아니하며 거룩하지 아니하며 딤후 3:1,2

> 하나님을 알되 하나님을 영화롭게도 아니하며 감사하지도 아니하고 오히려 그 생각이 허망하여지며 미련한 마음이 어두워졌나니 롬 1:21

세월의 청지기

나의 모교인 거창고등학교의 교훈은 "여호와를 경외하는 것이 지식의 근본"이다. 청소년 시절에 그 교훈을 보며 지혜가 무엇일까, 생각했다.

솔로몬은 일천번제를 드리고 하나님께서 나타나 그의 소원을 물으실 때 지혜를 구했다. 하나님이 정말 기뻐하시며 "네가 지혜를 구했으니 구하지 않은 부(富)와 귀(貴)도 허락하노라" 하셨다.

우리는 가끔 기도하다가 마음에 감동이 되면 지혜를 달라고 기도하고 작은 소리로 "부도 아시지요? 귀도 주시는 거죠?"라고 덧붙인다. 젊은이들이 어떤 배우자를 원하는가? 신앙이 좋아야 한다고 하는데 그 뒤에 깔린 게 있다. "잘생긴 건 기본이고요"라는 전제. 지혜 안에 모든 것이 있다는 것을 사실은 인정하지 않는다.

> 그런즉 너희가 어떻게 행할지를 자세히 주의하여 지혜 없는 자같이 하지 말고 오직 지혜 있는 자같이 하여 엡 5:15

이 구절은 '지혜가 무엇인가?' 다른 말로 하면 '행복이 무엇인가?'라는 주제로 시작한다. 이 구절에서 지혜는 성령충만한 것이다. 그리고 그것이 감사 충만한 것이다. 성령충만은 곧 감사 충만이다.

이어지는 16절에서는 "세월을 아끼라 때가 악하니라"라고 한다. 하나님의 자녀들은 돈, 건강, 직분 그리고 시간의 청지기로 살아간다. 지혜로운 삶은 하나님이 내게 맡기신 것을 잘 관리하는 청지기 삶을 살아가는 것이다. 특히 이 15, 16절에서는 시간을 잘 관리하라고 한다.

"세월을 아끼라 때가 악하니라."

문맥의 앞뒤가 맞지 않는다. "세월을 아끼라. 세월은 살과 같이 빠르니라"라든가 "세월을 아끼라. 세월은 흐르는 물과 같이 흘러가느니라"라고 했다면 시적이고 멋있지 않은가?

그러나 앞뒤 문맥이 맞지 않는 것 같은 이 말씀 속에 교훈이 있고 진리가 있다. 세월이 빨리 지나가기 때문에 아끼라는 게 아니다. 세상은 너무 악해졌다. 하나님의 뜻대로 살기 위해서 영적인 전쟁을 치르라는 것이다.

하나님은 내가 그분 앞에 설 때 "네 인생을 어떻게 관리했느냐? 네 건강은 어떻게 관리했느냐? 내가 너에게 준 시간, 은사, 물질은 어떻게 관리했느냐?"라고 물어보신다.

영국의 극작가이자 소설가인 조지 버나드 쇼의 묘비에 그렇게 쓰여 있단다. "어영부영하다가 내 이럴 줄 알았지"라고. 어영부영하다가 시간을 낭비하고 만다. 그게 바로 인생이 될 수 있으니 세월을 아끼라! 빨리 가든 느리게 가든, 달려가든 기어가든 날아가든, 때가 악하니라! 너의 시간을 구원하고 구속해서 살라는 것이다.

"때가 악하니라!" 이 말은 순간순간이 심판의 순간이 되는 것이다. 내가 어떤 결정을 하고 어떤 관리를 하느냐? 매 순간이 갈림길이다. 내가 맡은 모든 것에는 심판이 있다. 하나님 앞에 부끄럽지 않은 삶을 살기 위하여 세월을 아끼라는 것이다.

이 악한 세상에서 우리를 꾀는 사탄이 있다. 우리에게 "적당히 살아도 돼. 네 인생은 너의 것. 네 마음대로 살아도 돼. 네 맘대로 네 좋은 대로 살면 된다"라고 한다. 그래서 매 순간 심판이요 영적인 전쟁이다. 때가 악하니라. 이 전쟁에서 지면 우리는 악한 길을 걸어가는 것이다. 감사와 행복을 잃어버린다.

감사절은 성령충만한 절기

술 취하지 말라 이는 방탕한 것이니 오직 성령으로 충만함을 받으라
엡 5:18

이 악한 세상에서 살 때 어리석은 삶과 지혜로운 삶이 극명하게 나뉜다. 이 구절은 누구나 알고 있는 그 유명한 말씀으로, 술 취하는 것과 성령에 취하는 삶을 비교, 대조하고 있다. 비슷한 게 있고 전혀 다른 게 있는데 성경은 술 취하는 것과 새 술에 취하는 것을 대비해서 설명한다.

'성령충만'이라는 말을 들을 때 많은 사람이 은사론적인 성령충만

만을 생각한다. 방언하고, 병이 낫고, 능력을 받아 이것저것을 하는 것으로 생각한다. 혹은 급박한 상황에서 바람같이 불같이 임하는 돌발적인 능력 사건을 생각하기도 한다. 물론 성령충만하면 은사가 나타나기도 하지만 이 구절은 은사론적 접근과는 차별이 있어 보인다.

스데반이 돌에 맞아 죽어가면서 용서의 기도를 토해낸다. 두려워하지 않고 당당하게 순교한다. 피 흘리고 돌이 날아오는 그 순간에 그 얼굴이 천사처럼 빛났다.

우리가 어느 날 순교 현장에 부딪혔을 때 얼굴이 천사처럼 빛나고 당당하게 "내 영혼을 주님께 맡깁니다"라며 죽을 수 있는 능력이 무엇일까? 이는 갑작스러운 성령의 임재와도 차이가 있어 보인다. 성경은 스데반이 성령충만했기 때문이라고 말한다. 품성의 변화와 밀접한 관계가 있다. 그 가운데도 성령충만과 감사 충만의 관계를 잘 설명하고 있다.

교회 절기에 추수감사절이 있다. 유대인의 3대 절기 가운데 초막절과 유사한 성격의 절기다. 초막절은 1년 농사를 끝내고 밖으로 나와 7일 동안 초막을 짓고 살면서 출애굽 광야 40년 동안 하나님께서 어떻게 동행해주셨는지, 구름기둥과 불기둥으로 성령이 임재했던 그 시기를 재현하는 절기로, 함께해주신 하나님의 은혜를 감사하는 명절이다.

추수감사절은 지난 1년 동안 무엇을 추수하고 얼마나 얻었느냐를 이야기하고 잔치하는 게 중요한 날이 아니다. 추수감사절은 추수 이전에 구원 감사이고, 하나님이 나를 죽이지 않고 살리신 것에 대한 감사다. 하나님의 자녀가 된 감사이고 천국 백성이 된 감사다.

초막절 마지막 날에 큰 감사제가 있는데 바로 명절 끝날 성령충만을 감사하는 날이다. 요한복음 7장 37절을 보면 "명절 끝날 곧 큰 날"에 예수께서 서서 "누구든지 목마르거든 내게로 와서 마시라"라고 외치셨다고 기록되어 있다. 그리고 "나를 믿는 자는 성경에 이름과 같이 그 배에서 생수의 강이 흘러나오리라"(38절)라고 하셨다.

추수감사절, 초막절 마지막 순간에 조그마한 배에서 거대한 생수의 강이 흘러나오리라고 말씀하셨다. 마르지 않는 생수, 아무리 인생이 어렵고 가물어도 메마르지 않는 생수의 강이 흘러나오리라. 그리고 다음 절이 중요하다.

> 이는 그를 믿는 자들이 받을 성령을 가리켜 말씀하신 것이라 (예수께서 아직 영광을 받지 않으셨으므로 성령이 아직 그들에게 계시지 아니하시더라)
> 요 7:39

추수감사절은 곧 성령받는 날이다. 성령충만한 날이다. 그래서 감사가 충만해지는 날이다. 감사가 충만할 때 성령이 충만한 것이다. 어떻게 감사절 예배가 가능할까? 성령충만한 자만이 감사가 충만할 수 있다. 그래서 성령충만은 곧 감사 충만이 된다.

하나님은 왜 우리에게 성령으로 충만하라고 말씀하실까? 성령충만하지 않고는 이 험악한 세상에서 감사하며 살 수 없다. 행복한 삶을 살 수 없다. 기후 위기 등 지구 공동체가 위기를 맞았다. 내 자식들이 끝까지 지구촌에 살 수 있을까? 심지어 나와 내 자녀들이 3차 대전을 맞이하지 않고 지구촌에 살 수 있을지 걱정된다.

모든 것의 수축 시대가 다가오고 있다. 경제, 교회, 영적인 세계에서 팽창 시대가 끝나고 수축 시대가 되었다. 교회도 걱정이고 다음 세대 우리 자녀들이 교회를 건강하게 부흥시키며 얼마나 잘 섬길 수 있을지도 걱정된다.

청소년들에게 "술 먹지 마라. 담배 피지 마라" 하는 것은 옛날이야기다. 요즘은 "마약하지 마라"라고 한다. "연애하지 마라"도 아니다. 요즘은 "동성애하지 마라"라고 한다. 10배, 100배나 악해졌다. 때가 악하니라. 그래서 충만해야 한다. 성령이 나와 함께하셔야 내 안에 감사와 행복이 가득한 것이다.

광야 40년을 지내며 이스라엘 백성은 과연 살아남을 수 있을지 생존의 위기를 느꼈다. 그러나 하늘에서 만나가 내리고 반석이 터져 생수가 나왔다. 고기에 목마른 그들에게 메추라기가 날아왔다. 옷과 신발이 해어지지 않았다.

이게 가능한 일이겠는가? 성경은 성령충만의 사건으로 이해했다. 이스라엘 백성은 이 모든 사건, 특히 광야 40년 여정을 성령충만의 사건으로 받아들였다. 광야로 나아와 초막을 짓고 성령을 경험하는 장막절을 지켰다.

그래서 감사절 예배는 "지난 1년 동안 내 재주로 산 것이 아니고 하나님의 은혜였습니다"라고 고백하는 날이다. 잘된 것도 하나님의 은혜지만, 힘든 순간도 나를 성령충만으로 인도하기 위한 하나님의 사랑인 줄로 믿는다. 성령충만한 자만이 행복이 충만하고 감사가 충만할 수 있다.

성령충만과 감사 충만의 관계

> 시와 찬송과 신령한 노래들로 서로 화답하며 너희의 마음으로 주께 노래하며 찬송하며 범사에 우리 주 예수 그리스도의 이름으로 항상 아버지 하나님께 감사하며 그리스도를 경외함으로 피차 복종하라 엡 5:19-21

이 말씀은 성령충만이 신앙 및 품성과 어떤 관계가 있는지를 보여준다. 19절은 찬송 생활과 성령충만의 관계, 20절은 감사 생활과 성령충만의 관계이며 21절은 내 곁의 사람들을 소중히 여기고 서로 복종하라는 이 말씀과 성령충만의 관계를 다루고 있다.

우리가 시와 찬송 그리고 신령한 노래를 할 때 성령님이 임하신다. 성령이 임할 때 우리 속에 행복의 노래가 넘쳐난다. 찬송이 넘쳐난다. 시가 넘쳐난다. 우리가 하나님께 감사하면 감사와 함께 성령이 임하신다. 감사가 가득할 때 성령이 그 자리에 오신다.

하나님이 내게 맡겨주신 사람들을 소중히 여기고 아끼고 격려하고 칭찬하고 존중하고 서로 복종할 때 거기에 성령이 임재하신다. 성령이 임재하면 불평스럽게 보이던 내 자녀가 소중하게 보인다. 문제투성이 남편이 선교사로 보이는 것이다. 그러므로 성령충만과 감사 충만, 이들은 서로 떼려야 뗄 수 없는 관계다.

문득 '그러면 나는 성령충만한 사람인가 아닌가' 하는 생각이 든다. 예수 믿는 것이 그렇게 좋은가? 하나님이 내 아버지시라는 것이 그렇게 좋은가? 예수로 구원받은 것이 그렇게 행복한가? 만약 그렇다면 성령충만한 것이다.

그러나 감사 대신 하나님에 대한 원망과 이웃에 대한 불평, 자기 인생에 대한 자학이 가득하다면 성령충만을 잃어버린 것이다.

교회 생활이 행복한가? 내가 섬기는 교회를 내 교회로 주신 하나님께 감사가 넘친다면 성령충만이다. 예배 시간마다 은혜를 받고 섬기는 것이 행복하다면 성령충만한 사람이다.

내 곁에 있는 사람들을 생각하면 입가에 미소가 흐른다. 고마운 마음이 솟구친다. '우리 목사님 최고, 우리 식구들 최고, 내 자식 최고!' 무엇이 그렇게 최고이겠는가? 최고라고 믿고 살아가는 것이다. 그러면 성령충만한 것이다. 나는 80억 인구 가운데 가장 행복한 사람이다, 선언하고 사는 것이다.

그러나 만사가 짜증스럽고 이 사람을 봐도 마음에 안 들고 '지구촌에 나 혼자 살면 좋을 텐데 왜 인간이 이렇게 많아' 이런 태도라면 감사를 잃어버린 것이다. 성령충만을 잃어버린 것이다. 많은 사람이 감사를 환경 조건에서 찾는다. 그러나 존재 안에서, 품성 안에서 찾아야 한다.

최근 한두 달, 나는 주님께 무엇을 요구하지 않고 감사기도만 해봐야겠다는 생각이 들어 "이것 주세요, 저것 주세요" 하지 않기로 결단했다. 어떤 날은 시간의 양탄자를 타고 내 과거의 환경 속으로 날아가 그 상황을 상상하면서 하나님께 감사했다. 우리 집 옆에 예배당이 들어섰던 것이 얼마나 감사한지.

혼자서 나를 키우는 어머니와 함께 손잡고 예배당에 가서 예수 믿은 것에 감사했다. 주일학교 다니며 받은 은혜들을 하나하나 생각하고 선생님들, 시골 교회를 섬겼던 전도사님들의 얼굴을 떠올리며 하나님 앞에 감사하는 시간을 가졌다.

도망가는 나, 반항하는 나. 그런 나 같은 것을 부르고 발목을 묶으셔서 목사 삼아주신 것에 감사했다. 신학교 시절을 뒤돌아보며 기도하고, 어느 교회를 섬길 때 함께했던 분들을 떠올리며 감사기도를 하고, 내 생애 70년을 돌이켜 보며 감사했다.

초등학교 졸업하고 나면 남의 집 머슴살이를 해야 하는 나를 중학교에 보내주시더니 공부도 마음껏 하게 하시고 박사학위도 많이 주셨다. CBS 재단 이사장(제27대), 대한예수교장로회(통합) 총회장(제106회기), 한국 교회총연합 대표회장(제5회기) 등 한국 교회를 섬기는 자리도 넘치게 허락해주셨다. 모든 게 감사요 행복이다.

누군가 내게 그 많은 사건 중 가운데 딱 하나만 들어 감사하라고 하면 나는 주저하지 않고 말할 수 있다. 구원받은 감사다. 하나만 더 들라고 하면 둘째는 한소망교회를 개척한 일이다.

섬기던 망원제일교회를 떠났을 때 나는 하나님께 어디로 가서 개척할지를 여쭙고 영성 훈련인 '은혜의 동산'에 들어갔다. 3박 4일의 일정을 마치고 집에 들어가니 중보기도하는 분들이 나를 기다리고 있었다. 나중에 그분들이 말하기를, 내가 얼마나 울고 또 울었는지 미움도 빠지고 독기도 다 빠져서 어린아이처럼 환하게 빛나는 얼굴로 들어오더라고 했다.

개척하고 창립 예배를 드리던 그때의 행복, 전도하던 행복은 얼마나 큰지! 개척교회가 시작되던 6개월여 동안에는 내 발바닥이 땅에 붙어 있지 않았다. 뭘 해도 춤을 추며 날아다니다시피 했다.

어떤 교회가 예배당 지어주겠다는 것을 거절하고 교인들이 헌신해서 5층 상가에 들어올 때 하늘을 나는 것처럼 좋았다. 교회가 성장하면서 행복하기만 했다. 처음으로 유치원 부지에 교회를 지어놓고, IMF가 와도, 우리는 기쁘고 행복했다.

1만 평 땅을 살 때 "우와! 하나님께서 우리 교회를 쓰시나 보다. 우리 교회 축복하시나 보다" 기뻐서 시간만 나면 그 땅에 가서 발바닥으로 밟았다. 발바닥으로 밟는 곳을 주신다고 하지 않으셨는가(수 1:3)! 예배당을 건축하고 입당할 때 행복해서 울고 울었다.

행복, 감사, 성령충만은 환경에 있지 않았다. 내가 무슨 일을 크게 많이 했냐는 성취에 있지 않았다. 내 주변을 감싸고 있는 어떤 환경도 행복의 집터가 아니고 내 안에 계신 예수님이 계신 이 자리, 내 안에 하나님이 계신 이 자리, 여기가 행복의 쉼터였다. 성령충만은 감사 충만이다.

21 어떻게 성령충만을 받는가

누가복음 11장 9-13절

9 내가 또 너희에게 이르노니 구하라 그러면 너희에게 주실 것이요 찾으라 그러면 찾아낼 것이요 문을 두드리라 그러면 너희에게 열릴 것이니 10 구하는 이마다 받을 것이요 찾는 이는 찾아낼 것이요 두드리는 이에게는 열릴 것이니라 11 너희 중에 아버지 된 자로서 누가 아들이 생선을 달라 하는데 생선 대신에 뱀을 주며 12 알을 달라 하는데 전갈을 주겠느냐 13 너희가 악할지라도 좋은 것을 자식에게 줄 줄 알거든 하물며 너희 하늘 아버지께서 구하는 자에게 성령을 주시지 않겠느냐 하시니라

에베소서 5장 15-21절

15 그런즉 너희가 어떻게 행할지를 자세히 주의하여 지혜 없는 자같이 하지 말고 오직 지혜 있는 자같이 하여 16 세월을 아끼라 때가 악하니라 17 그러므로 어리석은 자가 되지 말고 오직 주의 뜻이 무엇인가 이해하라 18 술 취하지 말라 이는 방탕한 것이니 오직 성령으로 충만함을 받으라 19 시와 찬송과 신령한 노래들로 서로 화답하며 너희의 마음으로 주께 노래하며 찬송하며 20 범사에 우리 주 예수 그리스도의 이름으로 항상 아버지 하나님께 감사하며 21 그리스도를 경외함으로 피차 복종하라

사람은 변화될 수 있는가?

목회를 시작한 날부터 목회를 갈무리하는 지금까지 내 마음속에 해결되지 않는 질문 한 가지가 있다. '인간은 과연 변화될 수 있는 존재인가? 인간은 연약한 그 모습 그대로 인정하고 살아야 하는가?'

예수님은 공생애 대부분을 몇 명 안 되는 제자들과 함께 사시며 그들을 가르치고 훈련하는 일에 보내셨다. 그런데 십자가를 목전에 두고 완전히 실패하고 말았다. 모든 제자가 뿔뿔이 흩어졌고, 가룟 유다는 예수님을 배신하는가 하면 수제자 베드로마저 예수님을 모른다고 부인했다.

제자들 입장에서 그들의 스승은 보통 분이 아니라 하나님의 아들 예수 그리스도시다. 제자들은 하나님의 아들이요 그리스도이신 예수님과 함께 먹고 자며 가르침을 받았다. 그뿐 아니라 부활하신 예수님을 만났다. 예수님을 배신하고도 용서를 받았고, 예수님에게 사랑한다고 몇 번이나 고백도 했다.

오늘날 우리 그리스도인의 모습은 어떠한가? 제자들의 모습이 우리의 모습이다. 예수님을 오래 믿고도 변하지 않는 모습이 어찌 2000년 전 제자들만의 이야기겠는가?

① 하나님의 자녀가 되어서 죄짓고 살아가는 게 뭐가 그리 좋겠는가? 그런데 왜 죄가 끊어지지 않을까?

② 부정적인 입술, 더러운 입술은 왜 그리 변하지 않는가?

③ '내 속엔 내가 너무도 많아 당신의 쉴 곳 없네'라는 노래 가사처럼, 내 속에 가시와 엉겅퀴는 왜 이리도 많은지?

④ 사랑이 뭔지 몰라서 사랑이 안 되던가?

⑤ 용서하고 살아가는 그리스도의 삶이 얼마나 소중한 것인가를 몰라서 용서하지 않고 살아가는 것인가?

⑥ 주의 몸 된 교회에 충성하는 것이 얼마나 값진 것인가를 몰라서 충성이 안 되었던가?

그런데 언젠가부터 제자들이 달라졌다. 당시 TV가 있었다면 〈제자들이 달라졌어요〉라는 프로그램을 만들어서 찍을 만도 했다. 비겁했던 제자들이 용감해졌고, 두려움에 떨던 제자들이 하나님 외에 무서울 게 없어졌다. 순교는 제자들의 가장 큰 영광이 되었다. 예수께서 하시던 사역, 귀신을 쫓아내고 병든 자를 고치고, 하나님의 말씀을 전하는 곳곳마다 수많은 전도의 열매가 맺혔다.

도대체 무엇이 이들을 일순간 이처럼 변화시킨 것일까? 오순절 다락방에 모여 기도하던 제자들에게 성령님이 임하셨다. 성령충만의 사건이 바로 이전의 제자와 이후의 제자를 가름하는 기준이 되었다.

여기에 또 다른 질문 한 가지가 생긴다. 그러면 예수께서 말씀을 증거했던 복음의 사역은 아무 의미가 없고 오직 성령의 임재 사건만 의미가 있는 것인가?

앞서 8장에서도 언급했듯이 말씀 사역과 성령 사역은 기차의 두 레일처럼 함께 간다. 복음 사역, 말씀 사역 위에 성령이 임재하자 바로 복음의 능력이 "내가 진실로 진실로 너희에게 이르노니 나를 믿는 자는 내가 하는 일을 그도 할 것이요 또한 그보다 큰 일도 하리니"(요 14:12) 그 말씀의 능력이 나타나기 시작한다.

바울은 성령충만하지 않은 사람을 어리석은 자, 성령충만한 사람을 지혜 있는 자라고 일컫는다. 당신의 주변에도 참 어리석고 미련하다고 느끼는 사람이 있지 않은가? 또 참 지혜롭고 충성스럽다고 느끼는 사람도 있다. 믿을 만큼 믿었고 신앙에 경륜도 직분도 있건만 어리석어 보이는 사람이 있는가 하면, 그리 오래 믿은 것 같지 않은데 지혜로운 사람도 있다. 그 차이는 어디서 오는 것일까?

에베소서 5장 15절은 지혜 있는 자가 되라고 강력하게 권고하면서, 이를 위해서 우리에게 주어진 시간을 아끼라고 말씀한다.

> 세월을 아끼라 때가 악하니라 엡 5:16

시간을 허비할 수 있으니 그 시간을 구원하라는 뜻이다. 구원론적인 의미에서 하루하루를 살라는 뜻이다. 어영부영하며 인생을 허비하다가 초라한 신앙인으로 인생이 끝나버릴 수 있다는 경고이기도 하다.

그렇다면, 어떻게 지혜로운 사람이 될 수 있을까? 18절에 사도 바울의 명답(名答)이 있다.

> 술 취하지 말라 이는 방탕한 것이니 오직 성령으로 충만함을 받으라

정답! "성령충만함을 받으라"다. 이 험한 세상을 살아가며 승리하는 신앙생활을 할 것인가, 아니면 초라한 신앙인으로 하루하루를 살아갈 것인가. 그 기준은 성령충만이다.

> 형제들아 너희 가운데서 성령과 지혜가 충만하여 칭찬받는 사람 일곱을 택하라 … 온 무리가 이 말을 기뻐하여 믿음과 성령이 충만한 사람 스데반과 또 빌립과 브로고로와 니가노르와 디몬과 바메나와 유대교에 입교했던 안디옥 사람 니골라를 택하여 행 6:3,5

집사의 자격, 집사의 품격이 무엇인가? 성령충만한 사람이라고 말한다. 예수님을 만나고 보고 싶은가? 스데반은 성령이 충만하여 하나님 보좌 우편에 계신 예수님을 뵈었다(행 7:55). 멋진 직분자로 살고 싶은가? 초대 교회에서 가장 덕스럽고 존경받았던 인물 바나바는 "착한 사람이요 성령과 믿음이 충만한 사람"(행 11:24)이라고 기

록되었다. 승리하는 신앙생활의 마스터키가 있다면 '성령충만'이다.

이 말씀들을 읽으며 '아하! 맞아' 하고 자기 자신에게 적용할 수 있다면 당신은 승리자다. "성령충만하십시오" 했을 때 '그게 무슨 말이지?' 한다면 지금까지 신앙생활을 잘하지 못하고 있다는 뜻이다.

평범한 사람들이 이룬 비범한 역사

나는 어릴 적 경상남도 거창군 남상면 대산리에서 자라며 대산교회를 다녔다. 그 큰 남상면 마을이 20-30개는 되었을 텐데 교회는 딱 대산교회 하나였다. 이 마을에서 한 분, 건넛마을에서 두 분, 스물댓 명 모여서 신앙생활을 하고 있었다.

강 건넛마을에서 오시는 할머니 성도님이 한 분 계셨다. 교회 오실 때마다 늘 복실이라는 강아지를 데리고 오셨다. 할머니가 예배 드릴 동안 강아지는 온 동네를 뛰어다니며 놀다가 점심시간 딱 5분 전에 마당에 와 앉는다. 그러면 할머니가 밥을 주셨다.

그 교회는 예배 시작 1시간 전에 땡그랑 땡그랑 초종(招鐘)을 치고, 예배 시작 몇 분 전에 재종(再鐘)을 친 후 예배를 드린다. 어느 주일, 이 할머니 성도님이 독감에 걸리셨다. 땡그랑 땡그랑 종소리가 울려 퍼지니까 복실이는 교회 가자고 할머니 방문 앞에 쪼그리고 앉았는데 할머니가 나오지 않자 예배 갈 시간을 알고 복실이가 짖었다. "멍멍! 멍멍!(교회 갈 시간이에요! 왜 안 나오세요!)"

그래도 할머니가 나오지 않고 교회 재종 소리가 들리자 이제는 늦었다 싶었는지 복실이는 부리나케 교회를 향해 달리기 시작했다. 그리고 교회에 와서 온 동네를 다니며 놀다가 점심시간 5분 전, 마당에 딱 앉으니 전도사님이 복실이에게 점심밥을 주었다. 복실이는 그날도 점심 먹고 집에 잘 돌아왔다.

오직 습관에 의하여 교회에 갔다 왔다 하는 것이다. 교회에서 강의하면서 가끔 "습관적으로 교회 왔다 갔다 하는 신앙은 무슨 신앙?" 하고 물으면, 나는 답을 말하지 않지만 교인들은 다 알아듣고 대답한다.

습관적인 신앙에는 감격도 능력도 없다. 오늘의 신앙에 위기가 있다면 성령을 모르는 신앙이다. 성령이 안 도와줘도 교회를 다니는 사람들, 종교인들이 허다하다. 빌 존슨(Bill Johnson)은 《하늘이 땅을 침노할 때》라는 책에서 현대인 중 성령을 모르는 신앙인들, 종교인들이 늘어가는 것이 오늘날 교회의 위기라고 말한다.

기독교 역사는 평범한 사람들이 성령의 충만을 경험하고 비범한 역사를 만든 이야기다. 너무나도 연약한 존재들이 이적과 기사와 표적을 행하며 능력 있는 교회로 섬길 수 있었던 그 기준은 성령충만이었다.

아무리 좋은 쇳덩어리도 자력(磁力)이 없으면 바늘 하나를 끌지 못한다. 그러나 무쇠 덩어리 하나도 자력이 있으면 큰 쇳덩어리를 끌 힘이 있다. 아무리 많이 배우고 아무리 넉넉한 삶을 살아도 성령의 자력이 없는 성도들은 영적인 사역을 바늘 하나 끌 수 없다. 낫 놓고 기역(ㄱ)자를 모르고 공 차면서 이응(ㅇ)자를 모르고 지게 지고

에이(A)자를 몰라도 성령충만하면 영적인 사역에 있어서 능력 있는 그리스도인으로 살아갈 수 있다.

삼손이 사사로 섬기던 때는 사사시대 중에서도 가장 악한 시대였다. 많은 사사가 있지만 가장 힘센 사사는 삼손이다. 그는 혈혈단신으로 나귀 턱뼈 하나를 들고 적군 1천 명을 물리쳤다. 그러나 그에게서 성령이 떠나시자 무력한 사사로 전락하고 말았다.

"여호와께서 이미 자기를 떠나신 줄을 깨닫지 못하였더라"(삿 16:20) 이 얼마나 비극적인 기록인가! 이어지는 21절에서는 블레셋 사람들이 그를 붙잡아 눈을 빼고 가사에 데려가 놋 줄로 매고 옥에서 맷돌을 돌리게 했다고 기록되었다.

이스라엘 백성들이 광야 여행이 끝나고 요단강을 건너서 가나안 땅에 들어섰을 때 난공불락(難攻不落)이자 금성철벽(金城鐵壁) 같은 여리고성을 만난다. 이 성을 정복하지 못하면 광야 여정도, 홍해와 요단강이 갈라진 이적과 기사도 아무런 의미가 없다.

이스라엘은 하나님 앞에 기도하며 공동체를 거룩하게 하였다. 할례를 행했으며 유월절을 행하여 구원의 감격을 회복하였다. 하나님의 은혜를 기다릴 때 여호와의 군대 장관이 나타났다.

인생을 살다 보면 홍해와 요단강, 여리고성의 장벽처럼 넘을 수 없는 벽을 마주할 때가 있다. 이때 우리는 스스로 정결하게 하고 영혼의 그릇을 준비하며 기다려야 한다. 그럴 때 주님께서 임재하시고 말씀하신다.

그리스도께서 친히 인도하시는 길 위에, 오늘날 우리에게는 성령께서 역사하셔서, 안 되던 일을 되게 하시고 하지 못하던 일을 가능케 하신다. 내가 할 수 없는 일을 하나님의 영이 친히 이루신다.

성경은 "술 취하지 말라 이는 방탕한 것이니 오직 성령으로 충만함을 받으라"(엡 5:18), 그리고 "오직 성령이 너희에게 임하시면 너희가 권능을 받고 … 땅끝까지 이르러 내 증인이 되리라"(행 1:8)라고 말씀한다.

성령이 임하실 거룩한 그릇 만들기

부활하신 예수께서 사랑하는 제자들 곁을 떠나야 할 시간이 되었다. 제자들은 이제 교회를 세워야 할 사람이다. 많은 제자가 순교를 당할 것이다. 그래도 교회를 건강하게 만들며 세계 도처에 복음을 전하는 사역을 감당해야 할 사람들이다.

어떻게 그것이 가능할까? 우리 주님은 너무나도 잘 알고 계셨다. 그래서 성령의 임재를 경험하기까지는 이곳 예루살렘, 기도의 자리를 떠나지 말고 아버지께서 약속하신 것을 기다리라고 말씀하셨다. 그러면 성령으로 세례를 받고 성령으로 충만할 것이라고 약속하셨다.

우리가 감당할 역사가 험악하고 세상이 위중할수록, 내가 탄 배는 초라하고 파도는 커져만 갈 때 우리가 구해야 할 한 가지 기도 제목은 성령으로 충만해지는 것이다.

"주여, 우리에게 성령을 보내주옵소서! 우리를 성령으로 충만케

하옵소서!"

사실 '성령충만'(성령의 충만함)은 누가의 전문 용어다. 성령충만을 대신할 수 있는 많은 용어가 있지만, 신약성경에 "성령의 충만"이라는 표현은 15번 나오는데 바울서신에는 단 한 번, 에베소서 5장 18절이 유일하고 그 외 14번은 누가가 기록한 누가복음과 사도행전에 등장한다.

> 볼지어다 내가 내 아버지께서 약속하신 것을 너희에게 보내리니 너희는 위로부터 능력으로 입혀질 때까지(성령으로 충만할 때까지) 이 성에 머물라 눅 24:49

> 예루살렘을 떠나지 말고 (교회, 기도의 자리를 떠나지 말고) 내게서 들은 바 아버지께서 약속하신 것을 기다리라 … 너희는 몇 날이 못 되어 성령으로 세례를 받으리라 행 1:4,5

제자들은 예수님의 십자가 고난의 피 냄새가 묻어있는 공포의 예루살렘을 속히 떠나고 싶었을 것이다. 주님이 곧 임하실 것이라고 종말을 해석했기 때문에 신속하게 복음을 전하고도 싶었을 것이다. 그러나 예수님은 그것이 힘쓴다고 되는 게 아니라는 사실을 아셨다. 그래서 너희는 먼저 성령충만을 받으라고 말씀하셨다.

성령충만이 그토록 소중하면 얼른 보내주시면 될 텐데 왜 함께 모여 기도하며 이곳을 떠나지 말고 기다리라고 하셨을까? 성령이 임할 때 받을 준비가 되어 있어야 하기 때문이다. 순종할 준비가 되어 있고, 성령충만을 받아서 어떻게 살 것인지를 복음적으로 이해하고 있어야 한다. 그래서 약속하신 것을 믿고 기도하며 기다리라고 하셨다.

초대 교회가 그랬듯이 이 위중한 종말의 시대, 마지막 때도 마찬가지다. 교회를 사랑하는 사람들, 예배를 사모하고 그 자리를 지키는 사람들 가운데에 성령이 임하신다. 성령충만을 원할 때 이 말씀을 기억하자.

> 모이기를 폐하는 어떤 사람들의 습관과 같이 하지 말고 오직 권하여 그 날이 가까움을 볼수록 더욱 그리하자 히 10:25

예수 믿고 기적이 있다면 성령이 내 안에 임하여 함께하시는 것이다. 그것도 내 영혼의 그릇이 흘러넘칠 만큼 충만히 나와 함께하신다. 솔로몬 성전도 하나님이 계시기에는 누추하고 작았다. 그러나 왜소한 신앙인인 내게, 추한 냄새를 풍기는 내 영혼에 성령이 임하여 내 주인이 되시고, 나와 함께하고 나를 통하여 하나님의 나라를 이루어 가며 충만히 역사하시는 것이 기적 아니고 무엇이겠는가?

우리가 성령님을 충만하게 모시는 길이 여기에 있다. 우리 영혼의 그릇을 거룩하게 준비하는 것이요 교회 공동체에 말씀과 찬양으로 충만히 채우는 것이다.

… 너희가 회개하여 각각 예수 그리스도의 이름으로 세례를 받고 죄 사함을 받으라 그리하면 성령의 선물을 받으리니 행 2:38

우리 시대의 평신도 저술가인 C. S. 루이스(C. S. Lewis)는 이렇게 말했다.

회개의 깊이만큼 성령의 역사가 깊어진다.
회개의 크기만큼 성령이 더욱 충만히 임하신다.
회개의 넓이만큼 성령은 널리 퍼져 역사하신다.
회개가 사라진 시대는 성령이 떠나가는 시대이다.
회개하고 성령의 충만을 받으라.

20세기에 일어났던 강력한 성령의 임재 사건과 대부흥은 항상 회개의 사건이었다. 평양 대부흥, 원산 대부흥, 아주사 거리의 대부흥(Azusa Street Revival), 웨일즈의 대부흥(Welsh Revival)은 회개에서 시작되었다.

하나님 앞에 회개하는 것이 성령의 역사이듯이 성령의 역사로 회개하기 시작하면 우리 가운데 성령이 임하게 된다. 하나님이 나를 사용하는 기적의 역사가 일어나게 된다.

성령님이 이루신 성령충만한 교회

성경은 성도들에게 성령충만하라고 말씀하시며, 성령을 거부하는 사람들에게 강력한 부정 문장들을 사용하여 경고한다.

"성령을 훼방하지 마라. 성령을 거역하지 마라. 성령을 소멸하지 마라. 성령을 근심케 하지 마라. 성령을 슬프게 하지 마라."

그중에서 가장 무서운 말씀은 성령을 훼방하지 말라, 성령을 거역하지 말라는 말씀이다. 어떻게 죄 사함을 받지 못하는 죄가 있을 수 있겠는가? 그러나 성경은 분명히 말씀한다.

"모든 죄는 사함 받을 수 있다. 그러나 성령을 훼방하는 죄, 성령을 거역하는 죄는 사함 받을 수가 없다."

> 그러므로 내가 너희에게 이르노니 사람에 대한 모든 죄와 모독(사람의 모든 죄와 훼방, 개역한글)은 사하심을 얻되 성령을 모독(훼방, 개역한글)하는 것은 사하심을 얻지 못하겠고 마 12:31

예수께서 귀신을 쫓아내고 병든 자를 고치며 하나님의 왕국에 선포하실 때 종교 지도자들이 예수는 귀신의 왕인 바알세불(Beelzebul)을 힘입어서 저 일을 행한다고 말했다. 그러자 예수님은 성령을 훼방하는 자는 사함 받을 수 없다고 경고하셨다.

복음을 전해 듣고서 완고하게 입술을 굳게 다물고 고개를 흔드는 사람이 있다. 성령을 거역하는 순간이다. 성령이 "네 마음의 문을 열어라. 내가 너를 쓰리라. 너를 자녀 삼고 제자 삼으리라. 네 이름을 생명책에 기록하리라" 말씀하실 때 입술을 굳게 닫고 구원의 역사를 거절하며 성령을 받아들이지 않음은 성령을 훼방하는 것이다. 성령 훼방죄와 성령 거역죄는 구원의 복음을 거역하는 죄와 동일한 단어로, 사함을 받을 수 없다.

성경은 성령충만을 사모하고 성령을 소멸치 말라고 말씀한다. 데살로니가전서 5장 19절은 "성령을 소멸하지 말며", 짧은 구절이기에 더 강력하게 다가온다. 내 안에 한 번 임하신 성령은 떠나지 않으시는데 어떻게 우리가 성령을 쫓아낼 수 있을까?

성령을 소멸한다는 것은 내가 불을 꺼버리듯 내 안에 임하는 성령의 감동의 불을 꺼버리는 것이다. 성령님의 온전한 지배를 거부하는 것이 성령을 소멸하는 잘못이다.

하나님은 우리에게 "오직 성령으로 충만함을 받으라"(엡 5:18)라고 강력한 명령형으로 말씀하신다. 그렇다면 어떻게 성령충만을 받을 수 있을까? "성령충만을 사모합니다. 기다립니다. 환영합니다. 오시옵소서" 하고 간구하면 성령님이 임하시게 된다. 그러나 마음의 문을 닫으면 임하실 수 없다.

어떤 사람들은 "나는 방언으로 기도할까 싶어서 두려워요", "나는 성령충만 받고 너무 열광적으로 열정적으로 신앙생활을 하게 될까 두려워요"라고 말한다. 두려워하지 말라. 그런 분들에게는 절대로 성령충만이 일어나지 않으니 염려하지 않아도 된다.

그 대신 고린도전서 14장 1절을 기억하라. 성경은 "신령한 것들을 사모하되", 영적인 것들을 사모하라고 말씀한다. 성령충만을 사모하라. 간절히 목마르게 사모하라. 더불어 마음을 같이하여 오로지 기도에 힘쓰라(행 1:14).

하나님나라가 우리 가운데 임할 때 그 임하는 하나님의 나라를 킹덤(Kingdom)이라고 한다. 하나님이 왕이 되시고 성령이 내 삶의 왕이 되어서, 내 안에 왕국이 이루어지는 것이다. 내가 말하는 것이 하나님나라의 언어다. 내가 걸어가는 것이 하나님나라의 전파로 이어진다. 내 삶이 이 땅에 임한 하나님나라의 삶을 살게 된다. 그게 바로 킹덤(Kingdom)이다.

요즘은 킹덤(Kingdom) 대신 팬덤(Fandom)이라는 말을 쓴다. 케이팝 그룹 BTS의 팬들을 아미(Army)라고 부른다. BTS가 나타나면 전 세계 아미들이 열광하고, 그들의 노래가 들릴 때마다 팬들은 열렬히 호응한다.

성령충만을 원하는 사람은 오직 성령님의 팬이 되어 열광적으로 그분을 환영해야 한다. 우리는 성령 팬덤(Holy fandom)을 따르는 것이지 정치적인 팬덤, 이 세상의 허망한 팬덤에는 거역한다.

주님은 "너희가 악할지라도 좋은 것을 자식에게 줄 줄 알거든 하물며 너희 하늘 아버지께서 구하는 자에게 성령을 주시지 않겠느냐"(눅 11:13)라고 말씀하셨다. 믿고 간절히 구하면 주실 것이다. 우리 성도들이 구해야 할 가장 좋은 것이 성령충만이다.

성령을 받으라

초판 1쇄 발행	2025년 6월 23일
초판 2쇄 발행	2025년 6월 27일
지은이	류영모
펴낸이	여진구
책임편집	최현수 구주은
편집	이영주 박소영 안수경 김도연 김아진
책임디자인	남은진 마영애 | 노지현 조은혜 정은혜
홍보 · 외서	진효지
마케팅	김상순 강성민
마케팅지원	최영배 정나영
제작	조영석 허병용
경영지원	김혜경 김경희

303비전성경암송학교 유니게 과정
이슬비전도학교 / 303비전성경암송학교 / 303비전꿈나무장학회

펴낸곳	규장

주소 06770 서울시 서초구 매헌로 16길 20(양재2동) 규장선교센터
전화 02)578-0003   팩스 02)578-7332
이메일 kyujang0691@gmail.com   홈페이지 www.kyujang.com
페이스북 facebook.com/kyujangbook   인스타그램 instagram.com/kyujang_com
카카오스토리 story.kakao.com/kyujangbook
등록번호 1922-2461
since 1978.08.14

ⓒ 저자와의 협약 아래 인지는 생략되었습니다.
이 출판물은 저작권법에 의해 보호를 받는 저작물이므로 무단 전재와 무단 복제를 할 수 없습니다.

책값 뒤표지에 있습니다.
ISBN 979-11-6504-632-3 03230

규 | 장 | 수 | 칙

1. 기도로 기획하고 기도로 제작한다.
2. 오직 그리스도의 성품을 사모하는 독자가 원하고 필요로 하는 책만을 출판한다.
3. 한 활자 한 문장에 온 정성을 쏟는다.
4. 성실과 정확을 생명으로 삼고 일한다.
5. 긍정적이며 적극적인 신앙과 신행일치에의 안내자의 사명을 다한다.
6. 충고와 조언을 항상 감사로 경청한다.
7. 지상목표는 문서선교에 있다.

하나님을 사랑하는 자 곧 그의 뜻대로 부르심을 입은 자들에게는 모든 것이 合力하여 善을 이루느니라(롬 8:28)

규장은 문서를 통해 복음전파와 신앙교육에 주력하는 국제적 출판사들의 협의체인 복음주의출판협회(E.C.P.A:Evangelical Christian Publishers Association)의 출판정신에 동참하는 회원(Associate Member)입니다.